FACULTÉ DE DROIT DE

DES

# BIENS COMMUNAUX EN GÉNÉRAL

ET SPÉCIALEMENT

# DES PARTS DE MARAIS

ET

# PORTIONS MÉNAGÈRES

DANS

LE NORD, LE PAS-DE-CALAIS ET LES DÉPARTEMENTS

FORMÉS PAR LES

ANCIENNES PROVINCES DE BOURGOGNE ET DES TROIS-ÉVÊCHÉS

## THÈSE POUR LE DOCTORAT

PAR

Paul DALLONGEVILLE

AVOCAT A LA COUR D'APPEL

PARIS

LIBRAIRIE NOUVELLE DE DROIT ET DE JURISPRUDENCE

ARTHUR ROUSSEAU

ÉDITEUR

14, rue Soufflot, et rue Toullier, 13

—

1896

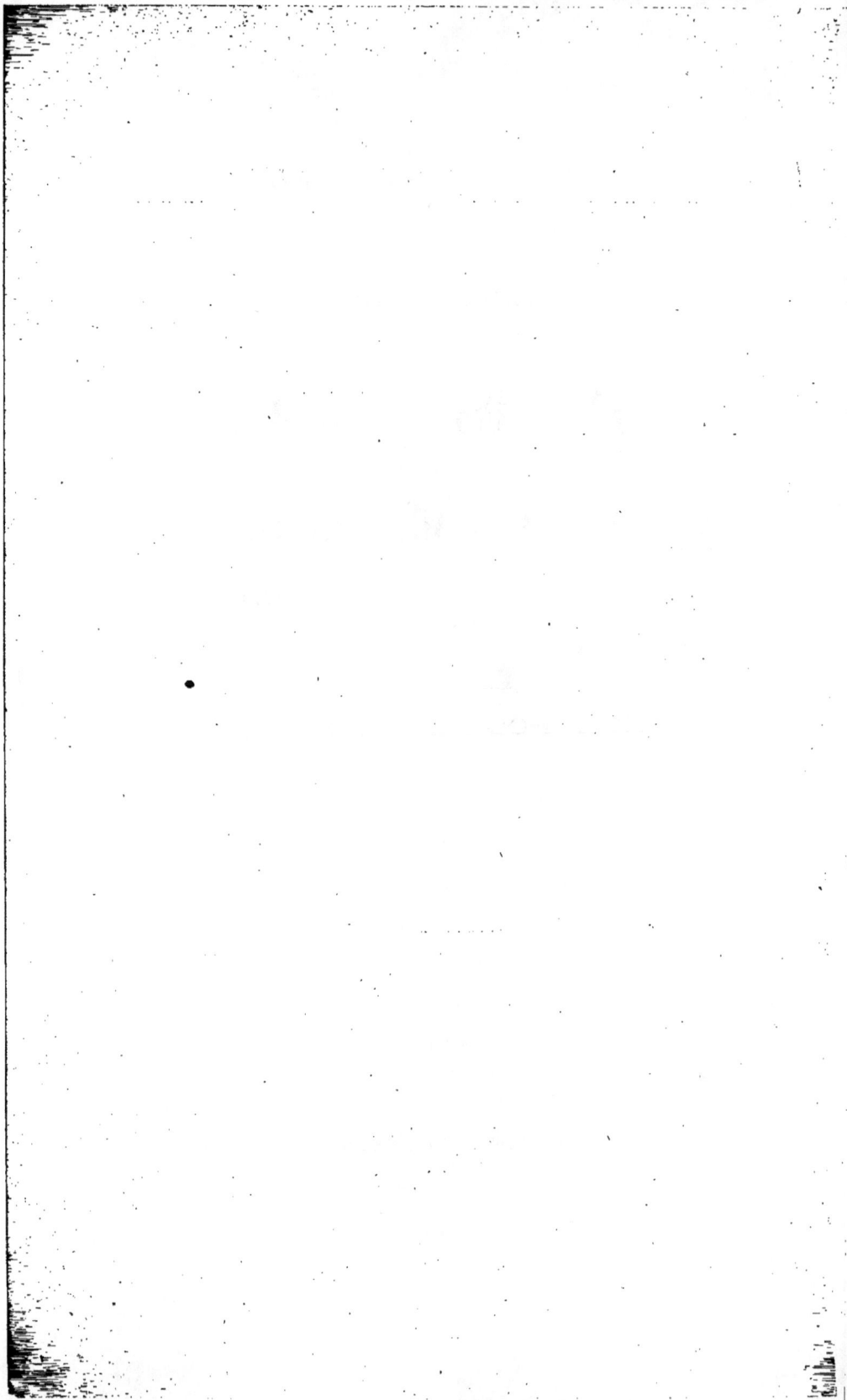

# THÈSE

POUR LE

## DOCTORAT

FACULTÉ DE DROIT DE PARIS

DES

# BIENS COMMUNAUX EN GÉNÉRAL

ET SPÉCIALEMENT

# DES PARTS DE MARAIS

ET

# PORTIONS MÉNAGÈRES

DANS

LE NORD, LE PAS-DE-CALAIS ET LES DÉPARTEMENTS

FORMÉS PAR LES

ANCIENNES PROVINCES DE BOURGOGNE ET DES TROIS-ÉVÊCHÉS

## THÈSE POUR LE DOCTORAT

L'ACTE PUBLIC SUR LES MATIÈRES CI-APRÈS

*Sera soutenu le Jeudi 23 Janvier 1896, à 1 heure*

PAR

Paul **DALLONGEVILLE**

AVOCAT A LA COUR D'APPEL

*Président :* M. GLASSON.

*Suffragants :* { MM. DUCROCQ, | HENRY MICHEL, } *professeurs.*

## PARIS

LIBRAIRIE NOUVELLE DE DROIT ET DE JURISPRUDENCE

### ARTHUR ROUSSEAU

ÉDITEUR

**14, rue Soufflot, et rue Toullier, 13**

1896

DES

# BIENS COMMUNAUX EN GÉNÉRAL

## ET SPÉCIALEMENT

### DES

# PARTS DE MARAIS & PORTIONS MÉNAGÈRES

### DANS LE NORD, LE PAS-DE-CALAIS
### ET LES DÉPARTEMENTS FORMÉS PAR LES ANCIENNES PROVINCES
### DE BOURGOGNE ET DES TROIS ÉVÉCHÉS

1

# AVANT-PROPOS

—

Dans plusieurs régions de la France, il existe d'anciens
et fort singuliers modes de jouissance de certains biens
communaux (1); ces biens, formés par des marais entièrement submergés autrefois, présentent en général, aujourd'hui, l'aspect de terres ordinaires de culture; le dessèchement d'un grand nombre de ces marais a été, en
effet, provoqué au cours du XVIII° siècle par l'autorité
royale et effectué par les habitants des communes. Chacun
de ces habitants, en récompense des efforts qu'il avait faits
pour la mise en valeur du bien communal, reçut, en
jouissance, une « *part de marais* » transmissible héréditairement ou non, suivant les provinces. L'attribution de
cette part était d'ailleurs faite à ceux-là seuls qui rem-
plissaient certaines conditions et notamment à ceux qui
avaient un feu ou ménage séparé dans la commune; c'est

(1) Ces modes spéciaux de jouissance se trouvent dans les départements formés par les anciennes provinces des trois évêchés, de
Bourgogne, de Flandre et d'Artois. Les *trois évêchés* (Metz, Toul et
Verdun) ont composé la Moselle, la Meurthe-et-Moselle et la Meuse;
la Bourgogne a formé l'Ain, l'Aube, la Côte-d'Or, la Saône-et-Loire
et l'Yonne; la Flandre Wallonne et la Flandre Maritime ont contribué
à faire le département du Nord; l'Artois correspond enfin à peu près
au département du Pas-de-Calais.

ainsi que le lot communal réservé au ménage a été parfois désigné sous le nom de « *portion ménagère* ».

L'établissement de la transmission héréditaire a eu lieu suivant l'ancienne organisation. C'est pourquoi les dispositions relatives à la matière qui ont traversé la période révolutionnaire ont perpétué jusqu'à nos jours les vieux privilèges d'aînesse et de masculinité, pourtant si contraires aux principes modernes d'égalité entre les héritiers (1).

L'existence des particularités que nous venons de signaler aurait suffi à rendre intéressante l'étude de ces vestiges de l'ancien droit ; l'obscurité qui les entourait et l'extrême rareté des ouvrages nécessaires à la dissiper les désignait à notre curiosité. C'est en cherchant à la satisfaire que nous avons eu le rare bonheur d'obtenir communication d'un livre précieux et presque introuvable dû à la plume de M. Legrand, ancien Conseiller de Préfecture dans le département du Nord (2). Malgré sa valeur indiscutable, l'œuvre de M. Legrand n'est pas sans pré-

---

(1) Le caractère obligatoire des actes royaux que nous aurons à commenter a été maintes fois reconnu par la jurisprudence. V. notamment Cons. d'Ét., 24 avril 1856. *Com. de Cheminot*, Leb. p. 316. — 23 juillet 1857. *Com. d'Ennery*, Leb. p. 562. — 9 février 1860. *Com. d'Auchy-les-la-Bassée ; Démolin c. Druelle.* S. 60. 2. 633. — V. Clément, *Étude sur le Droit rural etc. et sur les anciens usages qui sont encore appliqués*, n° 200, p. 378.

(2) Nous sommes heureux de témoigner ici toute notre gratitude à M. Brochart, bâtonnier de l'Ordre des avocats à Arras. C'est à l'amitié dont il veut bien nous honorer que nous devons d'avoir eu sous les yeux cet ouvrage qui n'est mentionné ni sur le catalogue général de la librairie de Lorenz, ni sur ceux des grandes bibliothèques publiques. L'Ordre des Avocats de Lille en possédait un exemplaire qui a

senter des lacunes; aussi avons-nous étendu notre étude aux autres traités relatifs aux parts de marais et surtout à la jurisprudence des différentes juridictions appelées à statuer sur ces questions.

Nous avons mis le plus grand soin à analyser, sans craindre parfois de les discuter, les décisions trop souvent sybillines des tribunaux, en renvoyant, pour les nécessités de la pratique, aux divers recueils parus jusqu'à ce jour. On trouvera, d'ailleurs, dans l'index bibliographique qui se trouve à la fin de cet opuscule, l'indication des ouvrages ainsi que les noms des auteurs que nous avons consultés avec le plus de profit. C'est donc un double examen critique de doctrine et de jurisprudence que nous présentons à la bienveillance du lecteur.

Les notions que nous avons pu recueillir ont été coordonnées sur un plan nouveau. Dans une première partie, on fera une rapide étude des biens communaux en général et les indications qu'elle contiendra ne seront pas inutiles ; elles montreront, d'une part, la place exacte de notre matière spéciale dans le droit administratif ; elles faciliteront, d'autre part, la solution des difficultés non prévues par la législation relative aux portions ménagères, d'après les principes généraux qui doivent, conformément à la doctrine admise, s'appliquer, quand on ne trouve à leur égard dans les lois spéciales, ni dérogation expresse, ni inconciliabilité (1).

---

disparu, si nous en croyons la mention inscrite à la p. 39 du catalogue de la Bibliothèque de cette Compagnie.

(1) Civ. Cass., 9 juin 1856. *Dramard*, D. 56. 1. 233. Cf. MERLIN, *Répertoire*, V° *Lois*, § 11, n. 4. *Répertoire alphabétique*, cod. V°. n°. 501 et *Supplément*, n°. 441.

La seconde partie est consacrée spécialement à l'étude du droit à la part de marais et notamment de sa transmissibilité ; pour suppléer à l'insuffisance des textes spéciaux nous avons cru devoir rappeler les principales règles des successions en droit civil pour les combiner avec celles des Édits, Lettres patentes et Arrêts du Conseil du Roi.

Le sujet a été envisagé au seul point de vue juridique, et pourtant nous reconnaissons que l'examen du mode de répartition des terres que nous allons étudier, eût pu présenter quelque intérêt pour quiconque s'occupe des questions économiques et sociales.

En effet, à l'égard de la production de la richesse, les résultats déplorables du communisme des biens laissés incultes par l'indifférente inaction de tous ne peuvent être sérieusement contestés (1). Or, si cette incurie a pu être victorieusement combattue par les partages de jouissance avec faculté de transmission aux héritiers, n'est-il pas permis d'en conclure que la prime donnée à l'activité individuelle en flattant, par l'appât d'un droit équipollent à la propriété, l'impérieux instinct d'appropriation qui est de tous les temps, constitue un

---

(1) « Si l'on jette les yeux sur les communaux, dit CHABROL (*Commentaire sur la coutume d'Auvergne*, t. III. p. 552), on n'aperçoit « de toutes parts que friches couvertes de fougères où il croît à peine « quelques plantes épuisées et de mauvaise qualité ; ou, ce sont des « lieux inondés, dépôt et réceptacle des eaux des environs qui n'ont « aucun écoulement. On y introduit quelques bestiaux et, bientôt « après, ces pâturages n'ont plus d'utilité présente.

« En un mot, c'est une vérité certaine que ce qu'on appelle com-« munal est un bien *entièrement perdu pour l'État, presque inutile* « *aux habitants à qui il appartient et souvent pernicieux pour* « *eux.* »

des plus sûrs moyens de combattre la naturelle paresse de l'homme ?

Dans un autre ordre d'idées, l'examen du système qui assure aux plus nécessiteux la parcelle indispensable à leur existence fournirait matière à une étude sociale des plus intéressantes pour ceux qui, sans chercher la panacée universelle à toutes les misères, croient fermement à l'utilité de calmer les haines qu'elles suscitent. L'illusion de la propriété accompagnée de tous ses avantages matériels et la crainte de perdre leur part s'ils ne la cultivent pas, suffirait-elle à retenir loin des villes les irréductibles et à les préserver, malgré eux, de l'extrême misère ? Nous l'ignorons.

Peu versés dans l'étude de ces questions si complexes, nous croyons plus sage de laisser à d'autres le soin de chercher s'il faut voir là une solution partielle du problème de la transformation des énergies mauvaises en forces utiles, par l'obligation du travail volontairement acceptée.

—

## PREMIÈRE PARTIE

# DES BIENS COMMUNAUX

## EN GÉNÉRAL

# CHAPITRE PREMIER

## § I. — Définition

**1.** Les biens communaux sont ceux sur lesquels les communes ou les sections de commune ont des droits privatifs de propriété, de servitude ou d'usage. Les individus qui composent la commune ou la section de commune sont appelés au produit et à l'utilité de ces biens et l'on a, de nos jours, assez heureusement assimilé le droit d'un habitant à celui d'un associé sur le fonds social (1).

On a pu voir que la définition ci-dessus était contraire aux termes de l'art. 542 du Code civil qui semble consacrer le droit de propriété des habitants sur les biens de la commune. Mais tout le monde s'accorde à reconnaître l'inexactitude de cette définition malencontreusement copiée dans la loi du 10 juin 1793, qui ordonnait le partage de la propriété des communaux entre les habitants. La loi de 1793 a été depuis formellement abrogée sur ce point et, de nos jours, il est incontestable que ce ne

(1) V. MIGNERET. *Affouage des biens communaux*, p. 9.

sont pas les habitants, *ut singuli*, mais la commune, *personne civile*, qui a la propriété et l'administration des communaux.

**2.** On distingue deux grandes catégories de biens sur lesquels les communes ont des droits. La première comprend les biens qui rentrent dans le domaine public, c'est-à-dire les choses livrées à l'usage du public ou affectées à un service d'utilité générale (1). Ils ne peuvent être l'objet d'aucun droit de propriété et ne sont pas, par conséquent, dans le patrimoine communal ; c'est donc à tort qu'on les rangerait parmi les véritables communaux (2).

La commune, ayant la charge de l'entretien de ces biens, possède, en retour, le droit de toucher les revenus auxquels ils peuvent donner lieu et d'en recueillir la propriété au cas de changement de leur destination.

**3.** La seconde catégorie comprend les biens qui composent le domaine privé de la commune et qui sont seuls l'objet d'un véritable droit de propriété.

On peut diviser ces derniers en *communaux proprement dits* et en biens *patrimoniaux*.

Parmi les communaux proprement dits, il faut ranger les pâturages, marais et bois affectés à l'usage des habitants qui en ont la jouissance en nature.

Les seconds sont les propriétés particulières de la commune : terres ou fermes, dont la jouissance appartient à la dite commune comme personne morale. Elle les ex-

---

(1) Les églises, mairies, hospices, fontaines publiques, places, rues et chemins vicinaux, etc., font partie du domaine public de la commune.

(2) V. Aubry et Rau, *Cours de Droit français*, t. II, § 169, p. 38.

ploite elle-même ou les donne en location au profit de la
caisse municipale, pour ses besoins généraux (1).

Cette étude sera limitée au bien du domaine privé communal.

### § II. — Origines et histoire

**4.** Les origines du patrimoine communal sont complexes et c'est seulement de nos jours qu'on s'est efforcé
de les reconstituer historiquement.

Sous l'ancien régime, dans un but aisé à deviner, les
feudistes ont soutenu un système qui attribuait toute origine de propriété communale aux anciens seigneurs. Cette
propriété aurait été accordée aux communes par une série
de concessions à titre onéreux ou gratuit, octroyées par
lesdits seigneurs (2).

Sans plus de vérité, les législateurs de la Révolution,
imbus de principes tout à fait opposés, ont établi, jusqu'à
preuve contraire, une présomption de propriété en faveur
des communes sur les biens qu'elles possédaient.

Ces théories, à cause de leur caractère trop absolu, ne

---

(1) V. AUBRY et RAU, *op. cit.*, t. II, § 170, p. 45 et 46. Cf. BATBIE.
*Traité théorique et pratique de Droit public et administratif;* t. V.
p. 437.

(2) V. HENRION DE PANSEY, *Des biens communaux et de la police
rurale et forestière.* Cf. PROUDHON, *Traité des Droits d'usage.* Cette
fiction a notamment servi à justifier l'exercice du droit de *triage* par
les seigneurs.

sauraient, de nos jours, satisfaire les esprits dégagés de toute passion ; aussi ne les a-t-on acceptées, comme on va le voir, que sous les plus grandes réserves.

**5.** Bien avant l'établissement des seigneuries, avant même la conquête romaine et les invasions barbares, les terres, ou tout au moins les pâturages, étaient, si l'on en croit Isidore de Séville, laissés en jouissance indivise par les peuplades de race autochtone qui habitaient les territoires formant aujourd'hui la France (1).

D'après les renseignements fort incomplets que possède l'ethnographie, on a tout lieu de croire que ces tribus étaient d'origine celtique. Il a, d'ailleurs, été impossible jusqu'ici de savoir quelle est la race primitive que ces

(1) Voir, sur le caractère collectif des premières propriétés immobilières, les études de M. Paul VIOLLET, contenues dans la publication qui porte le titre de « Bibliothèque de l'École des Chartes » (année 1872), et la bibliographie très complète citée par cet auteur.

Cette question a été l'objet de discussions sans nombre. Nous sommes tentés d'admettre, sous l'autorité de M. Aucoc, que si la propriété n'a fait que garder, chez certaines nations, le caractère individuel qu'elle avait à l'origine, il n'en est pas de même pour toutes.

La plupart des peuples ont, en effet, tout d'abord été soumis au régime de la propriété commune, qui s'est ensuite lentement transformée en propriété individuelle.

Pour expliquer cette évolution, on a fait remarquer que l'homme des premiers âges n'a formé de petits groupes qu'à cause de sa faiblesse et pour résister victorieusement aux ennemis qui l'assaillaient de toutes parts ; mais, « quand il eut bataille gagnée contre la plupart des dangers qui avaient menacé son berceau, de vieux sentiments inférieurs mal domptés se réveillèrent et la lutte s'engagea entre l'égoïsme affranchi et la gênante solidarité des premières sociétés. » LÉTOURNEAU. — *Évolution de la propriété.* 1889.

peuples pasteurs (1) ont absorbée jusqu'à la faire disparaître complètement.

Les Celtes laissaient donc leurs terres dans l'indivision ;
c'est ainsi que, dans tous les pays habités d'une façon certaine par des peuplades d'origine celtique, on trouve au
moins des traces de l'antique communauté de propriété (2), une partie seulement de ces propriétés a survécu aux invasions successives.

**6.** Lors de la conquête de la Gaule par les Romains, ·
ceux-ci ne connaissaient que la propriété individuelle, on
s'explique donc que, bien que les deux tiers environ du
territoire ait été laissés aux vaincus, ces derniers, après
avoir, pendant un certain temps, continué à posséder par
indivis la partie qui leur était abandonnée, aient adopté
complètement les habitudes des vainqueurs et se soient
partagé, d'une façon définitive, la propriété de la presque
totalité des terres (3).

Cependant, dans les endroits où l'influence romaine avait
été la moins puissante, dans les contrées du nord de la
Gaule voisines de la Germanie occidentale où le communisme de la terre était généralement pratiqué, les Gallo-
Romains avaient conservé quelques biens communs (4). Il
est à noter de plus que les empereurs avaient établi le ré-

---

(1) Les celtes ou néolithiques, comme on les appelle aujourd'hui, vi-
vaient à l'époque de la pierre polie.

(2) V. sur ce point les récentes études critiques de JULIAN CORBETT
sur les ouvrages de SUMNER MAINE.

(3) V. DARESTE, *Histoire des classes agricoles*, p. 14.

(4) V. Les *Observations sur la famille et la propriété chez les
Germains*, par M. E. GLASSON, membre de l'Institut, p. 31.

gime municipal et attribué les terres vacantes aux municipes par eux créés. On voit qu'il y avait encore en Gaule des Biens communs à l'époque où les barbares y firent leur apparition.

**7.** Les premières poussées de l'invasion commencent au II<sup>e</sup> siècle après Jésus-Christ, mais elles ont relativement peu d'importance et ce n'est qu'au IV<sup>e</sup> siècle que l'Europe centrale est prise de cette folie qui précipita sur le riche empire romain tous les pillards appartenant au monde germanique, de quelque nom qu'on les appelle (1).

(1) V. Jornandès, *Histoire des Goths*. I, III et I, VI.

M. Ph. Champault, dans une série d'articles fort intéressants parus dans les livraisons de « *La Science Sociale* », de mai, juin et juillet 1894 (p. 25, 398 et 527). étudie les causes des invasions. Il fait remarquer que l'effort gigantesque qui les a produites n'a pu être le résultat des guerres de voisin à voisin. Elles n'étaient pas davantage causées par un excès de population qui n'aurait pu amener que des émigrations peu importantes.

Comment donc expliquer le nombre et l'organisation puissante des bandes de barbares envahisseurs ?

Il faut admettre, d'après les données très documentées de M. Champault, que ces hordes composées de gens plus agriculteurs que soldats, avaient été poussées au pillage et dirigées par des chefs possédant au plus haut degré la faculté du commandement et doués d'une énergie exceptionnelle. Ces chefs seraient, d'après l'auteur, d'anciens marchands habitués à parcourir à la tête de longues caravanes les grands espaces arides ou boisés de l'Europe centrale pour échanger les métaux, les gemmes et les épices de l'Orient contre l'ambre et les fourrures des pays scandinaves. Formés depuis des siècles, par leur profession même, à la guerre et à l'emploi de tous les moyens d'action sur les hommes, ils n'avaient pas hésité à chercher dans le pillage les ressources que leur commerce, ruiné par le développement des transports méditerranéens, ne pouvait plus leur donner. Ils

La plupart des invasions qui ont eu lieu du II° au X° siècle, ont introduit en Gaule leur type de propriété, c'est-à-dire la propriété individuelle.

Les chefs des Barbares, après s'être réservé les meilleures parties des territoires conquis, ont distribué le reste à leurs soldats ; ils ne laissèrent à la jouissance commune que les pâturages, les bois et quelques terres arables de seconde fertilité.

**8.** Dès le VII° siècle, les communaux, d'origine celtique ou romaine, qui ont été laissés par les Barbares dans leur état primitif d'indivision, tendent à disparaître par suite du développement de la puissance ecclésiastique, qui commence à devenir prépondérante. Les évêques sont désormais administrateurs de la propriété communale qui tend ainsi à se fondre dans le patrimoine ecclésiastique. Si l'on ajoute que les monastères reçurent parfois, pour les défricher, les biens enlevés par les rois aux communautés d'habitants qui les laissaient incultes, on ne s'étonnera pas de voir, au IX° siècle, diminuer le nombre des communaux.

**9.** A la même époque, l'établissement de la féodalité est une seconde cause de disparition des propriétés indivises.

Certains seigneurs s'étaient emparés de ces biens par force ; d'autres en avaient reçu le domaine éminent des habitants qui leur demandaient aide et assistance en ces temps troublés. Au XI° siècle, il ne reste donc plus que des débris du patrimoine communal ; c'est à cette époque qu'il va commencer à se reconstituer.

auraient ainsi entraîné les peuples à la conquête des richesses du vieil Empire romain.

2

**10.** Malgré le grand mouvement d'émancipation des villes contre la féodalité, qui a eu lieu au XI° siècle (1), les biens ruraux ayant appartenu aux communautés d'habitants restaient entre les mains des seigneurs (2), et ceux-ci ne furent amenés que par la force même des événements à en restituer une partie, tout au moins en jouissance, à leurs anciens possesseurs, c'est-à-dire aux communautés qu'ils avaient dépouillées. Les habitants avaient déserté ces terres et les seigneurs ayant grand peine par suite des nécessités de guerre à en tirer eux-mêmes profit, s'efforcèrent de repeupler leur canton et, pour y attirer les habitants, ils offrirent à chacun une parcelle de terrain, à tous des pâturages pour leurs bestiaux et des bois de construction et de chauffage (3).

« De grande ancienneté, dit Guy Coquille, les seigneurs « voyant leurs territoires déserts et mal habités, en concé-« dèrent l'usage à ceux qui y viendraient habiter, pour « les y semondre, et à ceux qui y étaient pour les y con-« server. »

Pour assurer la transmission héréditaire, à leurs enfants, de ces biens qu'ils avaient améliorés par leur travail, et dans le but d'obtenir la force que donne la cohésion contre les dangers du dehors et de diminuer, par l'organisation du travail et l'exploitation des terres en commun les difficultés des entreprises individuelles, les habitants des domaines seigneuriaux s'étaient groupés en associations d'hommes libres. Ce fut, dès lors, l'asso-

---

(1) Voy. HENRI MARTIN, *Histoire de France*, t. III, p. 230 et suiv.

(2) Voy. AUCOC, *Des sections de commune*, p. 41 à 44.

(3) Voy. LAPOIX DE FRÉMINVILLE, *Histoire du gouvernement des biens des communautés d'habitants*, — *passim*.

ciation qui posséda les biens appartenant au seigneur, chacun des associés, « parsonniers ou consorts », travaillant pour la communauté. M. Aucoc explique comment ces biens, concédés à titre d'usage par les seigneurs, deviennent peu à peu propriété des communautés d'habitants ou paroisses qui les possèdent. « N'est-il pas vraisemblable, « dit-il (1), que ces associations, qui possédaient et exploi- « taient en commun des terres, ont dû, pour les besoins « de leurs exploitations, constituer des pâturages com- « muns en outre des droits d'usage qui pouvaient leur « avoir été concédés ; et n'est-il pas probable que, lorsque « après avoir duré plusieurs siècles, ces associations se « sont peu à peu dissoutes et que les associés se sont « transformés en voisins habitant le même village, l'usage « commun des pâturages s'est maintenu, sans qu'on « recherchât quels étaient ceux dont les auteurs avaient « fait primitivement partie de la communauté ? »

**11.** A la fin du XI⁰ siècle (1169), existe une autre source de communaux, c'est le desséchement de certains terrains submergés, dû à l'initiative privée. On voit partout des associations se former : au nord, pour le desséche- ment des « watteringues » ; au midi (Provence et Comtat Venaissin), pour l'endiguement des rives du Rhône et de la Durance dont les inondations rendaient la culture impossible aux riverains. Les « œuvres » d'Arles et de Craponne, dues à des associations ayant pour but le dessè- chement, remontent à cette époque.

Généralement les travaux dont on vient de parler étaient entrepris par des communautés d'habitants intéres-

---

(1) Voy. Aucoc, *op. cit.* p. 46.

sés ; aussi les terrains mis en état de culture sont-ils pos
sédés en commun par les membres de ces sortes de syn-
dicats ou partagés entre eux (1).

**12.** Les communaux, qu'ils proviennent de « la répar-
« tition primitive du sol au temps où dominait la vie
« pastorale, de l'attribution des terres vacantes faite aux
« municipalités par les empereurs, des concessions à titre
« gratuit ou à titre onéreux des seigneurs, des propriétés
« indivises des communautés agricoles ou des associations
« de dessèchement », faisaient désormais partie du patrimoine des communes qui les avaient mis en valeur ou
exploités.

Comme ils étaient en bon état de culture, ils excitaient
la convoitise des seigneurs qui, se prétendant anciens
maîtres de la terre, revendiquaient la propriété de tous
les communaux sans distinction d'origine. Pour abandonner
leurs prétendus droits, les seigneurs réclamèrent un tiers
de ces biens. C'est ce qu'on a appelé le droit de *triage* (2),
qui n'était souvent qu'une véritable usurpation ; aussi
voit-on les rois de France s'efforcer, par de nombreuses
ordonnances successives, de mettre un terme à cet état de
choses.

**13.** Dès 1567, Charles IX défend à qui que ce soit

---

(1) Voy. DALLOZ, *Supplément au répertoire alphabétique,* V° *Asso-
ciations syndicales*, n° 3. AUCOC, *Droit administratif*, t. II, n° 870.
BATBIE, *Droit public et administratif*, t. V, n° 278. CHRISTOPHLE,
*Traité des Travaux publics.* 2e édit., t. I, n° 208.

(2) Voy. LAPOIX DE FRÉMINVILLE, *Traité de jurisprudence sur l'origine et le gouvernement des communes ou communaux des habitants des paroisses et seigneuries*, p. 150 et suiv.

d'usurper des terrains vagues, pâtures, etc., aux dépens de ses sujets et communautés.

L'ordonnance de Blois, rendue au mois de mai 1669 par Henri III (art. 4 et 5 du titre 25 et art. 284), règle les conditions dans lesquelles il y aura lieu d'accorder au seigneur le droit de triage. Aux termes de cet acte royal, si les habitants tiennent leurs biens d'une concession gratuite du seigneur, celui-ci pourra en réclamer le tiers en propriété (à la condition toutefois que les deux autres tiers suffisent à l'usage de la paroisse) ; si, au contraire, la concession a été faite à titre onéreux, c'est-à-dire si les habitants ont donné la contre-valeur des terres à eux concédées, ou si les biens dont il s'agit ne proviennent pas du seigneur, celui-ci ne peut exercer le droit de triage qui lui est accordé dans le premier cas. Celui qui tente, *sans droit*, de s'accommoder des biens appartenant aux paroisses, s'expose à des poursuites judiciaires (art. 284 de la même ordonnance).

Au mois de mars 1600, un édit d'Henri IV renouvelle les prohibitions de l'ordonnance de Blois ; cet édit étant resté pour les seigneurs lettre-morte, Louis XIII, dans une ordonnance de 1629 (art. 206), leur défendit « d'usurper les *communes* des villages et de les appliquer à leur profit ».

Pendant la minorité de Louis XIV, les exactions redoublèrent. Il suffit, pour s'en convaincre, de citer textuellement le préambule des édits que le roi fut amené à rendre en juin 1659 pour la Champagne et en avril 1667 pour tout le royaume : « Outre les désordres causés par la « licence de la guerre, porte ce document, la dissipation « des communautés a paru des plus grandes. Elle a été « d'autant plus générale que les seigneurs, les officiers

« et les personnes puissantes se sont aisément prévalus
« de la faiblesse des plus nécessiteux ; que les intérêts des
« communautés sont ordinairement des plus mal soute-
« nus et que rien n'est davantage exposé que ces biens
« dont chacun s'estime le maître. On a partagé ces com-
« munes ; chacun s'en est accommodé suivant sa bien-
« séance, et pour en dépouiller les communautés, l'on
« s'est servi de dettes simulées et l'on a abusé, pour
« cet effet, des formes les plus régulières de la justice ».

Aux termes de ces édits, le Roi renonce, pour lui-même,
au triage sur les communes dont il a la directe (art. XII)
et prend les mesures nécessaires pour empêcher, dans
l'avenir, l'abus de ce droit de la part des seigneurs. A cet
effet, il ordonne que les habitants rentreront, dans le
délai d'un mois, en la possession des communaux par
eux vendus, baillés à cens ou échangés depuis l'année
1620 ; ils auront, désormais, la paisible possession de
leurs communaux qu'ils ne pourront aliéner à l'avenir
sous aucun prétexte (art. X et XI.)

Cette inaliénabilité avait pour but principal d'empêcher
les communes, sous la pression du seigneur, de vendre à
vil prix leurs communaux. La déclaration de 1659 porte
que les communes doivent-être protégées « comme étant
réputées mineures. » Pour prohiber l'aliénation de ces
fonds on faisait remarquer, au surplus, qu'ils étaient
grevés d'une sorte de substitution : « Le bien, dit Domat,
« appartient à ceux qui composeront par la suite les com-
« munautés auxquelles on ne peut faire préjudice. » Les
communes avaient donc, d'après la doctrine ancienne, la
charge de conserver ces biens et de les rendre ; c'est pour

la même raison que le partage *de la propriété* de ces terres était également prohibé (1).

Mais ces prohibitions n'empêchaient pas les seigneurs de détourner encore à leur profit, sous prétexte d'exercice de leur droit de triage, certains fonds appartenant aux communautés ; aussi l'Ordonnance d'août 1669, sur les Eaux et Forêts (articles 7, 8, 9, 12 et 13) vint-elle apporter de nouvelles conditions, plus rigoureuses encore que les précédentes, à l'exercice de ce droit. Pour que le triage eût lieu, il fallait notamment le consentement de la majorité, au moins, des habitants et l'octroi de lettres-patentes qui l'accordaient spécialement.

Un nouvel Édit du 12 avril 1683, confirmant les précédents, renouvelait pour les communes la prohibition d'aliéner leurs biens, sauf dans certains cas exceptionnels limitativement déterminés. Même dans ces cas, l'aliénation était toujours faite avec « *faculté de regrets* », c'est-à-dire avec droit de réméré sous-entendu (2). Il est à noter, au surplus, que ces aliénations ne pouvaient être consenties que sous des conditions fort rigoureuses, dont nous trouvons l'énumération dans le commentaire de Lapoix de Fréminville sur l'article 2 de l'Édit de 1667.

Les restrictions successives apportées par l'autorité royale au droit de triage avaient rendu l'application de ce droit fort difficile pour les seigneurs, qui supportaient impatiemment la situation précaire qui leur était faite.

_____

(1) V. Lebret, *Décisions*, liv. 2, déc. 6. Cf. *Arrêt de la Chambre de l'Édit*, décembre 1608 et Ricart, *sur la coutume de Senlis*, art. 96.

(2) V. Lapoix de Fréminville, *Traité du Gouvernement des Communes*, p. 39 à 41.

Aussi choisiront-ils la première occasion de faire consacrer législativement leur prétendu droit de triage pour en assurer l'exercice.

**14.** L'attribution des terrains de première fertilité était presque définitive et l'on ne voyait plus que de rares contestations s'élever, à propos de la propriété de ces fonds, entre seigneurs et communes ; mais il restait des biens sans maître, constitués par des terrains arides ou inondés. La jouissance des biens vagues était attribuée au seigneur haut justicier, mais à la charge pour lui de pourvoir à certaines dépenses, par exemple à l'entretien des enfants trouvés sur son territoire. Il arrivait que le seigneur, par concession bénévole, laissait les *paroisses* jouir de ces biens en commun avec lui. Cependant, la royauté étudiait depuis longtemps les moyens d'encourager la mise en culture des terres incultes ou le dessèchement des marais improductifs (1). Malgré tous ses efforts, les défrichements ou dessèchements n'étaient pas aussi nombreux qu'on l'avait espéré. Les communes trouvaient, en effet, dans leurs marais, la tourbe nécessaire au chauffage, indépendamment de plusieurs autres avantages, tels que la possibilité d'y faire rouir le lin destiné soit à la vente, soit aux usages domestiques. Ajoutons que beaucoup de marais

---

(1) Dès 1559, un édit d'Henri II, confirmé en 1607 par un second règlement qui résout les difficultés soulevées par l'application du premier, prescrit la mise en valeur des terres incultes et le dessèchement des marais. Ces deux dispositions ont été suivies par un nombre considérable d'édits, règlements et ordonnances, applicables à tout le royaume ou spéciaux à une province en particulier, qui tendaient tous au même but : l'amélioration des biens sans valeur.

La liste de ces actes législatifs est si longue que nous n'entreprendrons même pas de la donner.

n'étaient inondés que pendant l'hiver et constituaient, au printemps, d'excellents pâturages pour les bestiaux ; enfin et surtout, il était extrêmement difficile de changer les habitudes séculaires prises par les populations agricoles. Rien n'avait donc pu vaincre l'inertie des habitants, ni les exemptions, pendant quinze ou vingt ans, de tous impôts, dîmes, vingtièmes ou cotisations pour « faux frais de paroisse », ni l'exonération du droit d'insinuation, dans les cas où il était dû à l'occasion de ces biens, ni les divers privilèges spéciaux qui leur avaient été accordés (1). Quelques marais avaient pourtant été desséchés certains lieux incultes défrichés et mis en valeur partout où l'on avait eu l'idée d'accorder, en jouissance, une part des biens mis en culture à chacun de ceux qui les auraient rendus productifs.

Malgré leur petit nombre, les résultats obtenus attirèrent l'attention du Roi qui résolut de généraliser les partages de jouissance. Des édits accorderaient à ceux qui mettraient en culture les marais ou autres lieux incultes, la jouissance longue ou même héréditaire d'un lot de ces biens, à la condition que ce lot serait insusceptible d'appropriation exclusive à titre de propriétaire. On espérait provoquer ainsi de nouveaux dessèchements ou défrichements par la certitude d'une possession paisible et durable.

Les seigneurs, avisés des projets du Roi par les attaches qu'ils conservaient à la Cour, avaient le plus grand intérêt à les voir se réaliser. Comme on l'a vu, le droit

(1) Voir au sujet des exemptions et privilèges accordés à ceux qui entreprendraient des travaux de dessèchement, les lettres patentes de 1767 applicables à la province d'Artois.

des seigneurs existait, en fait, sur les terrains vagues ou marais ; ils avaient donc tout lieu d'espérer que l'autorité royale, au cas où elle ordonnerait le partage de ces terrains entre les habitants, serait moralement contrainte de reconnaître, à propos de ces biens, le droit de triage qu'ils avaient tant à cœur de voir consacrer.

Les efforts de la noblesse, dans ce sens, devaient réussir auprès du Roi.

Le premier édit qui fut rendu en juin 1769 sur le partage des terres vagues et marais reconnaissait aux seigneurs le droit de triage sur ces biens. Cet acte relatif aux trois évêchés de Metz, Toul et Verdun, fut bientôt suivi d'un second règlement applicable à la Bourgogne et aux pays de Bugey et de Gex. Les dispositions de l'édit de Bourgogne étaient semblables à celles contenues dans l'acte applicable aux trois évêchés.

En Artois, les seigneurs avaient fait parvenir au Conseil des ministres, qui devait le présenter à l'approbation royale, un projet de partage réservant le triage au seigneur dans tous les cas.

Ce projet, adopté par le Roi en 1773, fût consacré par des Lettres-patentes de 1774 qui furent transmises, pour enregistrement, au Conseil supérieur d'Artois qui remplaça, de février 1771 à novembre 1774, le Conseil provincial. D'après un ancien usage reconnu par la capitulation d'Arras du 9 août 1640, aucune disposition législative ne pouvait, en effet, devenir exécutoire dans la province d'Artois, si elle n'était enregistrée par le Conseil provincial.

Il plut à cette haute assemblée de soumettre l'édit du Roi à l'examen des États d'Artois avant de l'enregistrer. L'acte royal fut donc examiné par les députés des États en

1774, mais le Tiers fit une très vive opposition à l'enregistrement de ces dispositions législatives, parce qu'elles
maintenaient le droit de triage au seigneur.

Devant cette résistance, la question fut ajournée jusqu'en 1777 ; c'est alors que les prétentions de la noblesse,
discutées de nouveau, durent être abandonnées en partie
par elle, le clergé s'étant joint au Tiers-État pour les repousser. Dans le nouveau projet adopté par les députés
des États d'Artois, les seigneurs, au lieu de réclamer le
tiers des terrains vagues ou marais, n'en demandaient
plus que le sixième.

Ce dernier projet, envoyé au Roi, ne fut pas accepté par
lui. Il rendit, le 25 février 1779, un arrêt pris en son
Conseil pour règlementer provisoirement la situation des
lots partagés et accorda le 13 novembre 1779 de nouvelles Lettres-patentes par lesquelles il concédait à tout seigneur, laïc ou ecclésiastique, le droit au tiers des terrains
à mettre en valeur. « Toutes les terres, prés, marais,
« landes ou friches, porte l'art. 1er de ces Lettres, appar-
« tenant aux communautés d'habitants de la province
« d'Artois, seront partagés par portions égales entre tous
« les chefs de famille..... pour en jouir en usufruit seule-
« ment....., *distraction néanmoins faite* au profit du sei-
« gneur, soit ecclésiastique, soit laïc, même des gens de
« main morte, ayant fief et seigneurie, *du tiers des dites*
« *terres.....* qui seront de concession gratuite, *et du si-*
« *xième* en faveur de ceux à qui, à raison de ladite con-
« cession, il est dû, par lesdits habitants, des rentes, rede-
« vances ou servitudes ».

Ces Lettres-patentes, enregistrées par le Parlement de
Paris le 25 novembre 1779, furent notifiées au Conseil
d'Artois ; mais, avant que celui-ci, conformément à l'an-

cienne prérogative que nous avons rappelée, ne les ait enregistrées, les États d'Artois mandèrent aux gens de loi des communautés qu'ils aient à appliquer les Lettres-patentes, nonobstant le défaut d'enregistrement.

Jaloux de faire respecter ses privilèges, le Conseil d'Artois, dans une sentence rendue en audience solennelle, toutes chambres réunies, le 13 mars 1780, s'opposa à ladite exécution.

Cette décision fût déférée au roi qui la cassa le 7 mai 1780, par ce motif que le Conseil supérieur de la province ne pouvait s'élever contre l'enregistrement que le Parlement de Paris, son juge supérieur, avait déjà fait de cette loi.

Cependant, un grand nombre de communautés d'Artois avaient fait, devant le Parlement de Paris, opposition régulière aux Lettres-patentes du 13 novembre 1779. Les griefs invoqués étaient fondés sur l'extension du triage aux gens de mainmorte et la violation des anciens édits ou ordonnances restreignant ou prohibant même le triage suivant les cas.

Le Parlement de Paris examina avec soin les requêtes à lui présentées et prescrivit une enquête sur les griefs invoqués par les oppositions susdites, ordonnant qu'il fût sursis, jusqu'à la fin de l'enquête, à l'exécution des Lettres-patentes attaquées.

Devant cette attitude, trois Arrêts du Conseil du Roi des 18 mai, 27 décembre 1782 et 6 juillet 1785 suspendent, puis rendent facultative l'exécution de ladite loi ; ils subordonnent, dans tous les cas, cette exécution aux suffrages des deux tiers des habitants. Enfin, un dernier acte règlementaire du 6 septembre 1787 abroge définitivement les Lettres-patentes du 25 novembre 1779.

De toute cette législation, l'Arrêt du Conseil du Roi du 25 février 1779, qui se borne à règlementer le mode de transmission des parts faites en vertu des premières Lettres de 1774. Cet acte législatif est resté en vigueur.

Pour la province de Flandre étaient intervenues, le 27 mars 1777, des Lettres-patentes qui réglaient la distribution et la jouissance de portions de marais desséchés dans les trois châtellenies de Lille, Douai et Orchies. L'article 10 de ce règlement, relatif aux conditions d'aptitude à remplir par les habitants qui doivent être nés dans la paroisse, a été complété et interprété par un Arrêt du Conseil d'État du Roi du 13 mai 1784, qui admet les curés au partage, quoiqu'ils ne soient pas nés dans la paroisse.

« Toutes les terres, prés, marais, landes ou friches
« appartenant aux communautés d'habitants, portaient les
« Lettres de 1777, seront partagés entre tous les ménages
« existants, par feux.............. *prélèvement fait néan-*
« *moins du tiers* de la totalité desdits prés, marais et pâ-
« turages qui devra appartenir au seigneur ».

Ce règlement, en reconnaissant explicitement au seigneur le droit de triage sur tous les biens, sans distinguer s'ils avaient été concédés à titre gratuit ou onéreux, ou si même ils provenaient ou non d'une concession quelconque, favorisait de nouveau les usurpations.

**15.** Tous ces actes qui avaient eu pour but principal, comme on l'a vu, le développement de l'agriculture par la mise en valeur de marais improductifs, ordonnaient le partage par feux ; ils garantissaient la possession du titulaire d'un lot en déclarant sa part analiénable et insaisissable. Dans les trois évêchés, en Bourgogne

et en Artois, cette part était, au surplus, transmissible héréditairement en ligne directe. Mais, comme le
partage de ce lot entre les descendants, s'il en existait
plusieurs, aurait eu pour résultat, après quelques trans-
missions, de morceler la part d'une façon préjudiciable à
son bon entretien de culture, en Artois, l'arrêt de 1779
établissait une sorte de privilège d'aînesse au profit de
l'aîné des mâles de chaque famille et, à défaut de mâles,
au profit de l'aînée des *femelles* ; il en était de même en
Bourgogne et dans les trois évêchés, à moins que le père
n'eût disposé du lot communal en faveur de tel enfant
qu'il lui avait plu désigner à l'exclusion des autres.

**16.** Quand on a vu la série de vicissitudes par lesquelles
sont passés les biens communaux, on comprend aisément
que les législateurs de la période révolutionnaire, dans le
but de mettre définitivement fin aux précédents abus,
aient été amenés à supposer en principe et jusqu'à
preuve contraire, que la commune est propriétaire des
biens sans maître situés sur son territoire et dont les habitants sont en possession.

« La possession par le seigneur, dit M. Batbie (1),
« était tenue pour une usurpation et le titre, s'il en oppo-
« sait quelqu'un, n'était respecté qu'autant qu'il était
« exempt de tout caractère féodal ».

Partant de ce principe, on ne s'étonnera donc pas que
les communes aient été autorisées (2) à devenir propriétaires, à la seule condition de se mettre, dans les cinq

---

(1) V. M. BATBIE, *op. cit.*, t. V, nᵒˢ 88 à 92, p. 75 à 80.

(2) V. les lois des 13-20 avril 1791 (S. *Lois annotées*, 1789 à 1830,
p. 101), 28 août-14 septembre 1792, art. 9 (S. *Lois annotées*, 1789 à

ans, en possession exclusive et *animo domini*, ou de former dans le même délai, une action en revendication (1), de tous les biens vacants ou improductifs sur lesquels les seigneurs ne prouveraient pas leur droit par titre ou par jouissance exclusive pendant quarante ans (2).

L'attribution faite aux communes ne pouvait, d'après ce qui a été dit plus haut (3), avoir pour objet que les terrains vains et vagues, de quelque nom qu'on les appellât (4).

---

1830, p. 202), 10 et 11 juin 1793, art. 1er, section 4 (S. *Lois annotées*, 1789 à 1830, p. 233).

(1) Passé ce délai de cinq ans, les actes de jouissance effectués par les communes n'ont pu leur acquérir la propriété en vertu des lois précitées, ils ne peuvent que servir à la prescription suivant la règle du droit commun. Limoges, 19 mars 1890, *sect. de Beauretour c. sect. de Beaumélange et autres*, et 8 juin 1891, *sect. de la Vergne et Monloys c. sect. de Saint-Dézery*. D. 92. 2. 402.

(2) V. Req., 26 avril et 23 mai 1876, *com. d'Ourdon, c. syndicat de Castelloubon et Fellonneau c. com. de Sainte-Hélène et de Salaunes*. D. 76. 1. 379. — Req., 31 mai 1880, *de Maussabré c. com. de Saint-Philibert et autres*. D. 80. 1. 329.

(3) V. *supra*, p. 24.

(4) La question de savoir si un terrain était vain et vague au moment de la Révolution est une pure question de fait laissée à l'appréciation des tribunaux. La Cour de Bordeaux a notamment rangé parmi les terrains vagues les dunes quoique la question soit d'ailleurs controversée. Req., 3 février 1857, *com. de Massane et autres c. héritiers de Castillon*, D. 57. 1. 357. V. Req., 31 juillet 1873. *Poullain et consorts. c. Cottin de Melleville et autres*. D. 74, 1. 272. Bordeaux 25 juillet 1870. *com. de Porge c. l'État*. D. 72. 2. 102. Cf. l'Art. de M. BONNICEAU GESMON paru dans la *Revue pratique* de 1870.

Ces lois ont donc opéré une véritable substitution des communes dans les droits du seigneur sur les terrains vagues et sans maître.

Quant aux vassaux qui détenaient, à titre de concession, des biens *productifs*, leur droit de jouissance a été transformé en droit de propriété (1).

Les communes même qui possédaient certaines terres vaines et vagues sur lesquelles existait, au profit d'un particulier, un titre régulier d'acquisition, ont pu chercher, dans les lois de 1791, 1792 et 1793, qui mettaient le propriétaire en demeure de prouver son droit, un nouveau titre légal qui changeait le caractère précaire de leur possession. Celles qui avaient manifesté formellement leur intention de posséder *amino domini* pouvaient donc après trente ans de jouissance exclusive être admises à invoquer à leur profit la prescription des terres vaines et vagues situées sur leur territoire (2).

**17.** La volonté du législateur révolutionnaire n'était pas seulement que la commune acquît la propriété des terrains vains et vagues ou restât en possession de ses anciens biens, il voulait encore rendre chaque citoyen propriétaire exclusif d'une parcelle de ces biens.

---

(1) Req., 17 mai 1882, *com. de Plougoumelen c. Lemoing*. Cet arrêt est mentionné sous le n° 37563 au *Calepin des Req.* (Grand greffe de la Cour de Cass.), années 1881 à 1882.

(2) V. Req., 15 juin 1858, *assurances générales, c. com. du Barp*, D. 58, 1. 245. — Req. 26 avril 1876, *com. d'Ourdon, c. syndicat de Castelloubon*, D. 76, 1. 379. — Req., 23 mai 1876, *Fellonneau, c. com. de Sainte-Hélène et de Salaunes*, ibid. — Req., 31 mai 1880, *de Maussabré c. com. de Saint-Philibert et autres*, D. 80, 1. 329.

C'est là une innovation qu'on ne saurait trop faire remarquer. Sous l'ancien régime, en effet, il était de principe que la propriété des biens communaux devait rester indivise à cause de la substitution dont ces biens étaient censés grevés à l'égard des générations futures. Or, le 14 août 1792, on décréta que les communes seraient tenues de partager entre leurs habitants et d'une façon irrévocable, la *propriété* de leurs biens. S'il y a eu, antérieurement, partage de jouissance, les habitants pourront conserver en toute propriété les portions de communaux dont ils jouissaient ; les biens vacants seront également divisés entre eux.

Dans la hâte fébrile que l'on avait prise à voter tant et de si grands principes, celui qui établissait le partage de la propriété n'avait pu qu'être admis. Mais il restait à déterminer la façon dont on procéderait dans la pratique. Le décret du 14 août 1792 laissait donc au Comité d'agriculture le soin de présenter, dans les trois jours qui suivraient, un projet de réglementation du mode de partage.

On attendit pendant dix mois ce règlement, qui reçut enfin, le 10 juin 1793, la consécration législative.

« Cette loi, dit M. Dupin dans son introduction aux « lois des communes, vint ôter à ces biens le caractère « de biens communaux pour leur attribuer celui de pro- « priétés privées ».

Son esprit restait favorable au partage, quoiqu'elle le déclarât facultatif, puisqu'elle prononçait l'irrévocabilité de ce partage une fois voté, nonobstant les rétractations des habitants qui l'avaient demandé, son exécution à la suite d'un simple vote, etc. Il est toutefois à remarquer que le législateur, désireux de donner aux communes des droits nouveaux, mais ne voulant porter atteinte à ceux

3

qu'elles avaient déjà obtenus sous l'ancien régime, avait décidé, dans l'art. 9 de la loi du 10 juin 1793, que ces dispositions seraient inapplicables à « toutes conces-« sions, partages ou autres possessions antérieures au « 4 août 1789 ».

Malgré son intitulé assez restrictif : « Décret concernant le mode de partage des communaux », la loi de 1793 contient une foule de dispositions qui ont trait à tout autre chose qu'au partage. C'est ainsi qu'elle fixe les droits des habitants sur les biens communaux, les conditions d'aptitude qu'ils devront remplir, etc. ; elle pose même les règles de compétence relatives aux partages *qui auront lieu dans l'avenir*. On a donc pu appeler à bon droit cette loi le véritable *Code de la matière* à cette époque.

Aux termes du décret de 1793, le partage de la *propriété* des biens communaux n'était plus obligatoire, mais si l'on en voyait l'utilité, le partage pouvait avoir lieu sur un vote du tiers seulement des voix de l'assemblée municipale.

Il faut ajouter que cette loi avait également autorisé l'aliénation et l'échange des biens communaux.

Malgré l'avidité de quelques individus, la plupart des communes comprirent que leur intérêt bien entendu était de ne pas opérer le partage de propriété de leurs biens ; elles ne voyaient pas davantage la nécessité de les aliéner ; presque tous les communaux restèrent donc dans l'indivision.

Comme la loi du 10 juin 1793 n'avait reçu dans la pratique qu'une application des plus restreintes, il intervint, aux dates des 21 prairial an IV et 2 prairial an V (1),

----

(1) S. *Lois annotées*, 1789 à 1830, p. 390 et 419.

deux nouvelles dispositions, la dernière prohibant désormais l'aliénation et l'échange des biens des communes.

La loi de l'an IV ordonnait qu'il fût provisoirement sursis au partage des communaux en application du décret du 10 juin 1793 ; elle portait toutefois que les propriétaires actuels qui l'étaient devenus en vertu de la loi de 1793 seraient maintenus en possession.

Cette situation provisoire durait depuis huit ans environ quand la loi du 9 ventôse an XII vint y mettre un terme (1). Ce texte disposait, dans son art. 5, que tous les biens communaux possédés à l'époque de sa publication sans acte de partage, rentreraient entre les mains des communautés d'habitants. Elle statuait aussi sur la compétence dans les contestations qui pourraient s'élever entre les co-partageants (art. 6).

Il est à noter que le décret de l'an IV, exclusivement applicable aux partages effectués en exécution de la loi de 1793, s'il établissait des règles de compétence relativement aux difficultés qui pouvaient s'élever à l'occasion de ces partages, n'avait pas prévu le cas où aucune opération de ce genre n'aurait été effectuée en vertu de la loi de 1793. Les dispositions de l'art. IV prévoient bien le cas où les biens communaux n'ont jamais fait l'objet d'aucun partage, mais elles restent muettes relativement à la situation juridique des biens dont la jouissance avait été répartie entre les habitants avant 1789. Aussi un arrêté des Consuls du 9 fructidor an X, rendu dans une espèce spéciale, a-t-il ordonné le maintien en Artois des anciens modes de jouissance établis par arrêt du Conseil du Roi.

(1) S. *Lois annotées*, 1789 à 1830, p. 663.

Un décret du 9 brumaire an XIII (1), intervenant d'une
façon générale, vint combler la lacune laissée par le décret
de l'an IV. Les habitants continueront à jouir comme
auparavant de leurs communaux s'ils n'ont pas profité du
bénéfice de la loi de 1793 pour changer en partage de
propriété le partage de jouissance entièrement effectué.
Ce décret portait également que les communautés pourraient, par l'organe de leurs conseils municipaux, adopter
un nouveau mode de jouissance, sous certaines formalités
et conditions préalables portées aux art. 2 et 5. Il était
muet sur la compétence.

Le décret du 4e jour complémentaire de l'an XIII (2)
vint réparer cette omission. Il étendit les dispositions de
la loi de l'an XIII à « tous les partages de biens commu-
« naux effectués avant la loi du 10 juin 1793 en vertu
« d'arrêts du Conseil, d'ordonnances des États, et autres
« émanés des autorités compétentes, conformément aux
« usages établis ».

Un avis du Conseil d'État du 29 mai 1808 (3), inséré au
Bulletin des lois, complétant le décret de brumaire
décide que tout *changement* au mode de jouissance des
biens communaux devra être voté par le Conseil municipal et approuvé par un acte du gouvernement rendu sur
avis du préfet en Conseil de préfecture. Enfin le décret
du 6 juin 1811 confirmant deux autres avis du Conseil
d'État des 20 juillet 1807 et 26 avril 1808, proclama l'obligation du partage par feux (4).

(1) S. *Lois annotées*, 1789 à 1830, p. 690.

(2) S. *Lois annotées*, 1789 à 1830, p. 703, *in fine*.

(3) S. *Lois annotées*, 1789 à 1830, p. 781.

(4) S. *Lois annotées*, 1789 à 1830, p. 849, 719 et 781.

**18.** En même temps que le législateur révolutionnaire s'occupait de la question de propriété des biens communaux, il ne méconnaissait pas tout l'intérêt qu'il pouvait y avoir à continuer l'œuvre de ses devanciers et à mettre en valeur, par le dessèchement et la culture, la portion inproductive du patrimoine communal qui représentait plus de la moitié de ces biens. En ce sens, les lois des 1er mai, 26 décembre 1790 et 5 janvier 1791 (1) ordonnent à chaque assemblée départementale de s'occuper du dessèchement des terres inondées de son territoire, si du moins l'état actuel de ces fonds n'est pas préférable. L'entretien des travaux effectués par application de ces textes dans les départements des Deux-Sèvres, de la Vendée et de la Charente-Inférieure, dans les vallées de la Scarpe, de la Haine et de l'Escaut étaient réglementé par la loi du 4 pluviôse an VI et les arrêtés des 23 frimaire an X et 23 fructidor an XIII, ce dernier modifié par décret du 2 juillet 1808 (2).

Le 16 septembre 1807 intervient une disposition générale qui promet aux communes le concours de l'État moyennant le simple remboursement de ses dépenses et édicte une série de dispositions destinées, pour le cas où un entrepreneur obtiendrait la concession des travaux, à faire fixer dans l'acte même de concession la part de celui-ci aux biens desséchés afin de l'empêcher ainsi d'élever des prétentions exagérées (3).

Enfin la loi du 21 avril 1810 (art. 84 et suiv.), vient

(1) S. *Lois annotées*, 1789 à 1830, p. 27 et 86.
(2) S. *Lois annotées*, 1789 à 1830, p. 440 et 569.
(3) S. *Lois annotées*, 1879 à 1830, p. 735.

régler l'exploitation des tourbières (1). Elle porte que la
direction générale des travaux d'extraction de la tourbe,
des rigoles de dessèchement et des mesures généralement propres à faciliter l'écoulement des eaux dans les
vallées, sera déterminée par un règlement administratif.

L'art. 39 du décret du 18 novembre de la même année
confie la surveillance de l'exécution des travaux aux in-
génieurs des mines.

**19.** Depuis 1810 jusqu'à la loi du 18 juillet 1837, aucune disposition importante n'avait été rendue sur la matière des communaux. Le texte de 1837 chargeait le maire
de la conservation et de l'administration de ces biens ; il
accordait, dans la plupart des cas, aux conseils municipaux
le droit de réglementer, par leurs délibérations, le mode
de jouissance et de répartition des fruits communaux
autres que les bois. Mais les conseils municipaux n'u-
saient guère de la faculté à eux accordée par la nouvelle
loi d'opérer le partage de jouissance des biens indivis,
quand, pourtant, ce mode de tirer parti des communaux,
présentait en général, de l'avis de tous, les plus grands
avantages sur la jouissance indivise (2).

Pour porter remède à cet état de choses, on nomma, en
1847, une commission parlementaire chargée d'étudier les
moyens de faire supprimer, malgré l'opposition ou l'incurie des conseils municipaux, dans les cas où cela était
utile, l'existence de la jouissance indivise des communaux
et de préparer un projet de loi en ce sens.

(1) S. *Lois annotées*, 1789 à 1830, p. 819.

(2) V. sur ce point M. DUCROCQ, *Des partages de Biens communaux*,
p. 33 et suiv. Cf. BATBIE, *op. cit.*, t. V, n° 118.

L'attention du législateur avait été de nouveau attirée par les travaux de la commission sur l'intérêt que pouvait présenter pour les habitants, pour l'agriculture et le trésor, le partage des biens indivis. Il rendit donc, les 15-27 novembre et 6 décembre 1850, une loi de procédure destinée à faciliter le partage des terres vaines et vagues dans les cinq départements composant l'ancienne province de Bretagne (1).

Peu après, on songea à rendre productives les immenses solitudes situées dans les départements des Landes et de la Gironde, et la loi du 19 juin 1857, suivie d'un règlement d'administration publique du 28 avril 1858 et d'une instruction ministérielle de la même année, intervint pour faciliter l'assainissement et la mise en valeur des Landes de Gascogne. Ces dispositions donnaient aux communes les moyens de se procurer une partie des ressources nécessaires, en les autorisant à vendre les premiers terrains desséchés ; elles promettaient, au surplus, le concours de l'État, au cas où les communes seraient dans l'impossibilité d'effectuer les premières mises de fonds.

Il restait enfin des terrains situés en montagnes qui, s'ils n'avaient souffert des déboisements effectués sans mesure, auraient constitué pour les populations pastorales une véritable source de richesses. La loi du 28 juillet 1860 et le décret du 6 février 1861 (2), qui en réglementent les conditions d'application, viennent engager les communes à opérer le reboisement des pentes. Cette tâche leur est facilitée par la promesse de certaines subventions. Si le reboisement est rendu absolument nécessaire par suite de

---

(1) S. *Lois annotées*, 1850, p. 195.

(2) S. *Lois annotées*, 1860, p. 68 et 72.

l'état du sol et des dangers qui en résultent pour les terrains inférieurs, les communes seront mises en demeure de l'effectuer et, nonobstant leur refus de le faire, cette opération devra être accomplie dans les formes indiquées par la loi précitée.

L'application de cette loi a rencontré une grande opposition de la part des populations montagnardes qui ne comprenaient pas qu'un reboisement, au moins partiel, était nécessaire à la conservation de leurs pâturages. Afin de donner à ces populations les satisfactions conciliables avec les nécessités pratiques, une nouvelle loi du 8 juin 1864 (1) permet de substituer, dans certains cas, le gazonnement au reboisement pour fixer les terrains. Néanmoins le vœu de la loi n'ayant pas été accompli en fait, le législateur a dû intervenir une troisième fois, le 4 avril 1882 (2) pour édicter une série de mesures de protection plus efficaces que les premières.

En matière d'affouage, la loi du 23 novembre 1883 est venue modifier l'art. 105 du Code forestier.

Enfin, la loi municipale du 5 avril 1884, confirmant celle de juillet 1837 relativement à l'administration des communaux et à la répartition de leurs fruits et revenus, a de plus prévu le cas où des biens sont indivis entre plusieurs communes ou sections de commune et elle en a réglé le partage (3).

(1) S. *Lois annotées*, 1864, p. 39.

(2) D. 82, 4. 89. — S. *Lois annotées*, 1881 à 1885, p. 363.

(3) Nous ne citerons que pour mémoire la loi du 9 juillet 1889 (S. *Lois annotées*, 1889, p. 554), qui a aboli les droits de parcours et de vaine pâture. Nous n'avons pas à l'examiner puisque les droits qu'elle vise sont de simples usages et non de véritables biens communaux à proprement parler.

# CHAPITRE II

## SECTION I

PRODUCTION DES REVENUS — CONDITIONS REQUISES POUR Y PARTICIPER
— RÉPARTITION ENTRE LES HABITANTS — DROITS ET OBLIGATIONS
DES HABITANTS ET DE LA COMMUNE ; ACTIONS DE LA COMMUNE

### § 1 — Différentes façons de tirer parti des communaux

#### GÉNÉRALITÉS

**20.** Le patrimoine communal est encore considérable
en France et, pour permettre d'apprécier l'importance des
ressources que peuvent procurer aux communes l'exploitation régulière et la bonne administration de leurs biens,
il est nécessaire de rappeler qu'ils représentent environ
la onzième partie du territoire français.

Comme les citoyens, les communes peuvent exploiter
par elles-mêmes leurs biens, c'est-à-dire les mettre en
valeur ou les entretenir en bon état de culture et les
améliorer, s'il est possible ; il leur est aussi permis d'en
concéder la jouissance en nature aux habitants. Il faut
remarquer au surplus que si elles jugent que l'exploitation directe ou la jouissance en nature laissée aux habitants constituent, dans les circonstances spéciales où elles
se trouvent, des régimes défectueux, elles peuvent cher-

cher un moyen quelconque de tirer parti de leur patrimoine dans les meilleures conditions. Quand la mauvaise
exploitation est le fait des personnes qui l'exercent, il
sera loisible à la commune, si elle le juge à propos,
d'amodier ses biens au locataire qu'elle choisira. Dans le
cas, au contraire, où l'improductivité des biens tient à la
composition de leur sol, elle pourra recourir à la vente ou
à l'échange.

Nous reprendrons successivement chacune de ces hypothèses en signalant d'ailleurs, s'il y a lieu, les différences
qui tiennent à la nature des biens.

**21.** Mais avant d'entrer dans l'examen des divers modes
de tirer parti des communaux en général, il convient de
mettre à part les bois des communes ou sections de
commune qui sont reconnus susceptibles d'une exploitation régulière. Ces bois et forêts sont soumis en effet
au régime établi par le Code forestier (1); ils ne pourront être ni partagés entre les habitants pour être mis en
coupe par chacun d'eux, ni exploités par la commune elle-
même. L'exploitation est exclusivement réservée aux agents
des forêts domaniales qui doivent à leur fonctions une
longue expérience professionnelle. On s'explique aisément que l'on ait soumis les bois communaux à un régime spécial, si l'on considère que leur administration
exige des connaissances techniques fort étendues et une
surveillance très active et continuelle; deux choses qu'on
ne peut exiger des officiers municipaux, souvent ignorants
de tout autre chose que de l'agriculture et dont les fonctions sont purement gratuites et temporaires (2).

(1) Art. 1, C. for.

(2) V. HENRION DE PANSEY, *Des biens communaux* et le supplément
à ce traité *Du régime des Bois communaux*, chap. IV, p. 7.

Quant au mode de jouissance de ces biens particuliers, il consiste le plus souvent dans la coupe des bois dits, d'affouage, c'est-à-dire des bois qui servent pour le chauffage des habitants, la construction ou la réparation de leurs bâtiments et dont la distribution est opérée en nature. Les conditions du partage de l'affouage sont réglées par l'art. 105 du Code forestier, modifié par la loi du 23 novembre 1883.

Les pouvoirs des conseils municipaux, en ce qui concerne les modifications au mode de jouissance, sont très restreints. Ils ne pourraient, par exemple, sans les autorisations requises par la loi, changer un de ces bois en pâturage.

Enfin la vente et l'échange des bois communaux sont soumis par le Code forestier à des formalités particulières. Comme l'étude approfondie de la législation forestière sortirait du cadre de notre étude, nous nous bornerons à renvoyer aux principaux textes relatifs à la matière (1).

---

(1) V. notamment les décrets des 28 brumaire an VII et 11 frimaire an IX (S. *Lois annotées*, 1789 à 1830, p. 465 et 551) relatifs à certaines questions de propriété des bois communaux ; le décret du 23 prairial an XIII (S. *Lois annotées*, p. 700), qui autorise les maires à affermer le droit de chasse dans les bois communaux ; l'avis du Conseil d'État du 26 avril 1808 (S. *Lois annotées*, p. 781) qui applique aux produits des bois les règles du partage par feux ; les dispositions du Code forestier; l'ordonnance du 1er août 1827 : (art. 15, 69, 70, 72, 83, 86, 89, 91, 96, 100 à 104, 130 à 133, 136 et 169 à 171) ; l'ordonnance du 26 novembre 1836 et l'arrêté ministériel du 4 février 1837 ; enfin la loi du 10 août 1871 (art. 59, § 2 et 3).

1 — *Mise en valeur ; restauration et entretien ; exploitation des biens communaux par la commune elle-même*

**22.** Les communes peuvent mettre en valeur et exploiter ensuite, par elles-mêmes, c'est-à-dire, par des entrepreneurs ou des ouvriers qu'elles choisissent pour travailler à son compte, et qui restent sous la haute direction des autorités municipales, tous leurs biens sans distinction ; il y a des cas même où la nature des choses leur impose cette obligation. Certains biens, par exemple, ne sauraient être améliorés que grâce à des efforts trop considérables pour pouvoir être isolés ; il appartient, dans ce cas, à la commune de suppléer, parfois avec l'aide de l'État, à l'impuissance de l'initiative individuelle. C'est ce qui a eu lieu, notamment pour les Landes de Gascogne, région absolument improductive et insalubre.

Le sous-sol de ces immenses espaces est constitué par une couche de terrain imperméable qui porte, dans le pays, le nom d'*alios*, et qui empêchait l'écoulement des eaux des pluies d'hiver accumulées dans les nombreuses dépressions de la surface constituant des sortes de cuvettes. Les eaux y croupissaient jusqu'à ce que les fortes chaleurs en aient amené la disparition partielle par évaporation. Pour pouvoir faire pousser, dans de pareils terrains, les essences forestières même les plus robustes, comme les pins et les chênes, il fallait, avant de songer à la plantation ou à l'ensemencement en bois, exécuter tout un système de fossés d'écoulement pour éviter la stagnation des eaux ; il était encore indispensable de tracer les voies de communication nécessaires à l'exploitation future. On peut

voir, d'après ce qui vient d'être dit, que le travail de
chaque habitant, pris isolément, ne pouvait produire un
sérieux résultat au point de vue de l'aplanissement du
terrain et des autres opérations. Le dessèchement était
d'ailleurs si coûteux que le législateur de 1857 avait cru
devoir autoriser les communes à vendre une partie des
fonds assainis pour se procurer des ressources (1). Le
concours de l'État était même assuré, moyennant remboursement de ses avances, sur le produit des coupes ou
sur une partie du prix des terres mises en culture, qu'il se
réservait de pouvoir vendre aux communes incapables
de faire la première mise de fonds (2).

De même, partout où il s'agit de dessécher de grands
marais ou de mettre en valeur de vastes terrains improductifs, la commune, si les travaux sont reconnus d'utilité
publique, est tenue de procéder au dessèchement, l'État
gardant d'ailleurs le droit, si elles négligent de le faire,
d'exécuter, sauf remboursement de ses avances, tous les
travaux nécessaires (3).

**23.** On a vu que les communes étaient amenées, dans
des circonstances déterminées, à mettre elles-mêmes leurs
fonds en valeur. En d'autres circonstances, et quand il y a
lieu de procéder à la restauration de certains biens, elles
peuvent avoir à agir, soit à cause de la faiblesse des
ressources de la plupart des habitants, comparée à
l'effet à produire, soit à cause du défaut des con-

---

(1) V. BATBIE, *op. cit.*, t. V, n° 120.

(2) V. la Loi du 10 juin 1857, rapportée dans S. *Lois annotées*, 1857,
p. 36.

(3) V. la loi du 28 juillet 1860 et le décret du 6 février 1851 rendu
en forme de règlement d'administration publique.

naissances techniques nécessaires chez ces derniers. Nous
citerons le cas où il s'agit de terrains situés en montagne.
Les deboisements successifs ont exposé ces terrains aux
dégradations causées par les eaux dont aucun obstacle ne
vient plus ralentir l'écoulement; il faut donc pourvoir
à la modification du régime général des eaux en opérant des reboisements partiels pour la conservation des
pâturages inférieurs et en consolidant les hauts pla-
teaux par le gazonnement. Là encore, l'action des
individus sera peu efficace; aussi voit-on le législateur
contraindre à plusieurs reprises les communes à boiser et
à gazonner les pentes.

Il convient d'ajouter que, dans le cas où l'intérêt général
exige que ces travaux soient rendus obligatoires par suite
du mauvais état du sol et des dangers qui en résultent
pour les terrains inférieurs, les communes peuvent être
mises en demeure de les exécuter. Ce n'est qu'au cas de
refus de leur part de faire ces opérations de restauration
que celles-ci seront entreprises malgré elles dans les formes et conditions déterminées par la loi (1).

Enfin, quand il y a lieu de tirer parti de certains biens
comme les tourbières, sablières, etc., les communes auront avantage à faire extraire elles-mêmes la tourbe ou le
sable, pour éviter les inconvénients ou les dangers d'une
exploitation irrégulière que la loi soumet, dans l'intérêt
général, à des conditions rigoureuses (2).

---

(1) V. les lois du 28 juillet 1860 (S. *Lois annotées*, 1860, p. 68); du
8 juin 1864 (S. *Lois annotées*, 1864, p. 39 et du 4 avril 1882. D. 82. 4.
89.

(2) V. la loi du 21 avril 1810 (art. 84) et le décret du 18 novembre
de la même année (art. 39).

## II. — *Concession de la jouissance en nature aux habitants*

**24**. Au lieu d'exploiter en leur propre nom, les communes sont libres d'accorder aux habitants la jouissance en nature de leurs biens. Elles devront d'ailleurs examiner en fait, s'il est d'une bonne administration de laisser lesdits habitants jouir en commun de ces biens ou s'il y a lieu, au contraire, d'opérer entre eux, le partage de la jouissance ou de le maintenir s'il existe déjà, sauf à respecter les droits acquis.

Il faut admettre, en général, que l'état d'indivision est préjudiciable aux intérêts bien entendus des communautés d'habitants ; néanmoins, dans quelques cas déterminés, la jouissance commune peut présenter des avantages certains. Ainsi, dans les localités où la population est pastorale, il est évident que l'on ne saurait songer à diviser en lots, des pâturages. Indépendamment de l'exiguïté de chaque lot qui ne saurait, la plupart du temps, fournir la nourriture nécessaire aux bestiaux, il n'est pas douteux que la surveillance ne pourrait être exercée que très difficilement par chacun sur ses propres bestiaux, tandis qu'un seul pâtre, aux frais communs, suffira à la garde du troupeau formé par la réunion des bestiaux de la commune.

**25**. Mais, dans la plupart des cas, le partage des biens communaux, loin d'avoir des inconvénients, est au contraire avantageux (1). Les communes qui le jugent à

_____

(1) MONNIER, *De l'agriculture française*, I. p. 181.

propos, pourront donc répartir entre les habitants, la jouissance de leurs biens restés jusque-là indivis ou même modifier l'ancienne jouissance individuelle (1), à la condition toutefois que le nouveau droit créé par ces partages ne soit pas héréditaire (2). L'acte qui instituerait la transmission héréditaire devrait, en effet, pour éviter un morcellement à l'infini de la terre, incompatible avec une bonne exploitation, désigner un seul des enfants, l'aîné par exemple, pour succéder à l'exclusion des autres cohéritiers, ce qui reviendrait à créer entre eux une inégalité défendue dans l'état actuel de la législation.

L'administration supérieure n'autorise même pas l'attribution de la jouissance à titre viager (3).

**26**. Dans certains départements où ces modes de jouissance héréditaire ou viagère existent en vertu d'anciens actes de partage ou même de simples usages, ils pourront être conservés (4), mais rien ne s'oppose en principe à ce qu'ils soient modifiés par l'autorité compétente, conformément

(1) Pau, 31 mars 1890, *Castets c. Lalanne*. D. 91. 2. 4.

(2) Le nouveau partage qui conférerait au portionnaire une jouissance héréditaire serait entaché d'illégalité. Conseil de Préfecture du Pas-de-Calais, 18 juillet 1884, *com. de Vitry*.

(3) *Bull. min. int.*, 1863 et 1864. V. également un avis du Conseil d'État du 24 février 1838, et deux lettres ministérielles des 7 février et 4 avril 1839.

(4) De pareils modes de jouissance existent notamment dans un certain nombre de communes des départements fournis par les anciennes provinces d'Artois, de Flandre, de Bourgogne, des trois Évêchés, du Gévaudan et du Languedoc, ainsi que dans l'ancienne principauté de Montbéliard. V. Cons. d'État, 25 octobre 1826, *Pétrequin*. LEB., p. 627, et 12 juillet 1864. *Nadal*, LEB., p. 622.

au décret du 25 mars 1852, abrogeant sur ce point la loi du 9 brumaire an XIII. On ne saurait d'ailleurs sérieusement soutenir que si les communes ont, au siècle dernier, concédé à leurs habitants la jouissance héréditaire pour obtenir d'eux, par la certitude d'une longue et paisible possession, des efforts et des dépenses qu'elles n'auraient pas pu espérer d'un possesseur à titre viager, elles ont passé avec eux un *véritable contrat* qu'elles violeraient en révoquant le caractère héréditaire de la concession.

Cependant, si l'administration peut, en vertu d'une délégation spéciale du législateur, abroger les anciens usages et même les partages réglementés par un acte législatif antérieur à 1789 et les modifier pour l'avenir, elle ne saurait porter atteinte aux droits que les habitants ont acquis *antérieurement au moment où le nouveau mode de partage devient obligatoire*, à moins toutefois que ceux-ci n'y aient renoncé expressément (1).

Il est en effet constant que les lois qui concernent le patrimoine des particuliers ou des communes sans toucher à l'ordre public, ne disposent que pour l'avenir quand leur application est « de nature à entraîner la lésion de droits

----

(1) V. Clément, *Droit rural*, etc., nᵒ 200, p. 378, et l'art. de M. Passez, paru dans la *Revue générale d'administration*, 1888, p. 424. Cf. Cons. d'État, 26 avril 1856, *Guépratte et autres c. com. de Cheminot.* S. 57, 2. 147.

Les habitants sont présumés avoir renoncé à leurs droits acquis quand, par exemple, ils ont tous « adhéré sans réserve à une délibération par laquelle le Conseil municipal a décidé qu'il serait procédé à un nouveau partage et ont pris part au tirage au sort des lots établis à la suite de cette délibération. » Cons. d'État, 3 août 1865. *Com. de Remilly*, Leb, p. 728.

4

acquis » (1). Or les droits acquis sont, comme on le sait,
ceux dont nous sommes *actuellement* investis, qui font
partie de notre patrimoine, par exemple les droits qui se
rapportent à une succession *ouverte :* mais il n'en serait
pas de même de la simple espérance que peut avoir le descendant à la succession de son auteur encore vivant ; bien
que cette *expectative* puisse être transformée en *droit* par
l'évènement postérieur de la mort du *de cujus*, elle ne
constitue pas un droit acquis (2).

Par application de ces principes certains, on décidera
qu'un nouveau règlement ne saurait porter atteinte aux
droits de l'héritier d'un habitant, alloti en vertu de l'ancien
partage, dont la succession est ouverte au moment où le
règlement administratif qui supprime la transmission héréditaire devient obligatoire. A ce moment, en effet, l'hé-
tier est déjà en *possession actuelle* de la jouissance.

Pour le même motif, le plus ancien aspirant qui
a, conformément aux conditions de l'ancien partage, un
droit acquis à la part vacante au moment de la mise
en vigueur du nouveau règlement, ne peut être soumis
aux conditions de ce dernier.

Le Conseil d'État a jugé, dans le sens de ce qui vient
d'être exposé, que les règlements nouveaux peuvent uniquement modifier le mode d'attribution ou de jouissance des

---

(1) V. sur cette question : AUBRY et RAU, *op. cit.*, t. I, § 30, p. 57
et 58. LAURENT, *Principes de Droit civil*, t. I. no 153, p. 226. MEYER,
*Principes sur les questions transitoires*, p. 15. BAUDRY-LACANTINERIE,
*Précis de Droit civil*, t. I, nos 48 et suiv. VIGIÉ, *Cours élémentaire
de Droit français*, t. I. no 51.

(2) V. DEMOLOMBE, *Cours de Droit civil*, t. I, nos 40 et 47.

lots dont le retour à la communauté s'opère en vertu d'une des causes d'extinction prévues par l'ancien partage, « sans pouvoir devancer l'époque de ce retour », c'est-à-dire sans pouvoir supprimer les droits acquis (1) ni même les modifier (2). Si l'on admet que les conditions des anciens partages peuvent, en principe, être modifiées, *a fortiori* doit-on décider que les marais qui n'ont pas été partagés en vertu des anciens édits et qui ont été desséchés récemment, ne sont pas soumis aux conditions de partage de ces anciens édits, par le seul fait qu'ils sont situés dans la province où ceux-ci étaient applicables. Le partage était en effet facultatif, sauf en Flandre, le Roi ayant permis aux communes qui le désiraient de dessécher les marais qu'elles jugeaient à propos et de les partager ensuite, conformément aux règles qu'il établissait. Mais aucune disposition de cette législation ne portait qu'elle

---

(1) Cons. d'État, 7 décembre 1854, *Guépratte et consorts, sect. de Longeville*, Leb. p. 933, 14 juin 1855, *Bussienne et consorts c. com. d'Ennery*. D. 55, 3. 82. — 24 avril 1856, *com. de Cheminot*, Leb. p. 316. — 23 juillet 1857, *com. d'Ennery*, Leb. p. 562. — 19 mai 1858, *com. de Cheminot*, Leb. p. 392. — 9 février 1860, *com. d'Auchy-les-Labassée*, Leb. p. 105. — 25 juillet 1872, *com. de Pelves-Huret*, Leb. p. 466. La rédaction de ce dernier arrêt semblerait indiquer que *tous* les descendants, même non encore nés, d'un *de cujus* ont des droits acquis à sa succession, mais il est inadmissible que le Conseil d'Etat ait entendu soutenir une telle proposition. V. cependant Cons. de Préf. du Pas-de-Calais, 11 février 1880, *com. de Rœux, Liétard Humez*, 12 mai 1880, *com. de Rœux, Dehenne ;* 18 mai 1880, *com. de Rœux, Letierce-Reymbaut*.

(2) Le fait d'imposer aux habitants allotis une redevance, quand ils n'y étaient pas soumis antérieurement, constitue une véritable modification aux droits acquis. V. Cons. d'État, 19 mai 1858, *sect. de Longeville-les-Cheminot*. Leb. p. 392.

deviendrait applicable à la totalité des marais qui seraient jugés par la suite susceptibles de dessèchement (1). L'autorité municipale peut donc, à la condition d'observer les formalités légales, régler et modifier la jouissance des biens qui se trouvent dans son patrimoine. Il est bien entendu que, quand elle abandonne lesdits biens pour la première fois à la jouissance en nature des habitants, la commune a le pouvoir d'en tirer des ressources pour faire face aux dépenses de son budget en imposant aux ayants-droit, qui veulent participer à cette jouissance, l'obligation de payer des cotisations dont le chiffre est fixé par le Conseil municipal (2).

### III. — Amodiation et aliénation a titre onéreux des communaux par la commune

**27.** Dans le très ancien droit, on ne pouvait ni bailler à ferme, ni aliéner les biens communaux. Au cas de bail, on considérait que chaque particulier serait, comme le fait remarquer Legrand dans son *Commentaire de la Coutume de Troyes* publié en 1661, « frustré dans son droit d'usage. » Les biens communaux étaient, au surplus, réputés inaliénables comme « grevés d'une sorte de substitution perpétuelle au profit des générations futures. » En édictant la règle de l'inaliénabilité, l'autorité royale avait voulu surtout empêcher les communes de consentir à vil prix de pareilles ventes au profit des seigneurs.

---

(1) V. CLÉMENT, *De l'usufruit, etc.*, nᵒˢ 165 à 167, p. 262 et suiv. Cf. Cons. de Préf. du Pas-de-Calais, 18 juillet 1884, *com. de Vitry*.

(2) V. MORGAND. *La loi municipale*, t. II, p. 281.

Ces prohibitions tendirent à devenir moins absolues par la raison que les communes se trouvaient parfois dans la nécessité évidente de recourir au bail ou à l'aliénation par vente ou échange pour tirer parti de leurs biens.

Dès avant 1789, le Roi pouvait donc, dans certains cas et lorsqu'il en appréciait l'opportunité, autoriser les baux ou aliénations des biens communaux.

**28.** Sous l'empire de la législation actuelle, la commune peut, en général, donner à bail ou aliéner tous ses biens, sauf ceux qui composent son domaine public et certains biens de son domaine privé communal, notamment les bois (1).

C'est en vain que pour prétendre que le Code forestier accorde aux communes le droit de louer leurs bois pour les faire exploiter par des tiers, on a essayé de tirer argument des termes de l'art. 90 du titre VI de ce Code, qui traite spécialement des bois des communes et des établissements publics. Cet article porte bien en effet que le « mode d'exploitation » des bois pourra être changé, mais il suffit de se reporter au titre III, section IV, du même Code, pour voir que l'expression « changer le mode d'exploitation » signifie changer l'assiette des coupes.

Il faut noter que, s'il est contraire au vœu du législateur de permettre aux communes de louer leurs bois à des particuliers ignorants, le plus souvent, des règles de l'exploitation forestière et auxquels on ne peut faire passer un examen de capacité professionnelle, aucune raison de ce genre ne s'oppose à ce que les communes amodient le droit de chasse dans les mêmes bois. Tout doute est d'ail-

_____

(1) Sur la question de savoir si les communes peuvent aliéner ou échanger les *portions ménagères*, v. *infrà*, p. 257.

leurs dissipé par une décision du Ministre de l'Intérieur de
1857 (1), qui porte que, sur leurs biens *et leurs bois,
même soumis au régime forestier,* les communes sont
autorisées à céder, à titre de bail, leur droit de chasse (2).

**29.** Il faut remarquer que, de nos jours comme sous
l'ancien régime, l'autorisation de l'administration est
requise quand le contrat à passer par la commune peut
présenter de graves conséquences ; par exemple, s'il
s'agit, pour elle, de se priver pendant plus de dix-huit
ans, par un bail, de la disposition de ses biens ou, à plus
forte raison, quand elle manifeste l'intention de les abandonner d'une façon définitive par un acte de vente ou
d'échange (3).

On ne saurait, au point de vue de la nécessité de l'autorisation, assimiler à une vente l'acte par lequel une
commune attribue à chacun de ses habitants la jouissance séparée d'un lot moyennant une minime redevance.
Le prétendu prix, c'est-à-dire la redevance, n'étant pas
sérieux puisque les parties n'ont pu le considérer comme
l'équivalent de la chose cédée, il n'y a aucune translation
de propriété (4).

---

(1) *Bull. off. min. int.*, 1857. p. 259.

(2) V. Crim, Cass., 4 mai 1855, *Jean Lanusse et Capdepont.* Bull.
des Arrêts de la Cour de cassation rendus en matière criminelle,
t. LX, année 1855, p. 259.

(3) Pour les baux de moins de dix-huit ans, l'autorisation administrative n'est pas nécessaire. V. Cons. d'État, 8 février 1889, *Sargos,*
Leb. p. 392. D. 90, 3, 50. Cf Bastia, 1er février 1892. *Suzini c. Ber-
nardini ès-nom.* D. 93, 2, 118.

(4) Pau. 31 mars 1890. *Castets c. Lalanne.* D. 91. 2. 4. Cf Cons.
d'État, 4 août 1864. *Bellinet,* Leb. p. 723 et 4 mars 1865. *Com.
d'Alligny,* Leb. p. 255.

L'autorisation administrative constitue une des conditions essentielles de la validité de ces contrats (1). Le
Conseil d'État avait d'abord jugé que la nullité résultant de
l'absence d'autorisation ne peut même être couverte par
une ratification postérieure, fût-elle explicite, de l'administration ou par un acquiescement (2). Mais la Cour de
Cassation a décidé en sens contraire que « la commune
ne peut exciper d'une irrégularité couverte par une approbation..... irrévocable, » et le Conseil d'État s'est dé-
finitement rangé à cette dernière jurisprudence (3).

La nullité du contrat pour défaut d'autorisation administrative ne peut être invoquée d'ailleurs que par le
représentant de la commune assimilée à un mineur.
La durée de cette action en nullité est de 10 ans à partir
du jour où l'acte que la commune avait intérêt à faire
annuler a été définitivement conclu, c'est-à-dire du jour
de la signature définitive du contrat. Jusque-là, en effet,
la commune n'est aucunement liée avec son co-contrac-
tant, nonobstant l'accomplissement des diverses formalités
préalables et même l'acceptation, par l'acheteur, du cahier
des charges (4).

(1) Circulaire ministérielle du 5 mai 1851. Loi du 5 avril 1884,
art. 68 et 90. Civ., cass., 15 février 1882. *Com. de Limanton c. Fer-
rand*, D. 83. 1. 19. Lyon, 3 mars 1877. *Ville de Montbrison c. époux
du Plessis*, D. 78, 2, 251.

(2) Cons. d'État, 14 février 1849, *Com. de Cenon-la-Bastide c.
Letellier*, Leb. p. 102.

(3) REQ., 6 décembre 1864, *Com. de Routot, c. Tambour*, Calepin
des Requêtes (Grand greffe de la Cour de cass., années 1864-65, n° 3).
Cons. d'État, 5 décembre 1879. *Chemins de fer des Charentes c.
com. de Tonnay-Charente*, D. 80, 3, 34.

(4) V. art. 1125, C. Civ MERLIN, *Répertoire*. V° *Prescription*, sec-

**30.** L'autorisation de passer un contrat du genre de ceux que nous avons énumérés ne doit être accordée qu'avec la plus grande réserve aux communes et, dans les cas d'absolue nécessité, par exemple, si elles manquent des ressources indispensables (1) ou sont en présence de créanciers munis d'un titre exécutoire. A défaut de textes, diverses circulaires ministérielles recommandent donc aux Préfets de remplir certaines formalités destinées à leur permettre de pouvoir juger en connaissance de cause de l'opportunité du bail ou de l'aliénation (2). Ces formalités sont obligatoires en fait puisque l'administration refuse son autorisation tant qu'elles n'ont pas été remplies (3).

tion III, § V, n° 3. Larombière, *Traité des obligations*, édit. de 1885, t. V, art. 1304, n° 46 et suiv. Avcoc, *École des Communes*, p. 115, Angers, 25 février 1867, *Carré et Devant, c. Garancher*. D. 67. 2. 66. Limoges, 22 mars 1870, *Desproges c. de Pressac*, D. 72. 2. 117. Req., 12 janvier 1874, *Com. de Bellegarde c. Rousset*. D. 74, 1. 161 et les conclusions de M. l'avocat général Reverchon. Lyon, 3 mars 1877. *Ville de Montbrison c. époux du Plessis*, D. 78. 2. 251, Cons. d'État, 15 juin 1877. *Société du Gaz c. ville de Chambéry*. Leb. p. 582.

(1) Conformément au principe d'après lequel l'autorisation administrative ne doit être accordée qu'au cas où le contrat a pour but de procurer des ressources à la commune, on a admis qu'aucun droit, même de chasse, sur les communaux ne peut être concédé gratuitement. Circ. min., agric. et comm., 10 juillet 1846. D. 46, 3. 184 et les art. 68, 69 et 110 de la loi du 5 avril 1884. Déc. min. int., 1857, *Bull. off.*, 1857, p. 239. Cf., Crim. cass., 4 mai 1855, déjà cité, p. 54, note 2.

(2) Circ. du min. de l'int. du 5 mai 1852, cf. Morgand, *La loi municipale*, t. I, p. 354.

(3) Elles étaient prescrites par l'arrêté du 7 germinal an IX,

Le Préfet, après estimation faite par expert de la valeur du bien à louer ou à aliéner, transmet le rapport d'expertise au Conseil municipal de la commune intéressée qui délibère, en connaissance de cause, sur la question d'opportunité du contrat, après lecture du rapport à lui communiqué (1).

Si la délibération du conseil municipal tranche cette question dans le sens de l'affirmative, il y a lieu de procéder der à une enquête *de commodo et incommodo* suivant les formes déterminées par le préfet ou le sous-préfet qui nomment un commissaire à charge d'y procéder (2). Cette formalité a pour but de rechercher si aucun intérêt particulier ne s'oppose à la perfection du contrat , car, si des tiers réclamaient des droits quelconques sur les biens qui doivent faire l'objet d'un bail ou d'une aliénation, il y aurait lieu de surseoir à la passation du dit contrat jusqu'après examen de leurs prétentions (3).

---

pour les contrats *à longue durée non translatifs de propriété.*

Pour les baux, les lois des 5 novembre 1790, 5 février 1791, le décret du 12 août 1807 et l'ordonnance du 7 octobre 1818 qui n'ont pas été formellement abrogés, exigeaient l'affichage et la publication de quinzaine en quinzaine, dans le mois qui précède l'adjudication, à l'issue de la messe paroissiale, aux portes de l'église de la situation des biens et des églises paroissiales les plus voisines. Ces pratiques sont tombées en désuétude.

(1) Il est à noter toutefois que la délibération du Conseil municipal peut valablement intervenir après exécution du contrat. REQ., 18 mai 1886, *Ville de Corte, c. Santelli.* D. 87. 1. 121 et 122.

(2) V. Circ. min. du 20 août 1825.

(3) Cons. d'Ét., 21 mars 1809. *Brondelli c. com. de Murello,* Leb. p. 170 et 5 août 1829, *Lemerle c. com. de Viaprès-le-Petit,* Leb. p. 298.

Cette enquête terminée, il reste enfin à demander au sous-préfet de l'arrondissement de la situation des immeubles son avis personnel sur la question.

C'est donc seulement après que les autorités locales les mieux placées pour apprécier s'il y a lieu ou non d'autoriser la commune à louer ou à aliéner ont donné leur avis affirmatif, après enquête et expertise, que la demande d'autorisation qui a été faite peut être prise en considération.

Un projet de cahier des charges contenant les clauses et conditions du contrat est alors soumis à l'administration qui en arrête la rédaction.

Généralement on destine au receveur municipal chargé d'assurer l'exécution du contrat un exemplaire du cahier des charges qui indique notamment le mode et les conditions du paiement ainsi que les garanties à fournir par le preneur ou l'acheteur conformément à la loi du 26 germinal an XI (1).

**31.** Les formalités préalables que nous avons énumérées étant remplies, il ne reste plus qu'à passer le contrat lui-même (2).

Toute personnes même habitant la commune est admise à louer ou à acheter les biens communaux sauf application de l'art. 1596 du Code civil qui défend, à peine de nullité de la vente, aux administrateurs des communes d'acheter les biens desdites communes (3).

Ne doivent, au surplus, être considérés comme admi-

(1) Circ. min. int. du 3 novembre 1839.

(2) Bull. min. int., 1857, p. 25.

(3) V. Déc. min. int., 19 novembre 1841 et Civ. Cass., 10 janvier 1843, *com. de Tercis c. Poymiro*, Journal des Audiences, 43. 1. 126.

nistrateurs ni l'adjoint, ni les conseillers municipaux (1),
ni le receveur municipal même présent au contrat (sauf
quand il s'agit de bois communaux), ni même le notaire
qui serait requis pour dresser l'acte (2)

Il faut ajouter que les administrateurs peuvent, s'il y a
lieu, nonobstant la prohibition de l'art. 1596 du Code civil,
exercer le droit de préemption qu'ils tiennent des lois de
1807, de 1836 et de 1841 sur l'expropriation (3).

La mise en location ou en vente peut avoir lieu aux
enchères ou à l'amiable (4).

Toutefois, bien qu'aucun texte n'exige de formes spéciales pour cette opération, on doit reconnaître que le
mode de l'adjudication publique est en principe préférable
à certains points de vue; il permet, en effet, d'atteindre
plus sûrement le prix qui se rapproche davantage de la
véritable valeur du bien, tout en mettant la bonne foi des
administrateurs à l'abri du soupçon.

Dans les cas où ces raisons de choisir l'adjudication
n'existent pas, par exemple, quand le prix offert est si
évidemment avantageux qu'on ne peut espérer l'atteindre
aux enchères, ou si encore la commune se propose de trai-
ter avec un établissement public dont les représentants
ne peuvent être suspectés de collusion avec les adminis-

(1) V. cependant l'art. 89 de la loi du 5 avril 1884.

(2) Rennes, 27 janvier 1851, *com. de Plélau c. Vallée*, D. 52.2.30.

(3) V. les art. 1595 et 1707 du C. civ. et les déc. min. int. des 15,
19 octobre et du 19 novembre 1841, ainsi que l'avis du Conseil d'État
du 13 juin 1834. Cf. Aucoc, *École des communes*. 1851. Foucart,
*Éléments de Droit administratif*, t. III, p. 509.

(4) Déc. min. int. 1856,

trateurs municipaux, rien ne s'oppose à ce que le bail ou
la vente *à l'amiable*, soit autorisé (1).

Si le contrat est passé à l'amiable, le cahier des charges
est remplacé par un acte de soumission aux clauses et
conditions du contrat que doit signer la partie prenante.

La loi du 18 juillet 1837 (art. 16), remplacée par la loi
du 5 avril 1884 (art. 89), qui établissent les règles de l'adjudication des communaux, n'a pas reproduit les dispositions de l'art. 4 de l'ordonnance royale du 7 octobre 1818
qui prescrivait la nécessité du ministère d'un notaire pour
les contrats des communes. On en a conclu que les dispositions de cette ordonnance étaient implicitement abro-
gées et que lesdits contrats peuvent être constatés soit par
acte sous seing privé, soit par simple procès-verbal d'adjudication dressé par le maire. Celui-ci peut arrêter définitivement et sans surenchère possible le résultat de
l'adjudication (2).

Il convient toutefois de faire remarquer que l'adjudication du droit de chasse dans les bois communaux est
réservée à l'administration forestière; c'est ce qui résulte,
implicitement du moins, de la circulaire du Ministre de
l'Intérieur du 4 novembre 1850 et de l'ordonnance forestière du 30 octobre 1867.

(1) Déc. min. int. du 23 janvier 1836, *Bull. off.*, 1836, p. 354. Cf.
Vuillefroy et Monnier, *Principes d'administration*, p. 18. Davenne,
*Traité du régime administratif des Communes*, p. 214.

(2) Le droit de surenchère est un droit exceptionnel, or aucun texte
ne vient l'autoriser dans notre matière. V. en ce sens deux décisions
du min. de l'int. de 1833 et 1869, *Bull. off.*, 1869, p. 648. Cf. l'avis du
Conseil d'État du 24 déc. 1833.

Le procès-verbal d'adjudication a la force d'un véritable acte authentique ; il emporte hypothèque et exécution parée (1), sans qu'une seconde autorisation administrative soit d'ailleurs nécessaire pour permettre l'exécution du contrat (2).

(1) Av. du Cons. d'Ét. du 12 août 1807, cf. art. 14, tit. II de la loi du 23 octobre 1790.

L'acte qui constate la vente est soumis à l'enregistrement dans les délais portés aux art. 20 de la loi du 22 frimaire an VIII et 78 de la loi du 15 mai 1818.

Il en est dressé deux copies qui sont dispensées de l'impôt du timbre aux termes de l'art. 16, n° 1, § 2 de la loi du 13 brumaire, an VII.

La première est destinée au receveur des finances pour l'avertir du moment où il pourra faire toucher le prix ; la seconde est remise au Préfet qui est chargé de veiller à l'exécution par le preneur des clauses de son contrat. V. Déc. min. int. du 27 oct. 1864, *Bull. min. int.* 1864, p. 134.

(2) Une proposition tendant à rendre obligatoire cette deuxième autorisation administrative avait été déposée lors de la discussion de la loi du 5 avril 1884 devant la Chambre des Députés, mais elle a été repoussée.

La jurisprudence avait d'ailleurs décidé, dans de nombreux arrêts, que l'exécution de la vente n'était aucunement subordonnée à la nécessité d'une deuxième autorisation même quand les parties l'avaient, par une clause expresse, formellement soumise à cette condition.

V. les circulaires du min. de l'int. des 24 février et 27 octobre 1864, *Bull. off. min. int.*, 1864, p. 28 et 293. En ce sens : Aucoc, *École des Communes*, 1865, p. 115. Cf. Cons. d'État, 6 juillet 1863. *Debrial, c. com. de Prats-de-Carlux.* D. 63. 3. 81. et 28 juillet 1864, *Bandy de Nalèche*, D. 65, 3. 42, et notes 1 et 2.

§ II. — Des conditions requises pour pouvoir participer à
la jouissance des biens communaux

**32.** Les revenus annuels et permanents, tels que ceux
des biens dont les habitants n'ont pas la jouissance en
nature et les taxes établies pour la jouissance de ces
biens, les loyers ou fermages des maisons ou propriétés
rurales, le produit de la location des droits de chasse ou
de pêche, le prix des coupes ordinaires de bois ou de la
vente des fruits de toute nature, tombent dans le budget
ordinaire de la commune (1).

Les recettes accidentelles ou temporaires, par exemple,
le prix des immeubles aliénés et des produits accidentels
de ces immeubles qui n'ont pas le caractère de fruits, ou
les coupes extraordinaires de bois (2), rentrent dans le
budget extraordinaire (3).

L'ensemble de ces recettes sert à payer les dépenses
obligatoires ou extraordinaires, ces dernières devant être
imputées soit sur les recettes extraordinaires, soit sur
l'excédent des recettes ordinaires (4).

---

(1) Art. 133 de la Loi du 5 avril 1884.

(2) Il faut entendre par coupes extraordinaires, aux termes des
art. 71 et 134 combinés de l'ordonnance du 1er août 1827, rendue
pour l'exécution du C. for., les coupes qui interviendraient l'ordre
établi par l'aménagement ou l'usage, ainsi que les coupes faites par
anticipation ou celles des bois réservés pour croître en futaie sans
fixation du terme d'exploitation par l'ordonnance d'aménagement.

(3) Art. 134 de la Loi du 5 avril 1884.

(4) V. MORGAND, *La Loi municipale*, t. II, *passim.*

Dans tous les cas, si l'on constate un excédent de recettes dans le compte de l'exercice clos, cet excédent ne sera, en aucun cas, distribué entre les habitants, mais devra être reporté au chapitre III du budget communal de l'année suivante.

On n'aura donc lieu d'examiner les conditions d'aptitude des habitants que quand il s'agit de jouissances en nature ; ces conditions sont les suivantes :

Il faut : 1° Être français ; 2° Avoir feu séparé dans la commune et être chef de ménage.

## I. — L'aspirant doit être français

**33.** Cette condition est exigée de tous les aspirants aux jouissances communales, sauf les exceptions qu'on aura à examiner plus loin (1).

En droit, d'après l'opinion généralement admise par la majorité des auteurs, qui n'ont fait d'ailleurs que maintenir dans son ensemble la doctrine antérieurement établie et consacrée dans les travaux préparatoires du Code civil, les étrangers ne peuvent, aux termes des art. 8, 11 et 13 du Code civil, invoquer *ipso jure*, en France, que les seuls droits dérivant du *jus gentium*. Ce système est aussi celui de la jurisprudence (2). Les étrangers ne sont admis que tout à fait exceptionnellement, et sous certaines conditions, à la jouissance des droits civils (3).

(1) V. *infrà*, p. 120.

(2) V. notamment : Cass., 16 février 1875. *Du Breignon c. Tidmarsh.* D. 76-1-49 et la note 1.

(3) V. : Merlin. *Rep*, V° *Etranger*, § 1, nos 7 et 9. *Quest.* V° *Pro-*

Il nous suffira de rappeler quelques-uns des cas où le législateur, par un texte spécial, déroge à la règle et accorde aux étrangers la jouissance d'un bénéfice particulier (1).

Aux termes de l'art. 13 du Code civil, l'étranger devient apte à jouir des droits civils en France lorsqu'il obtient du gouvernement l'autorisation d'y établir son domicile et que, de fait, il y fixe sa résidence.

Il est de plus admis à jouir, en France, à titre de réciprocité diplomatique, des droits civils que les Français pourraient réclamer dans le pays auquel il appartient. (Art. 11 du Code civil).

Nous citerons encore, comme exception à la règle générale, le bénéfice accordé aux étrangers par la loi du

---

priété littéraire, § 2, note 2. Delvincourt, Cours de Droit civil, t. II, part. 2, p. 639. Richelot, Principes de Droit civil français. I, 75. Taulier, Théorie raisonnée du Code civil, I, p. 108 et 109. Vazeille, Des Prescriptions, I, 20 à 22. Troplong, De la Prescription, I, 35. Solomán, Essai sur la conditions juridique des étrangers, p. 44 à 67. Aubry et Rau, op. cit., t. I, § 78, p. 294.

Cf. Pothier, Des Personnes, part. I, tit. II. du Rousseau de La Combe, Recueil de Jurisprudence, V° Aubaine. Richer, De la Mort civile, liv. II, chap. II, section I, dist. I, § 3. Merlin, Rep., V° Aubaine n° 4, et les travaux préparatoires du C. civ., notamment l'Exposé général présenté par Portalis dans la séance du Corps législatif du 3 frimaire an X (Locré, Leg. I, p. 330, n° 13), et le Rapport fait au Tribunat par Siméon, dans la séance du 25 du même mois (Locré, Leg. II, p. 246 et 247, n° 8).

V. cependant en sens contraire Valette, Cours de Code civil, p. 67 et 68 et M. Lainé, Introduction au Droit international privé — passim.

(1) V. Aubry et Rau, op. cit., 4e édition, T. I, § 79, 2°, p. 311.

14 juillet 1819, qui abroge l'art. 912 du Code civil et
leur donne la capacité de transmettre et de succéder *ab
intestat*, de disposer et de recevoir à titre gratuit, par
testament ou donation.

En l'absence de tout traité dont les étrangers puissent
invoquer le bénéfice, pour leur reconnaître le droit d'aspirance, il faudrait donc établir ou que la jouissance des
communaux dérive du droit des gens ou qu'il existe un
texte législatif la leur accordant expressément. La première proposition nous semble, d'une part, bien difficile
à soutenir ; il faut, en effet, entendre par droit des gens,
ceux qui ne peuvent être considérés comme particuliers
au droit national d'un peuple (1). Or, les droits de propriété de la commune, son existence même comme personne morale sont de pures créations de la loi nationale
qui, suivant les pays, les reconnaît ou non. La jouissance
des biens communaux constitue, comme on l'a dit, « un
droit purement civil ».

Si l'on ne peut établir que cette jouissance appartient
aux droits des gens, il est, d'autre part, impossible de
citer une loi qui admette, sans conditions, les étrangers
aux jouissances communales. Il faut donc conclure que
l'étranger qui ne peut invoquer le bénéfice des art. 11 et
13 du Code civil ou de la loi du 14 juillet 1819, est incapable de participer à ces avantages.

Il est à remarquer, au surplus, que les principes sont,
sur ce point du moins, d'accord avec l'équité. Serait-il
juste en effet d'admettre au même titre que les nationaux
au bénéfice des propriétés communales, des individus que
leur qualité même d'étranger exonère de certaines charges

(1) AUBRY et RAU, *op. cit.*, t. 1, § 78, p. 291.

5

qui pèsent sur les seuls citoyens, comme par exemple, l'obligation de satisfaire aux nécessités du recrutement ?

Dans l'intérêt de l'ordre et de la sécurité publiques, on peut ajouter qu'il serait dangereux de donner une prime à l'envahissement déjà trop grand de nos départements frontières, en y attirant, par des avantages matériels, les gens sans feu ni lieu des pays limitrophes. L'établissement régulier dans les communes, de ces individus qui sont loin d'être, en général, les meilleurs citoyens de leur pays serait sans avantage pour le nôtre et il pourrait constituer, au contraire, un danger permanent, au point de vue de la défense nationale.

L'existence de la condition de nationalité n'a pas toujours été requise par la doctrine (1), mais on doit reconnaître que d'autres auteurs qui ont écrit sur notre matière à une époque plus récente, exigent presque tous des aspirants, la qualité de Français (2).

Une dissidence s'est également élevée sur le point qui nous occupe, entre la Cour de cassation et le Conseil d'Etat. En 1867 et 1869, la Cour suprême avait jugé, en matière d'affouage, qu' « aucun texte n'impose aux habitants d'ori-« gine étrangère la condition de s'être fait naturaliser Fran-« çais, ni celle d'avoir obtenu du gouvernement l'autorisa-« tion d'établir leur domicile en France », et qu'il y a donc lieu d'admettre les étrangers à participer, aux jouissances communales (3). Depuis 1869, des textes sont venus, pré-

(1) HENRION DE PANSEY, *Biens communaux*, liv. 2, chap. 16.

(2) FOUCART, *Cours de Droit administratif*, t. III, p. 23, no 1538. DUPONT, *Dictionnaire municipal*, V⋅ *Biens communaux*, KRUG-BASSE, *Revue critique*, 1868, XXXII, p. 193.

(3) Metz, 14 décembre 1858, *Schmitt c. Bell*. S. 59. 2. 493. Cf.

cisément en matière d'affouage, exiger des affouagistes la condition de nationalité ; ce sont les lois des 18 juillet 1874 et 23 novembre 1883. Ces dispositions ont législativement consacré le système adopté par les tribunaux administratifs, qui ont constamment requis des aspirants, la qualité de Français (1).

La solution, désormais bien nette, contenue dans les textes précités intervenus, il ne faut pas l'oublier, après les longues discussions qui eurent lieu devant les juridictions administrative et judiciaire, montrent chez le législateur, l'intention de se rallier au système du Conseil d'Etat en faisant cesser tout doute sur ce point.

Il convient d'ajouter en terminant que, dès 1825, l'administration active avait prescrit d'exiger en fait, chez les aspirants, la condition de nationalité.

Le 8 novembre 1825, le Ministre de la Justice, dans une dépêche officielle adressée par lui en réponse à l'avis que lui avait demandé sur ce point son collègue de l'Intérieur, écrivait qu' « il faut être citoyen français pour « jouir des bénéfices communaux ; d'où il suit qu'il n'y a « qu'un Français ou un étranger devenu Français par des « lettres de déclaration de nationalité, qui puisse partici- « per à cette jouissance. »

Nancy, 3 juillet 1852, *Roeh Martin c. com. de Chauvencey*, confirmé par la Chambre des Requêtes, le 23 mars 1853. V. D. 53· 1, 268. Req., 1er juillet 1867, *com. d'Apremont c. Dave*. D. 67, 1. 389. Civ. cass., 22 février 1869, *Schmitt c. com. de Lembach*. D. 69, 1. 180.

(1) Cons. d'État, 30 mars 1846, *Pire c. com. d'Hargnies* et 18 novembre de la même année, *com. de Francheval c. Zélig et autres* et *com. de Cons-la-Granville c. Titeux et autres*. S. 46. 2. 408. D. 46, 3. 130 et 47, 2. 192. 1846, Jg COLMAR, 28 mai 1867, *com. de Lemqach c. Schmitt*. S. 67. 2. 282.

On doit reconnaître que les instructions ministérielles envoyées en ce sens aux préfets (1), pour répondre aux nécessités de la pratique étaient entièrement conformes aux principes et à l'équité.

## II — *L'aspirant doit avoir feu séparé et être chef de ménage*

**34.** Cette condition implique nécessairement, et en premier lieu, la possession d'une habitation ou, tout au moins, d'un logement pourvu des choses nécessaires à l'installation d'une famille, c'est-à-dire des meubles indispensables et du foyer destiné à la préparation des aliments. Mais l'existence de cette habitation ne suffit pas en dehors de tout autre condition.

Pour admettre l'habitant au partage de propriété, la loi de 1793 (art, 15., sect. 3) exigeait qu'il eût son domicile légal, c'est-à-dire le lieu de son principal établissement dans la commune où il prétendait exercer son droit au partage. Mais « le droit au *partage* et le droit à la *jouis-* « *sance* ont chacun leur caractère propre et leurs règles « particulières. L'un, inhérent au fait du domicile dont il « est l'attribut inséparable, n'appartient qu'aux membres « de la commune et ne peut s'exercer que dans une seule « commune... L'autre, au contraire, n'est point inhérent « au domicile; il s'étend à toutes les communes où l'on « a une habitation... et, pour en jouir dans chaque « commune où est situé son héritage, il suffit d'y

(1) Cf Circ. min. int. 1856, *Bull. int.* 1856, p. 114.

« posséder ce que les coutumes appellent un *feu et lieu* (1) ».

Il est donc bien certain que l'aspirant à la *jouissance* n'est pas tenu d'avoir son domicile légal dans la commune où il prétend exercer ses droits. Mais doit-il y avoir au moins sa résidence ?

En matière d'affouages, l'affirmative n'est pas douteuse, car la loi du 23 novembre 1883 exige formellement de l'affouagiste la résidence de fait, mais, quand il s'agit des autres communaux, la question est controversée.

La jurisprudence a décidé : tantôt qu'il suffisait d'être propriétaire dans la commune d'un héritage quelconque (2), tantôt qu'il fallait habiter personnellement dans la commune (3).

Quoi qu'il en soit, si le Conseil municipal, à qui il appartient de régler le mode de jouissance des biens communaux, a fait de la résidence effective une condition d'aptitude nécessaire, elle pourra être valablement exigée de tout aspirant (4).

(1) Chambéry, 27 décembre 1865 et 23 janvier 1866, *Gachet c. com. de Lugrin.* D. 66. 2. 78 et suiv. S. 2. 238. V. le rapport de M. le Conseiller Guillemard, dans l'affaire de la *com. de la Vigerie c. Cheylus.* Req., 5 août 1872, D. 72. 1. 408. Cf. Trib. civ. d'Ussel, 6 janvier 1894, *Pouloux c. maire de Peyrelevade.* D. 94. 2. 572 et la note.

(2) Req., 5 août 1872, *com. de la Vigerie c. Cheylus.* D. 72. 1. 408, Toulouse, 1er février 1856, *com. de Bedeilhac c. Jauze* et *com. d'Arnave c. N...* D. 56, 2. 179.

(3) Chambéry, 27 décembre 1865 et 23 janvier 1866, déjà cités.

(4) V. en ce sens : Req., 14 décembre 1864, *com. de Deauville c. Hubard et même com. c. Calmiche.* D. 65, 1. 175.

Comme la résidence réelle est seule exigée, les
desservants, instituteurs, gendarmes et douaniers qui n'ont
pas, de par la loi seule et sans manifestation d'intention,
(art. 105 du Code civil) leur domicile légal dans la
commune où ils exercent leurs fonctions, seront admis
néanmoins aux jouissances communales (1).

**35.** Nous avons vu que pour prétendre droit aux lots
communaux, il fallait, avoir dans la commune de la situation de ces biens, une habitation et nous avons admis au
surplus, pour notre part, la nécessité de la résidence de
fait dans cette habitation. Mais cela ne suffit pas, il
faut encore y vivre à feu et ménage *séparés*, à son *pot et
rôt* comme disaient nos anciens auteurs et être le chef de
ce ménage.

Vivre à feu et ménage, c'est manger à sa propre table en
pourvoyant à la dépense ou à l'entretien des membres du
« *ménage* », c'est-à-dire de l'association de personnes ma-
riées ou non qui vivent sous le même toit et mènent une
existence domestique commune (2).

Comme le partage de la jouissance des communaux
doit avoir lieu par *feux*, sans qu'aucun *feu* puisse posséder plus d'une part, on n'allotira que le chef du ménage,
c'est-à-dire celui qui, sans distinction de sexe, a en fait

---

(1) Déc. min. fin., 28 novembre 1828. Déc. min. fin., 29 décembre
1828. Circ. for., 31 décembre 1828.

(2) Les habitants non mariés, établis dans une commune, sont en
effet assujettis comme les autres aux charges communales, et il est
de toute justice de les admettre aux bénéfices communaux attachés à
la qualité seule d'habitant. V. *Metz, Decker c. com. de Fixem*, cité
par LE GENTIL, *Traité de la législation des portions communales ou
ménagères*, p. 494.

ou en droit, la direction de la « maison », et la faculté de fixer lui-même la résidence de l'association dont il est le chef (1).

Les domestiques attachés à la personne, qui n'ont pas de résidence distincte de celle de leur maître ne peuvent être considérés comme chefs de ménage. Il en est de même de la femme, sauf quand elle est séparée de corps ou divorcée, ou encore quand son mari est déclaré absent ou interdit judiciairement.

**36.** Quelques rares auteurs ont enfin soutenu que pour être admis aux jouissances des propriétés communales, il fallait payer des contributions dans la commune. Mais la majorité de la doctrine et la jurisprudence n'ont pas reconnu la nécessité de l'existence de cette prétendue condition. Les habitants français et chefs de feu, même ne payant aucune contribution ni dans la commune ni ailleurs, auront donc droit aux jouissances communales (2).

L'inscription au rôle de la contribution personnelle, qui n'est pas requise pour la participation à ces avantages ne peut être considérée que comme un mode de constater la résidence de fait.

---

(1) V. *Bull. off. int.* 1856, p. 171.

(2) PROUDHON, *Traité des Droits d'usage*, nos 955, 961, 974 et 976. TROLLEY, *Traité de la hiérarchie administrative*, t. 4, no 1703. D. *Répertoire alphabétique*, vo *Forêts*, no 1807. Besançon, 8 novembre 1882, *Rouzé et consorts c. com. de Polaincourt.* D. 83, 2, 6. V. Cep. Cons. d'Etat, 16 mars 1836, *Etienne c. Lemoine.* Leb., p, 123.

§ III. — **Mode de répartition, entre les habitants, des produits ou de la jouissance en nature des biens communaux**

**37.** De nos jours, il ne saurait être question du partage *de la propriété* des biens d'une commune entre les habitants. Ces sortes de partages ont été formellement prohibés par les lois et décrets des 21 prairial an IV, 9 ventôse an XII et 9 brumaire an XIII. Cette prohibition, dit M. Ducrocq (1), est, d'ailleurs, conforme aux principes. En effet, le partage est un acte qui fait cesser l'indivision entre copropriétaires ; or, les habitants n'ont aucun droit de copropriété sur les biens de la commune qu'ils habitent; c'est l'être moral, commune ou section de commune, qui est seul propriétaire (2).

**38.** Il convient cependant de signaler immédiatement un ensemble de dispositions qui semble, au premier examen, consacrer une exception à la règle générale que nous venons de poser. C'est la loi du 6 décembre 1850, relative au partage de la propriété du territoire resté indivis dans les cinq départements formés par l'ancienne province de Bretagne. Une étude plus attentive du texte qui nous occupe ne tarde pas à montrer à l'évidence que notre principe n'en subit aucune atteinte ; en effet, les

(1) Ducrocq, *Cours de Droit administratif*, t. 2, n° 1438.

(2) V. Aucoc, *Des sections de commune*, n° 206. Cf. Avis du Comité de l'Intérieur du 16 mars 1838. Avis du Cons. d'État du 21 février 1838. Cons. d'Ét. cont. 26 avril 1844, *com. de Cheminot, sect. de Longeville c. Hognon et consorts*. Leb., p. 245 (sol. impl.).

biens dont la loi de 1850 a eu pour but de provoquer le partage, n'appartiennent pas aux communes mais aux habitants eux-mêmes.

En Bretagne, devant l'exceptionnelle vitalité des coutumes auxquelles les habitants étaient si attachés que les plus invincibles résistances étaient à prévoir dans l'application de la loi du 28 août 1792, portant attribution de la propriété des terres vaines et vagues aux communes, le législateur s'était vu dans la nécessité d'édicter un régime spécial à cette province. Le droit des communes, reconnu en principe, cédera devant celui des anciens vassaux quand ceux-ci justifieront d'une inféodation antérieure des terrains vagues à leur profit.

Les habitants qui avaient reçu des anciens seigneurs le droit de communer sur les vastes étendues arides formées par les landes bretonnes, continuèrent donc jusqu'en 1850, à posséder en commun la plus grande partie de ces territoires. Par suite de cette possession indivise, autant qu'à cause de leur nature granitique même, les landes bretonnes, presque entièrement perdues pour la production, échappaient en partie aux droits de mutation et même à l'impôt foncier (1).

Pour porter remède à un pareil état de choses, on n'a rien trouvé de mieux que de favoriser le partage des terres vaines et vagues en simplifiant la procédure nécessaire pour l'obtenir. C'est dans ce but que la loi du 6 décembre 1850 a été votée (2).

(1) V. l'avis du Cons. d'État du 26 juin 1850, relatif au projet de loi à adopter.

(2) Voici, très rapidement analysée, l'économie de la loi de 1850 (S. lois annotées, 1850, p. 195.) La procédure simplifiée du partage

**39.** Si la commune ne peut partager la propriété de ses biens, elle ne peut pas davantage procéder au partage du prix en argent des locations et aliénations d'immeubles ou des ventes des produits de l'exploitation par la commune elle-même. Ces sommes sont versées dans la caisse municipale et réservées aux besoins généraux de la communauté, car elles font partie du budget (1).

On remarquera que si les habitants ne touchent pas en argent une part de revenus, leur émolument est le même dans tous les cas. En effet, le montant des centimes additionnels diminue proportionnellement à l'augmentation des ressources de la commune et chaque contribuable est dégrevé d'une part d'impôts équivalente à celle qui lui reviendrait dans la perception en argent. Quant aux indigents non imposés, ils reçoivent des secours qui sont attribués, en leur faveur, aux bureaux de bienfaisance par les conseils municipaux sur la proposition du maire.

**40.** C'est donc seulement au cas où la commune ex-

comprend deux phases bien distinctes : Dans la première, le juge-commissaire recherche en fait :

1° Si la propriété est réellement restée dans l'indivision ; il s'assure, notamment, de l'absence de tout droit primitif sur les terrains à partager ;

2° Si l'opportunité du partage n'est pas douteuse.

Dans le cas où ces deux questions comportent des solutions affirmatives, il y a lieu de passer à la seconde phase de la procédure qui est celle du partage proprement dit ; on procède, après expertise, à l'attribution définitive des parts. V. Civ. Cass., 11 décembre 1867, *com. de Vieuxvy-sur-Couesnon c. Labigne des Champs et consorts.* S. 68, 1, 72.

(1) Déc. min. int., 1863. V. MORGAND, *La loi municipale,* t. II, p. 281.

ploite par elle-même ses propriétés et en distribue les produits *en nature* ou quand elle en laisse la jouissance directe aux habitants, qu'il y a lieu d'opérer le partage des
produits ou de la jouissance.

Sous l'empire de la loi du 10 juin 1793, les habitants
avaient gardé, pour la répartition des produits ou de la
jouissance commune, la liberté d'adopter telle règle de
répartition qui leur plaisait ; (voir cependant l'art. 12, sect.
3 de la même loi).

On pouvait donc, à cette époque, choisir entre les modes
suivants de répartition :

Ou bien accorder à chacun une part proportionnelle à
l'étendue de ses propriétés, mode de partage fort usité
sous l'ancien régime mais qui offre ce grave inconvénient
d'avantager encore les plus riches, proportionnellement à
leur fortune ; il est cependant encore employé dans le
département des Landes, où les communes distribuent les
portions de biens au prorata de la contribution foncière
que paie chaque habitant, dans le but d'arriver à ce que
chaque apportionné ait le capital nécessaire à l'exploitation de son lot.

Ou bien diviser les produits ou les propriétés à partager
en autant de lots qu'il y a de feux ou ménages, et donner
un lot à chaque chef de feu ou de ménage ; mais ce système offrait encore un inconvénient, il ne tenait pas compte
de ce que les besoins de tel ménage composé de plusieurs
personnes étaient plus grands que ceux d'un seul chef de
feu, célibataire.

Ou bien enfin, procéder au partage par tête, et l'on ne
pouvait adresser à ce système qu'un reproche, au point de
vue humanitaire, c'était de ne pas faire aux indigents la part
meilleure qu'aux habitants riches ; il a été formellement

prohibé par plusieurs dispositions législatives (Décret du
20 juin 1806. Avis du Conseil d'État des 20 juillet 1807 et
26 avril 1808, décret du 6 juin 1811, et art. 105 du Code
for. modifié par la loi du 23 nov. 1883).

Aujourd'hui, le partage par feux est le mode le plus
usité. D'ailleurs, si la commune juge à propos de modifier
ce mode de jouissance après l'avoir choisi, elle en conserve toujours le pouvoir, puisqu'elle ne peut adopter un
mode de partage définitif qu'elle s'interdirait de changer (1).

**41.** En matière de partage d'affouage, c'est-à-dire
des portions de bois communaux délivrées en nature aux
habitants pour les besoins du chauffage ou de la construction, la loi du 23 novembre 1883 (2) définit le partage par
feux « le partage par chef de famille ou de maison ayant
domicile réel et fixe dans la commune, avant la publication
du rôle ». On devra, au surplus, considérer comme chef
de famille ou de maison, « tout individu possédant un ménage ou une habitation à feu distinct, soit qu'il y prépare
la nourriture pour lui et les siens, soit que, vivant avec
d'autres à une table commune, il possède des propriétés
diverses ou qu'il ait des intérêts séparés ».

Après l'exploitation de la coupe affouagère et la distraction d'une part suffisante pour le paiement des charges
afférentes aux bois (art. 109 C. for.), la commune choisit
un entrepreneur pour former les lots d'après les règles
portées dans les art. 81, 82 et 103 du Code forestier.

---

(1) V. les avis et arrêts du Cons. d'État des 21 février et 16 mars
1838, 26 avril 1844, déjà cité, 4 août 1864, *Bellinet*, Leb., p. 723 et
4 mars 1865, *com. d'Alligny*. Leb., p. 255. Cf. Cons. de Préfecture
du Pas-de-Calais, 18 juillet 1884, *com. de Vitry*.

(2) V. D. 1884, 4, 1,

**42.** En vertu des principes d'égalité qui doivent présider au partage, toutes les dispositions législatives qui ont organisé, même sous l'ancien régime, le partage par feux ont décidé expressément qu'on ne pourrait répartir la jouissance dans des proportions qui varieraient avec les individus (1) et qu'aucun feu ou ménage ne pourrait jouir de deux parts (2).

C'est ce que les auteurs et la jurisprudence ont appelé l'*interdiction du cumul* dans le même ménage, ou dans la même « maison » et ils ont soigneusement distingué, à ce point de vue, la maison ou le ménage, de la famille (3).

Tant que les membres d'une même famille vivent en commun, de la même existence domestique, ils ne forment, en effet, qu'un seul ménage ; mais l'on comprend que, si l'un de ces membres se sépare des autres pour aller s'établir ailleurs, il peut parfaitement avoir à son tour un second ménage séparé et différent du premier, quoiqu'il n'ait

---

(1) Cons. d'État. int. 12 janvier 1838 et circ. min. int. 28 mars 1838.

(2) V. relativement aux parts de marais les arrêtés du Cons. de Préfecture du Pas-de-Calais des 28 juin 1871, *com. de Biache-Saint-Vaast*. 25 avril 1876, *com. d'Harnes, Tourbez*. 20 juin 1876, *com. de Plouvain, Dérez*. 9 novembre 1876, *com. d'Annay, Déprez*. 6 septembre 1880, *com. de Vitry, Pintiaux*, et 1er juin 1894, *com. de Plouvain, Reymbaut*.

(3) Cons. de Préfecture du Pas-de-Calais. 6 mars 1868, *com. de Vitry, Demarquilly*. 29 juin 1878, *com. d'Harnes, Bailliez*. 5 décembre 1879, *com. de Biache-Saint-Vaast, Asset*. 26 novembre 1887 et 15 mars 1888, *com. de Drouvin, Lefebvre*. Cf. 25 avril 1876, *com. d'Harnes, Tourbez*. 20 juin 1876, *com. de Plouvain, Déret*. 7 novembre 1890, *com. d'Haisnes, Bacquart*. 18 septembre 1893, *com. de Vitry, Caron*.

pas cessé d'appartenir par les liens du sang à la famille
dont il est issu.

**43.** Lorsque, dans le même ménage, dans la même
maison, se trouvent un tuteur et un mineur non émancipé, on s'est demandé s'il y avait lieu de leur reconnaître à chacun un droit spécial à une part ou si le principe de la prohibition du cumul s'opposait à ce que le ménage qu'ils forment fût alloti de plus d'une part.

Pour y répondre, on a fait remarquer que le mineur
qui est tenu d'habiter chez son tuteur ne doit, pas plus
que ce dernier, souffrir des conséquences de cette obligation légale, aussi a-t-on accordé à chacun le droit à une
part distincte (1).

Dans les pays où d'anciens actes législatifs ont consacré
le partage par ménage avec transmission héréditaire de la
part aux descendants et ordonné, à leur défaut, le retour
de la dite part à la communauté pour être attribuée au
plus ancien aspirant, une autre difficulté s'est élevée sur
la question de savoir s'il y avait cumul ou non dans
les circonstances suivantes :

Un mineur non émancipé recueille, à titre héréditaire
et comme descendant d'un des auteurs de sa mère prédécédée, une part de biens communaux. Le père aura
la jouissance légale de ce lot en qualité d'administrateur
des biens du mineur (art. 384. C. civ.). Le fait que ce
père a déjà la jouissance légale de la part de son fils
suffira-t-il a lui ôter le droit d'être envoyé personnelle-

_____

(1) V. en ce sens et relativement aux parts de marais la Jurisprudence des anciens États d'Artois, rapportée par Le Gentil, *Op.
cit.*, p. 470.

ment en possession d'un second lot auquel il aurait droit comme plus ancien aspirant ?

La doctrine et la jurisprudence sont d'accord pour reconnaître que, dans ce cas, il n'y a pas un véritable cumul. On fait remarquer, en effet, d'une part, que le père n'exerce le droit à la part du mineur que temporairement, ce qui évite d'une façon certaine l'accaparement qu'on pourrait craindre, et que, d'autre part, il jouit du lot de son fils, en vertu de son autorité paternelle, c'est-à-dire en vertu d'un principe d'ordre public. On ne saurait donc mettre le père dans l'alternative ou de renoncer à l'exercice des droits dérivant de son autorité ou de se priver de la jouissance personnelle à laquelle il est appelé par la loi (1).

**44.** La commune peut, comme on le verra plus loin, imposer à chacun de ses habitants appelés au partage de ses propriétés une légère contribution destinée à augmenter ses ressources. Tant que cette contribution est minime, l'opération ne perd pas son caractère de partage et la commune est tenue de respecter l'égalité entre tous les portionnaires, mais si le montant de la contribution est basé exactement sur la valeur des biens, il constitue un véritable prix de location et la commune à la faculté, comme on le sait, d'amodier ses biens à quelques uns

(1) V. en ce sens LE GENTIL, *op. cit.*, p. 474 et M. PASSEZ, *Les portions ménagères et communales*, p. 44 (Rev. gén. d'admin., 1888, p, 420). Cf. Cons. d'État. 12 mars 1846, *com. de Roost-Warendin ; Delaye c. Devred*. Leb., p. 132. Cons. de Préfecture du Pas-de-Calais, 28 juin et 5 juillet 1871, *com. de Biache-Saint-Vaast*. 30 mars 1883, *com. de Noyelles-sous-Lens, Rainguez*. 11 juillet 1883, *com. de Meurchin, Flanquart*. 23 octobre 1886, *com. d'Annay, Carette*. 10 mars 1891, *com. de Loison, Delambre*.

seulement de ses habitants si elle juge conforme à ses
intérêts de ne pas les partager entre tous (1).

### § IV. — Droits et obligations des habitants. — Actions de la commune

## I. — *Droits et obligations des habitants*

**45.** Les habitants sont admis à demander la délivrance
de la part de produits ou du lot communal qui leur
est attribué après partage. Ils profitent des fruits, des
émoluments auxquels la loi attribue le caractère de fruits
et de tous les accessoires qui peuvent dépendre de la
parcelle soumise à leur jouissance à partir du jour même
où leur droit a été constitué.

Ils peuvent jouir de la part ou du lot à eux délivré,
faire relativement à ce dernier tous actes d'administration,
par exemple le louer ou vendre les récoltes qui y croissent. Il est bien entendu qu'ils ne sauraient l'aliéner n'étant
pas propriétaires des biens communaux qui appartiennent
à la commune, être moral.

On leur accorde enfin les diverses actions dont ils ont
besoin pour faire respecter leurs droits.

**46.** En regard des droits que nous venons de leur
reconnaître, les habitants sont soumis à certaines obligations.

S'il s'agit, d'une part, des propriétés communales dont

(1) V. Déc. min. int. 1857.

a jouissance lui est concédée en nature, l'habitant devra jouir en bon père de famille, c'est-à-dire respecter l'affectation du fonds et s'abstenir des actes d'exploitation qui pourraient avoir pour résultat de nuire, dans l'avenir, à la force productive du sol.

Jouissant d'une portion des biens communaux, l'habitant doit prendre part aux charges qui grèvent cette portion, qu'elles soient ordinaires, comme l'impôt foncier qui frappe les immeubles productifs de revenus (1) et la taxe des biens de main-morte destinée à remplacer les droits de mutation sur les biens qui ne circulent pas (lois des 20 février 1849 et 30 mars 1872), ou extraordinaires, comme par exemple les frais de procès relatifs à la possession.

Lorsque la jouissance des biens communaux est répartie entre tous les habitants sans exception, la charge des différentes contributions est également divisée et portée en centimes additionnels à la contributions directe de chacun (2).

Les habitants sont enfin tenus de payer les taxes ou contributions que l'administration municipale a en principe (3) le pouvoir de leur imposer, quand il s'agit par exemple, en matière de pâturages ou d'affouages, d'assurer le paiement du pâtre commun ou plus généralement pour fournir les sommes nécessaires à l'acquittement des frais d'exploitation.

(1) Décret du 11 août 1808.

(2) V. Cons. d'État, 9 août 1855, *Queheille et consorts.* Leb., p. 596. 4 mars 1858, *Forin et consorts.* Leb., p. 192. 4 mai 1877, *com. de Gincla et de Montfort c. les sieurs Vuillier.* Leb., p. 409.

(3) V. *supra*, p. 52 et note 2.

## II. — *Actions de la commune*

**47.** La commune, qui a les droits d'un propriétaire, possède les diverses actions pétitoires ou possessoires destinées à faire reconnaître lesdits droits et à lui en assurer, s'il y a lieu, la jouissance paisible.

L'exercice de ces actions est, en principe, soumis aux règles du droit commun, sauf dans le cas où il s'agit d'une action en partage tendant à faire déterminer les droits des communes sur plusieurs territoires possédés par indivis par une commune et une autre commune, ou par une commune et des particuliers. Les règles relatives à la formation des lots diffèrent suivant qu'on se trouve dans le premier ou le second cas.

**48.** Lorsqu'il s'agit de biens indivis entre communes, — et toutes les règles applicables, en matière de partages, aux communes le sont aux sections de commune (1), — il faut décider, avec M. Morgand, que, comme pour les aliénations, l'autorisation administrative est nécessaire bien que la loi de 1884 n'ait pas reproduit les articles 19 et 20 de la loi du 18 juillet 1837 et les prescriptions du décret du 25 mars 1852 édictant la nécessité de cette autorisation.

Il ne s'agit pas ici, nous le concédons, d'une translation, mais d'une simple déclaration de propriété ; néanmoins il faut considérer que la cessation de l'état d'indivision peut avoir, en certains cas, pour les communes des

---

(1) V. les conclusions du commissaire du gouvernement, sous l'arrêt du Cons. d'État du 19 juillet 1878, *Marret et autres*. D. 79, 3, 17.

circonstances aussi graves qu'une aliénation. Il y a donc lieu d'appliquer les mêmes règles à ces deux sortes d'actes.

L'enquête de *commodo et iucommodo* qui n'est, cependant requise par aucun texte, constitue une des formalités exigées par l'administration avant l'étude du projet de partage (1).

Il y a lieu de procéder ensuite à une expertise, conformément aux articles 3 et 4 de la section IV de la loi du 10 juin 1793 encore en vigueur sur ce point (2). Chaque commune nomme un expert, et il est procédé, s'il y a lieu, par le Conseil de préfecture à la nomination d'un tiers expert en cas de division entre les deux premiers.

A l'appui de ses prétentions chaque commune peut invoquer soit un titre régulier, par exemple, un ancien partage constaté par acte notarié (loi du 9 ventôse an XII), soit la prescription fondée sur une possession exclusive et *animo domini* (3).

Si, malgré les titres que produit une des communes, l'autre prouve qu'elle a eu, pendant le temps nécessaire pour la prescription et avec toutes les conditions requises, la possession des biens litigieux, cette dernière verra sa prétention triompher (4).

(1) V. Aucoc, *École des Communes*, 1863, p. 232.

(2) V. Aucoc, *Des sections de commune*, p. 303 et suiv. Foucart, *Éléments de Droit public et administratif*, 3e édition, t. 3, p. 79. Braff, *Principes d'administration communale*, 2e édition. t. I, p. 132.

(3) Civ. rej., 11 mars 1834, *com. de Mareuil c. com. d'Epagnette*, Journ. des Aud., 34. 1. 148.

(4) Req., 7 août 1834, *com. de Châtillon c. Bizot*, Journ. des Aud., 34. 1. 336. Cf. Req., 3 janvier 1872, *com. de Condat c. com. de Chauffour*, D. 72, 1, 92.

Au cas où aucune des communes n'a de titre et où leur jouissance promiscue empêché toute prescription de s'accomplir (1), il y a lieu d'admettre, jusqu'à preuve contraire (2), en faveur de chaque commune (art. 1, sect. 4 de la loi de 1793) une présomption de propriété sur les biens qui composaient son territoire, tel qu'il s'étendait à l'époque où a été rendue la loi de 1793. La jurisprudence a, en effet, décidé que les changements apportés à la circonscription des communes, depuis la loi de 1793, n'ont pu modifier leurs droits de propriété sur les communaux qui formaient leur territoire à cette époque (3). La présomption de propriété admise en faveur de la commune, comme il vient d'être dit, aura une bien plus grande force s'il y est joint des titres qui paraissent la confirmer.

Quand enfin, il n'existe plus aucun renseignement sur l'étendue et les limites du territoire de chaque commune à l'époque révolutionnaire, on fera la répartition des biens indivis proportionnellement à leur population respective, la densité de cette population étant comptée non par têtes d'habitants, mais par nombre de feux (4).

---

(1) Req., 28 décembre 1857, *com. de Saint-Cyr-la-Campagne c. de Guénet*. D. 58, 1, 113.

(2) Limoges, 13 mars 1873, *com. de Royère c. Faure*. D. 73. 2. 83.

(3) Req., 3 janvier 1872, *com. de Condat c. com. de Chauffour*. D. 1872, 1, 93. Req. 19 avril 1880.

(4) Req. 10 avril 1839, *com. de Bichancourt c. com. de Chauny et autres*, Journ. des Aud., 39. 1. 215. Req., 20 juillet 1840, *hameau du Suchois c. com. de Courson*, Journ. des Aud., 40. 1. 284. Civ. cass., 7 août 1849, *com. de Villy-en-Trodes c. com. de Champ-sur-Barse*. D. 49. 1. 320. Req., 26 mars 1867, *com. de Bonmours c. com. de Mazerolles*. D. 68. 1. 36. Civ. rej., 28 décembre 1869, *com. de de Sexfontaines c. com. de Sarcicourt et Meures*. D. 70. 1. 150.

· Les bases du partage définitivement acceptées par les communes et approuvées par l'administration ne sauraient plus être modifiées au gré des dites communes auxquelles il reste la seule ressource d'attaquer les opérations de l'expertise faite en vue d'assurer le partage (1).

**49.** Dans le cas où l'indivision existe entre une commune et des particuliers, la question qui se pose est celle de savoir s'il y a lieu d'appliquer les règles du partage établies par le Code civil et notamment celles du partage judiciaire, puisque certains auteurs assimilent la commune à un mineur. On ne saurait exiger, selon nous, l'emploi des formalités du partage judiciaire (2); en effet, s'il est vrai que l'autorité administrative exerce des pouvoirs de haute tutelle sur les communes afin de les garantir contre tous les actes en général dont les conséquences pourraient leur être préjudiciables, il est universellement admis, quand il s'agit d'une aliénation, que l'autorisation administrative est une garantie suffisante de la bonne gestion des intérêts communaux. Pourquoi donc exiger l'emploi d'un formalisme plus rigoureux pour l'acte de partage qui, de l'avis de tous, est considéré comme moins grave que l'aliénation?

Nous concluerons donc qu'il n'y a pas lieu d'appliquer aux partages *autorisés par l'administration* les règles ordinaires établies par le Code civil.

(1) Cons. de Préfecture du Pas-de-Calais, 22 mars 1873, *ville d'Aire c. com. de Lambres*.

(2) V. en ce sens : *Journal du Notariat.* V° *Commune*.

## SECTION II

### DES SECTIONS DE COMMUNE

**50.** Au cours du très rapide exposé qui vient d'être fait, nous avons été amené à parler plusieurs fois des sections de communes sans expliquer d'ailleurs ce qu'il fallait entendre par ces mots. Nous nous proposons donc de définir ces personnes morales et d'indiquer à grands traits leur origine, la preuve de leur existence, leurs ressources, leurs charges, ainsi que les différentes règles qui président à leur administration.

Les mots « section de commune » sont susceptibles de plusieurs acceptions en droit administratif : la section peut n'être qu'une simple division administrative sans personnalité, créée dans le but de faciliter un service public, par exemple : la section électorale (art. 7, loi du 5 mai 1855), la section cadastrale (décret des 23 novembre-1er décembre 1790), la section pour la distribution des secours publics aux indigents, etc. Nous n'étudierons que la communauté territoriale qui, faisant partie de la circonscription administrative d'une commune, est régie par les mêmes magistrats municipaux que cette dernière, mais qui a une existence, une personnalité morale propre. La section ainsi entendue est propriétaire exclusive de biens distincts de ceux de la commune dont elle dépend administrativement [1].

(1) V. Aucoc, *Des sections de commune*, n° 1.

« Les sections de communes, dit M. Ducrocq (1), ne
« constituent pas, en elles-mêmes, autant d'unités admi-
« nistratives indépendantes; à cet égard, elles sont com-
« plètement absorbées dans l'unité communale; mais elles
« possèdent des biens et des droits exclusivement com-
« muns aux habitants de la section; elles ont des biens
« communaux qui sont leur propriété exclusive; c'est là
« le caractère distinctif des sections de commune ».

**51.** Comment expliquer l'existence, dans une même
commune, de portions de territoire qui n'appartiennent
pas à cette commune; en d'autres termes, quelle est l'origine des sections de commune? C'est la première question
qui se pose.

Avant 1789 on a vu que de nombreuses communautés
agraires avaient réuni leurs efforts et leurs biens. Ces
petits groupes ruraux, qui jouissaient exclusivement de
leurs propriétés indivises, furent très nombreux (2).

Les lois révolutionnaires (v. notamment la loi du 22
décembre 1789, art. 7), instituèrent une municipalité dans
chaque bourg, paroisse ou communauté de campagne ; il
en résulta que les nouvelles communes, beaucoup trop
nombreuses, ne parvenaient pas, faute d'argent et d'hommes capables de les représenter, à trouver en elles les éléments de la vie municipale. La réunion de plusieurs pe-
tites agglomérations en une seule était l'unique moyen de
faire cesser cet état de choses; elle fut provoquée par la
loi des 12-20 août 1790, rendue sous forme d'instruction.

---

(1) V. M. Ducrocq, *Des partages de biens communaux et des
sections de commune*, p. 7. Cf. Aucoc, *op. cit.*, p. 6, 91 et suiv.

(2) V. Doniol. *Histoire des classes rurales*, p. 80 et suiv.

(V. dans le même sens, la circulaire ministérielle du 29 août 1849).

Malgré ces réunions successives, chaque ancienne petite commune conservait la propriété exclusive de ses biens. Tous les actes législatifs qui ont prononcé, à partir de 1811 (1), la réunion de plusieurs d'entres elles en une seule, ont d'ailleurs réservé, par une disposition expresse, le droit de chacune des communes réunies (voir la loi de 1884, art. 7).

Parfois la section a une autre origine : un hameau situé sur le territoire d'une commune a été réuni à une autre commune en vue d'une meilleure organisation administrative. On ne pouvait, sans injustice, porter atteinte aux droits privatifs de propriété et de jouissance des habitants de ce hameau ; on a donc admis qu'ils conserveraient ces droits propres (2).

Enfin les lois de 1792 et 1793, qui n'avaient eu pour but que de rendre aux communes les biens dont on présumait qu'elles avaient été dépouillées par les seigneurs, eurent pour résultat de créer un certain nombre de sections. En effet, c'est « au ressort des seigneuries, dit M. Aucoc, qu'il « a fallu s'attacher pour reconnaître quelles étaient les « communes qui profitaient des dispositions de la loi. Or, « la circonscription des seigneuries ne concordait pas avec

---

(1) Parmi les lois qui ont consacré depuis 1793 le droit des sections de communes, nous citerons le décret du 7 vendémiaire an IV, art. 4 ; les lois du 3 frimaire an VII, art. 46 ; du 14 ventôse an VII, art. 34 ; l'arrêt consulaire du 24 germinal an XI et les lois du 18 juin 1837, du 28 juillet 1860 et du 5 avril 1884.

(2) Aucoc. *Op. cit.*, p. 74, n° 38, 42 et 43.

« celle des communes…. Une commune pouvait compren-
« dre, en 1793, des villages qui avaient dépendu de diffé-
« rents fiefs, soit qu'un fief ne fût composé que d'une
« fraction de paroisse, soit que son territoire eût été
« divisé entre plusieurs communes. Chacun de ces vil-
« lages avait, par conséquent, à ce point de vue un ter-
« ritoire distinct et recueillait seul les terres vaines et
« vagues de la seigneurie dont il avait dépendu ou la part
« qui lui en était attribué (1). » C'est donc, en résumé,
par suite de la différence du ressort des seigneuries et de
la circonscription des communes que la loi de 1793 à dû
faire naître un certain nombre de sections.

Il faut ajouter que les particuliers peuvent créer des
sections, en faisant don de leurs immeubles à un hameau
qui n'a pas encore eu jusque-là d'existence morale séparée
de celle de la commune dont il dépend administrativement (2).

**52.** Une section de commune peut prouver son existence comme section par tous titres et documents anciens
ou récents ; en effet, cette existence ne dépend en aucune
façon d'un acte administratif qui reconnaîtrait sa personnalité morale ou fixerait les limites de son territoire (3).

**53.** Tant qu'il ne s'agit pas d'exercer ses droits privatifs, la section de commune est régie par les mêmes autorités municipales que la commune (4) ; car en ma-

(1) Aucoc. *Op. cit.*, p. 81, no 40.

(2) V. Block, *Dictionnaire d'administration*, vᵉ *Organisation
communale*, p. 1658 et suiv. Bourges, 19 décembre 1838, *com. de
Nançay c. hameau de Souesme.* Journ. des Aud., 39, 2, 216. *Contrà,*
Batbie, *op. cit.*, 2ᵉ édit., t. 5, p. 162, nᵒ 158.

(3) V. Aucoc, *op. cit.*, nᵒˢ 42 à 44.

(4) V. Cons. d'État, section de l'intérieur, 15 avril 1874.

tière d'administration des biens propres des sections,
les règles sont les mêmes que quand il s'agit des
biens des communes. Il appartiendra donc aux conseils
municipaux, sous la surveillance administrative, de gérer
les biens de la section, de régler, s'il y a lieu, le mode
de jouissance et même d'amodier ou d'aliéner ses immeubles sur l'avis conforme d'une commission syndicale nommée à l'effet d'approuver ou non l'aliénation (1).

Il est toutefois bien entendu que le revenu ou le prix
des biens amodiés ou vendu ainsi que les taxes d'affouage
ou de pâturage resteront propres à la section, sans
tomber dans le patrimoine de la commune (2).

Lorsque les intérêts de la section seront en opposition
avec ceux de la commune, les pouvoirs d'administration
du Conseil municipal de cette dernière ne pourront plus

---

(1) V. les déc. min. int. des 31 janvier et 3 avril 1839, 1857, 1858,
1861, 1862, 1866 et 1870. Bull. officiel int. 1839 p. 331, 1840 p. 153,
1857 p. 215, 1858 p. 177, 1861 p. 254, 1862 p. 488, 1866 p. 42 et 165,
1870 p. 70.

Cf. Civ. Cass., 25 avril 1855, *sect. de Mexmes-les-Champs c. com.
d'Huismes.* D. 55. 1. 153.

Cons. d'État, 24 janvier 1856, *sect. de Saint-Louaud c. com. de
Beaumont.* Leb., p. 65. 17 mars 1857, *sect. de Saint-Jean c. la ville
de Louviers.* Leb., p. 195. 10 février et 5 mai 1859, *sect. de Paisey
et des Chainettes c. com. de Paisy-Cosdon, — sect. de Massonay c.
com. de la Chapelle.* Leb., p. 111 et 135. 28 janvier 1865, *sect. de
Dinay.* Leb., p. 129. 19 novembre 1873, *Lecœur-Roussel et consorts.*
Leb., p. 831. V. la jurisprudence citée à la p. suiv., note 1.

(2) Aucoc, *op. cit.*, p. 243, nᵒˢ 109 à 111. Chauveau, *Journal de
Droit administratif*, 1858, p. 216. *Contrà*, Batbie, *Droit administratif*, n° 163.

s'exercer relativement aux biens de la section, qui aura droit de faire défendre ses intérêts par une représentation spéciale suivant certaines formalités (1).

La loi du 5 avril 1884 signale notamment deux cas où les intérêts de la section sont en opposition avec ceux de la commune; nous renvoyons à son texte (articles 3 et 4, 128 et 129 de la loi de 1884). Dans ces deux cas, le législateur dispose qu'il y a lieu de nommer, d'après certaines règles édictées par l'article 128, une commission syndicale pour représenter les intérêts de la section.

On trouvait déjà, dans la loi du 28 juillet 1860, un cas où il y avait lieu, pour la section, de faire défendre ses intérêts par une commission spéciale. Nous mentionnerons enfin une décision du Ministre de l'Intérieur de 1862 (2) qui donne à la section une représentation propre quand il s'agit d'employer à son profit les sommes provenant de l'amodiation ou de la vente de ses biens.

**54.** Avec les ressources personnelles qu'elle possède, la section fera face aux frais d'administration, d'entretien ou d'exploitation de ses biens. Mais si le produit de ses propriétés est affecté aux charges communales, l'émolument des habitants de la section devra rester le même ; ceux-ci seront donc déchargés, jusqu'à dûe concurrence, d'une partie des contributions qu'ils devraient verser à la commune.

**55.** Les règles de compétence sont les mêmes qu'il

---

(1) Cons. d'État, 4 septembre 1856, *sect. de Parilly c. com. de Chinon.* Leb., p. 572, 7 avril 1859, *sect. de Paisy et des Chaînettes*, déjà cité. D. 59. 3, 73, 5 janvier 1860. *De Lozier*, Leb., p. 1., et 11 juillet 1879, *Lecureau, Senné et autres.* Leb., p. 577.

(2) Bull. off. int. 1862, p. 314.

s'agisse de sections de communes ou de communes. C'est
ainsi par exemple que, suivant la règle, les tribunaux
judiciaires pourront seuls connaître de la question de propriété qui serait soulevée par une action en fixation des
limites du territoire d'une section de commune (1).

**56.** La personnalité des sections de commune n'est pas
perpétuelle ; elles peuvent disparaître de différentes
façons, mais le plus souvent elle cesseront d'exister faute
d'intérêts distincts, par exemple si la section est érigée
en commune ou si son territoire cesse d'être habité.

Dans le cas où une section disparaît pour cette dernière
cause, il est intéressant de se demander ce que deviennent
ses biens, question qui a donné lieu à de vives controverses.

M. Aucoc (2) soutient qu'il y a lieu de les répartir entre
les propriétaires de son territoire au prorata de l'étendue de leurs biens. Il peut sembler naturel de réunir ces
fonds aux propriétés dont ils étaient une sorte d'an-
nexe plutôt que de les attribuer soit à la commune qui n'y
a jamais eu droit, soit à l'Etat qui ne doit recueillir les
biens vacants que si l'on ne peut leur trouver de maître.

M. Batbie (3) prétend, au contraire, que les biens de
l'ancienne section doivent être attribués à la commune
puisque les propriétaires d'une partie du territoire de la
section n'y ont aucun droit. « La section, dit-il, n'est
qu'une partie de la commune, une petite personne dans la
grande, et, dès que la fraction s'éteint, c'est qu'elle a dû
profiter au tout dans lequel elle vivait. »

(1) V. Civ. Cass., **29** juillet 1856, *sect. de Marzenay c. sect. de
Chambéria*. D. 56. 1. 411.

(2) Aucoc, *op. cit*, p. 144, n° 58.

(3) *Op. cit.*, t. V, p. 177, n° 174.

A notre avis il faut, sauf le cas de prescription, appliquer, dans l'espèce, l'art. 539 du Code civil. C'est donc l'Etat qui recueillera ces biens sans maître. Cette solution sera souvent, nous le reconnaissons, loin d'être la meilleure dans la pratique, puisque la commune est bien mieux à même que l'Etat de retirer toute l'utilité des biens de l'ancienne section. Nous persistons toutefois à croire qu'elle doit être admise dans la rigueur des principes.

## SECTION III

AUTORITÉS CHARGÉES DE RÉGLEMENTER LA PRODUCTION ET LA RÉPARTITION DES PRODUITS ET REVENUS COMMUNAUX. — RECOURS GRACIEUX CONTRE LEURS ACTES

### I. — *Règlementation*

**52.** Ce sont, en principe, les Conseils municipaux qui règlent les affaires de la commune (1) (loi du 5 avril 1884, art. 61), et notamment la mise en valeur des communaux. Leurs délibérations sont exécutoires par elles-mêmes, si l'autorisation administrative n'est pas formellement exigée par un texte (art. 68 de la loi de 1884). L'Etat ne saurait, d'ailleurs, substituer son action à celle du Conseil municipal pour la mise en valeur des pro-

_____

(1) Déc. min. int. et agric. 1865. Bull. off. p. 29. Cf. Cons. de Préfecture du Pas-de-Calais. 18 juillet 1884, *com. de Vitry*.

priétés communales, sauf quand il s'agit de terrains complètement improductifs (1).

Il appartient au maire, comme représentant de la commune, de signer les actes et les contrats qu'elle passe et d'ester pour elle en justice, soit en demandant, soit en défendant (art. 90 de la loi de 1884).

Enfin les poursuites contre les débiteurs de la commune seront exercées par le receveur municipal (2).

**58.** Parmi les cas où l'autorisation administrative est obligatoire, nous ne citerons que les principaux ; elle est notamment requise :

1° Quand il s'agit de passer certains contrats qui pourraient avoir pour la commune de graves conséquences, comme les baux de plus de dix-huit ans et les aliénations ou échanges ;

2° Quand les délibérations du Conseil peuvent porter préjudice à l'état des finances communales : si par exemple, elles accordent des délais à un débiteur ou à un acheteur (3), ou bien si elles fixent le tarif des droits à percevoir au profit de la commune, taxes, cotisations, etc. (4), c'est-à-dire dans les cas où elles ont trait aux ressources budgétaires ;

3° Quand les actes de la commune peuvent intéresser, de près ou de loin, l'utilité publique : par exemple s'ils ont pour objet la règlementation du mode d'exercice du pâturage en montagne (Décret du 11 juillet 1882), ou la mise en valeur des landes (loi du 19 juin 1857).

(1) Déc. min. int. et agric. 1863.
(2) Circ. min. int. 3 novembre 1839.
(3) Déc. min. int. 1870. Bull. off. min. int. 1870, p. 201.
(4) Art. 68, § 7 et 133 de la loi du 5 avril 1884.

Quand il s'agit d'un terrain en montagne, il est évident, en effet, que si l'on met dans une prairie plus de bestiaux qu'elle n'en peut nourrir, à une époque où l'herbe est maigre et le sol détrempé par les neiges de l'hiver, les bons résultats du gazonnement pourront être compromis. Dans certains cas où l'abus de jouissance de ces pâturages peut entraîner, à bref délai, de fâcheuses conséquences, l'administration forestière peut même se substituer au Conseil municipal et provoquer un décret, rendu en Conseil d'Etat, prononçant une véritable dépossession temporaire, « la mise en défens », qui soumet le pâturage au régime forestier en suspendant l'exercice des attributs de la propriété par la commune et en le confiant à l'administration ;

4° Quand les communes ou sections de communes veulent ester en justice, sauf toutefois dans les cas prévus par les art. 121 et 154 de la loi du 5 avril 1884, c'est-à-dire s'il s'agit d'actions possessoires ou de défenses à une opposition faite par un particulier au paiement exigé de lui dans les formes régulières. Il faut ajouter que l'autorisation n'est pas requise si l'action de la commune est dirigée contre l'administration qui ne saurait exercer à la fois, dans la même cause, les attributions de tuteur et de juge.

Bien que la loi de 1884 n'exige pas l'autorisation du Préfet pour les délibérations municipales relatives au règlement de la jouissance des communaux, la pratique administrative continue à en maintenir la nécessité ; elle se fonde sur ce fait que, parmi les articles du décret de 1852 abrogés expressément par cette loi, ne figure pas la disposition qui soumet les délibérations qui nous occupent à la formalité de l'autorisation.

A la différence des actes précédents, la distribution des coupes affouagères rentre dans la plénitude des pouvoirs réglementaires des conseils municipaux, qui pourront l'établir sans l'approbation préfectorale ; le Conseil décide, d'ailleurs, s'il y a lieu de vendre les coupes ou de les délivrer en nature aux habitants. Dans ce dernier cas, le maire dresse une liste provisoire des affouagers qui est soumise au Conseil municipal, puis publiée et affichée afin de permettre aux réclamations qu'elle ne manquera pas de soulever, de se produire en temps utile.

Ces réclamations sont inscrites, dans les huit jours de la publication, sur un registre *ad hoc* déposé à la mairie. Elles sont, après ce délai, examinées par le Conseil qui juge s'il y a lieu ou non d'y faire droit (1) ; puis le registre est soumis à l'homologation du préfet qui le transmet au receveur municipal.

**59.** L'autorisation administrative est accordée soit par arrêté du Préfet, soit par décret du gouvernement, par exemple s'il s'agit de bois communaux soumis au régime forestier (art. 68 et 69 de la loi de 1884).

Il est à noter, en passant, que si le Préfet peut accorder ou refuser l'autorisation qui lui est demandée, il ne saurait, sans excès de pouvoir, modifier la délibération qui lui est soumise (2).

L'administration ayant la charge de faire les opérations nécessaires pour effectuer le partage des biens dont la

---

(1) Si le Conseil municipal refuse d'admettre une inscription ou une radiation qui lui a été demandée, une véritable question contentieuse s'élève et elle est de la compétence du Cons. de Préfecture.

(2) Cons. d'État, 11 juin 1880, *com. de Blosville.* D. 81, 3, 1. 29 mars 1889, *com. de Préchacq-Navarreux.* Leb., p. 420.

propriété est indivise entre communes ou sections de
communes, il appartient aux préfets d'ordonner l'expertise, de désigner les experts, de statuer sur les difficultés
matérielles auxquelles ces opérations peuvent donner lieu
(pourvu qu'elles ne mettent pas en question l'examen des
droits des habitants), et enfin de prendre l'arrêté fixant
administrativement la limite des territoires (1).

**60.** Dans la plupart des cas, le rôle du Préfet consis-
tera donc, comme on l'a vu, à donner des autorisations ou
à prendre des arrêtés qui constituent de simples actes de
tutelle ou d'administration. Mais il est une hypothèse où
son intervention aura un tout autre caractère : c'est quand
il sera appelé à remplacer le législateur, en vertu d'une
délégation expresse de la loi, pour modifier ou même
abroger certains actes, comme les anciens partages opérés en vertu d'édits royaux ou d'arrêts du Conseil du Roi
qui ont force législative et ne peuvent être modifiés par
l'usage ou par un simple règlement municipal particulier (2).

---

(1) Cons. d'État. 26 août 1848, *com. de Rivière-Devant et Grande-
Rivière, c. com. de la Chaumusse, Saint-Pierre et lac des Rouges-
Truites.* Leb., 4, p. 543. 26 février 1863, *com. de Bescat.* Leb.,
p. 178. 29 août 1865, *com. d'Arudy.* Leb., p. 877. 2 février 1877, *com.
de Sotteville-lès-Rouen, c. ville de Rouen.* D. 77, 3, 44. Req.,
15 novembre 1864, *com. d'Albiez-le-Vieux, c. com. d'Albiez-le-
Jeune.* D. 65, 1, 183.

(2) V. Aucoc, *Droit administratif*, t. I, § 32, p. 78. Jg. D. *Rep.
alph.*, Vᵒ Lois, nᵒˢ 25 à 31, et D. *suppl. eod. vᵒ*, nᵒ 4.

V. Cons. de Préfecture du Pas-de-Calais, 27 novembre 1868, *com. de
Pelves, Basseux.* 26 février 1869, *com. de Pelves, Bègue.* 12 mars
1869, *com. de Pelves, Dessinge.* 25 juin 1869, *com. de Meurchin,
Trédez.* 3 septembre 1869, *com. de Pelves, Hubert, Damlencourt et*

7

Nous avons dit que le préfet tenait directement ses pouvoirs d'une délégation expresse de la loi ; c'est en effet, le décret de décentralisation du 25 mars 1852 (tableau A annexé à ce décret, n° 40), qui lui donne le pouvoir de changer le mode de jouissance en nature des biens communaux « quelle que soit la nature de l'acte primitif qui « ait approuvé le mode actuel. »

Voilà qui est bien clair, la volonté du législateur est de donner, dans tous les cas, au préfet le pouvoir de changer le mode de jouissance des communaux, même s'il a été approuvé et réglementé à l'origine par une loi.

Que l'on ne vienne pas objecter d'ailleurs que le décret du 25 mars 1852 n'est pas une véritable loi et qu'il ne saurait conférer au préfet des pouvoirs d'abrogation qu'il n'a pas lui-même. Il suffit, en effet, pour dissiper tout doute à cet égard, de remarquer que le décret qui nous occupe a été rendu dans la période qui s'est écoulée du 2 décembre 1851 — époque de la dissolution de l'assemblée nationale — au 29 mars 1852, jour où les Chambres se sont réunies de nouveau en vertu de la nouvelle constitution. Pendant cette période, le prince Louis-Napoléon a

---

com. de Plouvain, Hutin. 19, 28 et 30 juin 1871, com. de Biache-Saint-Vaast, com. de Pelves et d'Annay. 26 juillet 1871, com. de Pelves. 22 septembre 1871, com. d'Annay et de Plouvain. 5 avril 1876, Legrand, Mélantois. 5 juillet 1879, com. d'Harnes, Jambart, Thelliez. (Rec. de MM. Garnier et Dauvert. 1879, p. 221). 11 février 1880, com. de Rœux, Humez. 18 février 1880, com. de Rœux, Démoulier. 12 mai 1880, Dehenne. 18 mai 1880, Letienne, Reymbaut Billot. 12 juin 1880, Dherbomez, Robidet. 19 juin 1880, Huret 7 août 1880, Lhomme, Liétard. 30 juillet 1881, Laurent (Rec. de MM. G. et D. 1881, p. 301.) 9 juin 1883, com. de Drouvin, Lagrenée. (Rec. de MM. G. et D., 1886, p. 103). 18 juillet 1884, com. de Vitry.

exercé en vertu d'un vote du peuple, le pouvoir législatif
en même temps que le pouvoir exécutif. Or il est aujour-
d'hui constant que les décrets rendus, pendant les périodes
dites « *dictatoriales* », par le pouvoir exécutif qui possédait
temporairement le droit de faire les lois en vertu d'une
souveraineté de fait acceptée comme souveraineté de
droit, ont la même autorité que les lois elles-mêmes (art. 58
de la Constitution du 14 janvier 1852). Dans le décret du
25 mars 1852, les dispositions qui modifient des lois ont
le caractère législatif (1). Et il suffit de constater que
l'art. 1er de ce décret et les nos 40 et 55 du tableau A
annexé abrogent les dispositions du décret-loi du 9 brumaire an XIII (2) qui déléguait à l'Empereur le droit
de changer, suivant certaines formalités requises par
l'art. 2, les modes de jouissance établis par d'anciens
actes législatifs.

En résumé, jusqu'à 1852 et en vertu du décret de
Brumaire an XIII (3) qui, n'ayant pas été annulé par le
Sénat dans les dix jours de sa promulgation, avait pleine
force législative (4), les anciens partages faits en exécution d'édits royaux et d'anciens arrêts du Conseil du Roi
pouvaient être modifiés par un simple décret du pouvoir
exécutif (5).

---

(1) Cons. d'État. 17 mars 1857, *Habitants de la sect. de Saint-
Jean c. la ville de Louviers.* Leb., p. 195.

(2) V. Aucoc, *op. cit.*, t. 1, no 35, p. 85.

(3) S. *Codes annotés*, 1789 à 1830, p. 690.

(4) V. Aucoc, *op. cit.*, t. 1, no 34, p. 83. Cf. D. *Rep. alph.* Vo *Lois*,
nos 56 et 554. Cass. 4 août 1827. *Noel*, Journ. des Aud. 27. 1. 450,
1 avril 1829, *Laborie*, Journ. des Aud. 29, 1, 209.

(5) En ce sens, Clément, *Droit rural*, n° 200, p. 381 ; *contrà*, Le

Aujourd'hui, en matière de partage ordinaire, on s'accorde à reconnaître qu'un décret n'est plus nécessaire pour autoriser un changement dans le mode actuel de jouissance ; il suffit d'une autorisation du préfet rendue sur délibération du Conseil municipal (1). Nous croyons avoir démontré qu'il n'en est pas de même s'il s'agit non plus de partages ordinaires mais d'actes autorisés par d'anciens édits royaux ayant force de loi, et que le préfet peut dans tous les cas les modifier, sauf à respecter, comme on l'a vu plus haut (2), les droits acquis des habitants.

Contrairement à notre opinion, le Conseil de Préfecture du Pas-de-Calais a dénié ce pouvoir au préfet. Il s'est fondé sur ce qu'une loi ne peut être modifiée ou abrogée que par une autre loi, sans se souvenir de ce principe que le législateur peut déléguer son pouvoir d'abrogation à l'autorité qu'il choisit et sans remarquer qu'en fait, cette délégation a eu lieu en vertu du décret de 1852 (3).

Comme exemple d'actes du chef du pouvoir modifiant d'anciens partages exécutés en vertu d'édits royaux, nous

GENTIL, *op. cit.*, p. 360 à 362. V. dans notre sens, Cons. d'État, 26 avril 1844, *com. de Cheminot, sect. de Longeville c. Hognon et consorts.* Leb., p. 245.

(1) Cons. d'État. 17 mars 1857, *sect. de Saint-Jean c. ville de Louviers.* Leb. p. 196. Cf. 11 juin 1880, *com. de Blosville*, D. 81, 3, 1.

(2) V. *Suprà*, p. 52 et la jurisprudence citée, note 1.

(3) Cons. de Préfecture du Pas-de-Calais, 3 septembre 1869, *com. de Pelves.* 11 février 1880, *com. de Rœux Humez.* 18 février 1880, *com. de Rœux, Démoulier.* 12 mai 1880, *com. de Rœux, Dehenne.* 18 mai 1880, *Letierce, Reymbaut, Billot.* 12 juin 1880, *com. de Rœux, Dherbomez, Robidet.* 19 juin 1880, *com. de Rœux, Huret.* 7 août 1880, *com. de Rœux, Lhomme, Liétard.*

citerons l'ordonnance qui a été rendue le 7 janvier 1831 sur la demande des conseils municipaux de 32 communes du département du Nord et les décrets et ordonnances des 20 juillet 1841, 28 juillet 1849, 7 février 1850 et 20 août 1851, portant approbation de nouveaux modes de jouissance dans les communes de Rœux, Pelves, Biache-Saint-Vaast et Lens (1).

II. — *Recours gracieux contre les actes des autorités chargées de réglementer l'administration des biens communaux*

**61.** Le conseil municipal est la première autorité chargée de statuer, par voie gracieuse, sur les réclamations des habitants contre ses propres délibérations ou contre les actes du maire qui n'ont que le caractère administratif, par exemple contre les arrêtés d'allotissement ou d'attribution qu'ils croient devoir léser leurs intérêts. Les réclamations contre l'irrégularité du rôle des taxes sont aussi des réclamations contre un acte administratif ; elles doivent être soumises au préfet, puis au ministre de l'intérieur. Le ministre peut encore être saisi, par la voie hiérarchique, des réclamations élevées contre les arrêtés pris par le préfet, qui constituent des actes de simple tutelle administrative. Mais il n'en serait pas de même des décisions préfectorales qui prononcent l'annulation des délibérations d'un conseil municipal.

---

(1) LE GENTIL, *op. cit.*, p. 343 à 357 pour les textes de ces nouveaux règlements. Jg CLÉMENT, *De l'usufruit*, n° 166, p. 263.

V. M. PASSEZ, *op. cit.*, p. 32, et *Rev. gén. d'adm.*, 1888, I, p. 408.

Ces dernières pourront être nulles de droit pour violation d'une loi ou d'un règlement d'administration publique, ou annulables pour différentes causes (V. les art.
63 et 66 de la loi de 1884).

Si elles sont nulles de droit, il appartient au préfet d'en
déclarer la nullité en Conseil de Préfecture (art. 65 de la
loi de 1884). Si la délibération est seulement annulable
pour défaut d'autorisation ou pour tout autre motif sérieux, le préfet aura le pouvoir de l'annuler par une décision motivée. « Nous maintenons au préfet, disait le
« ministre dans son rapport sur la loi de 1884, le droit
« d'annuler les délibérations prises par le conseil muni-
« cipal, même dans l'intégralité de son pouvoir ; mais ce
« droit, au lieu d'être discrétionnaire comme l'établissait
« la loi de 1867, est limité à des hypothèses nettement
« spécifiées. »

Le préfet pourra donc toujours, pour un motif sérieux,
annuler la délibération d'un conseil, mais il ne saurait
la modifier et substituer sa propre décision à celle de
l'autorité municipale.

Les arrêtés d'annulation pourront être, au surplus,
comme on le verra, déférés pour excès de pouvoirs, à la
censure du Conseil d'Etat, soit par le conseil municipal,
soit par tout intéressé (1).

_____

(1) V. Cons. d'Etat, 8 août 1892, *Fabre-Perrin*, D. 93, 5, 128,
n° 27. Cf. 8 mars 1889, *Védier*, D. 90, 5, 102. 21 novembre 1892,
*Sanguinetti*, D. 92, 3, 74.

## SECTION IV

### CONTENTIEUX

**62.** Quand il s'agit de biens communaux, il faut appliquer, comme en toute autre matière, ce principe que les tribunaux civils sont compétents pour connaître de toutes les questions contentieuses que des lois spéciales n'ont pas réservées expressément aux Conseils de Préfecture. Ces dernières constituent en effet, comme on le sait, une juridiction d'exception.

On doit, par exemple, admettre sans conteste que tout ce qui est relatif soit à la nationalité, soit en général à l'état des personnes (1), à l'absence (2), à la propriété, aux servitudes ou à la prescription, rentre dans la compétence des tribunaux civils (3).

(1) V. Req., 22 août 1881, *com. de Fozzano c. com. de Propriano*, D. 82, 1, 463.

(2) Cons. de Préfecture du Pas-de-Calais, 4 mars 1889, *com. d'Harnes, Wartel*.

(3) V. CORMENIN, *Questions de Droit administratif*. V° *Communes*, t. 2, n° 12, p. 82. CURASSON SUR PROUDHON, *Des droits d'usage*, t. 3, p. 467 et 484. LAFERRIÈRE, *Traité de la juridiction administrative*, t. 1, p. 463 et suiv. Cf. Circ. min. Int., 17 mai 1884.

V. Civ. Cass., 27 janvier 1851, *com. de Fontenay-le-Château c. com. de Tremonzey*, D., 54, 1, 334. Cons. d'Etat, 20 mars 1852, *Marlthiens*, D., 53, 3, 2 et 4 août 1864. *Bellinet et autres c. com. de Treignat*, D., 65, 3, 43. Trib. Confl., 10 avril 1850. *Caillet c. com,*

C'est ainsi que le règlement des droits de chaque commune, dans le cas où un partage de biens indivis entre plusieurs communes ou sections qui soulève des questions de propriété, appartient à l'autorité judiciaire, sauf à celle-ci à laisser à l'administration active le soin de s'occuper des opérations administrative de délimitation (1).

Quelques auteurs ont cependant prétendu que la demande en partage devait être portée devant le préfet, sauf recours au ministre (2), mais nous ne saurions partager leur opinion sur ce point, étant donné qu'il arrive fréquemment en pareil cas, que des difficultés s'élèvent relativement à la question de propriété.

Une fois la propriété partagée, en droit, par les tribunaux judiciaires et délimitée, en fait, par l'autorité administrative, c'est aux Conseils de Préfecture qu'il appartient de reconnaître, s'il y a lieu, l'existence du partage et la validité des opérations (3).

---

*de Baissey*, D., 50, 3, 49, et Confl., 12 juin 1850. *Pierret et Fosty c. com. de Thonne-la-Long*, D., 50, 3, 68.

(1) Art. 4, sect. V, loi du 10 juin 1793. Aucoc, *op. cit.*, p. 303. Foucart, *Eléments de Droit public*, 4e édit., t. 3, p. 80, n° 1607. Braff, *Principes d'administration communale*, 2e édit., t. 1, p. 132. Cons. d'État, 17 mai 1855, *com. de Valergues*, D., 55, 3, 84, 14 mars 1860, *com. de Colombey* et de *Villeneuve-aux-Fresnes*, D., 60, 3, 29, 10 septembre 1864, *com. de Bescat*, Leb., p. 875. 29 août 1865, *com. d'Arudy*, Leb., p. 877. 19 juillet 1878, *Marret*, D. 79. 3. 17. Leb., p. 702 et les notes. 29 mars 1889, *sect. de Bourg-de-Feniers*, Leb., p. 421 et s., 91, 3, 41.

(2) Dufour, *Droit administratif*, 2e édit , t. 3, p. 455. M. Ducroco, *Revue pratique*, 1865, t. 19, p. 291.

(3) V. la doctrine et la jurisprudence citées ci-dessus à la note 1.

Les tribunaux civils sont encore compétents en matière de contrats des communes, nonobstant la forme administrative de ces derniers s'ils créent des obligations civiles ou si la nullité en est demandée pour inobservation des formes exigées par la loi civile (1).

« Lorsque l'administration, dit M. Laferrière (2), agit « comme intendant de son domaine privé, c'est-à-dire des « biens productifs de revenus qu'elle possède comme « personne civile, les conventions qu'elle passe sont des « contrats de droit commun, du ressort des tribunaux « judiciaires, à moins d'exceptions prévues par la loi. »

Parmi les contraventions qui, malgré l'approbation administrative nécessaire à leur validité, doivent être tenues pour des contrats de droit commun dont l'autorité judiciaire apprécie, s'il y a lieu, le sens et la portée, on peut ranger les baux communaux (3), les ventes et les échanges (4).

---

(1) Dijon, 10 avril 1873. *Ville de Mâcon c. frères de la doctrine chrétienne*, D., 74, 2, 49. Civ. Cass., 18 août 1873. *Sœurs de la charité de Nevers c. com. de Frémery*, D., 75, 1, 257. Cf. Req., 26 mai 1885. *Rolland c. consorts, Julien*, D., 85, 1, 123.

Cf. Cons. d'Etat, 6 juillet 1877. *L'étang Vergy*, D., 77, 3, 102. Civ. Cass., 8 novembre 1876. *Lagrandville*, D., 77, 1, 73. Req., 13 juin 1877. *Ville de Pamiers*, D., 78, 1, 413. Limoges, 22 mars 1870, *Desproges*, D., 72, 2, 117. Trib. Confl., 17 mai 1873, *Michallard*, D., 74, 3, 4.

(2) LAFERRIÈRE, *op. cit.*, t. 1, p. 534.

(3) Cons. d'Etat, 20 juin 1861. *Morel*, D., 61, 3, 43. 6 mars 1885. *com. de Porcieu-Amblagnieu*, D., 86, 3, 127. Civ. rej., 21 mai 1873. *Cantet*, D., 75, 1, 70. Trib. confl., 16 décembre 1882, *Feltin*, D., 84, 3, 58. *Contrà*, SERRIGNY, *Organisation et compétence administratives*, t. 2, nº 1082.

(4) Cons. d'Etat, 3 décembre 1828. *Bourla et consorts c. la Ville*

**63.** Mais si, dans le cas de bail, de vente ou d'échange, les intéressés peuvent soumettre l'acte lui-même, comme contrat civil, aux tribunaux civils, ils ne peuvent attaquer les formalités administratives intervenues pour l'autoriser que devant les tribunaux administratifs, pour vices de forme ou excès de pouvoirs (1). Le tribunal civil qui doit apprécier le contrat lui-même, comme le tribunal administratif compétemment saisi d'une espèce dans laquelle une question de propriété se trouverait mêlée aux autres, devra surseoir à statuer jusqu'à ce que l'existence des formalités administratives ait été reconnue, ou la question de propriété tranchée par la juridiction à laquelle il appartient d'en connaître (2).

Toutefois, si les parties ne font que réclamer la nullité du contrat pour omission d'une formalité administrative,

de *Paris.* Leb., p. 797. 17 août 1835, *Dourthe c. Turpin.* Leb., p. 507. 20 juin 1837, *Ministre des finances c. ville de Paris.* Leb., p. 251. 21 décembre 1854, *ville de Louviers c. Hazé et le département de l'Eure.* Leb., p. 993, 10 février 1859, *Ragot.* Leb., p. 115. 12 mars 1863, *Pouget.* Leb., p. 237. 10 septembre 1864, *Bellinet et autres c. com. de Treignat.* D., 65, 3, 43, 6 avril 1870, dem^lles *Grusse.* D., 71, 3, 61. 9 avril 1868, *Rivolet et consorts.* Leb., p. 395. 16 février 1870, *Templier,* D., 73, 3, 81. Civ. cass, 8 novembre 1876, *Lagrandville,* D. 77, 1. 73. 3 août 1877, *dame veuve Cavelier de Mocomble.* Leb., p. 764. Jg. Req., 23 janvier 1877, *com. d'Oradour c. Longeaud, Desbrosses.* D. 77, 1, 180, 15 novembre 1878, *com. de Montastruc c. Darnez.* D. 79, 3. 28. Req., 19 avril 1880, *com. de Rochefort c. veuve Bazile.* D. 80, 1, 416. Req., 14 novembre 1887. *Leleu Laden c. Laden, Lemaire (Com. d'Annœullin),* D.88, 1, 129.

(1) Req., 26 mai 1885. *Rolland,* 2^e arrêt, D, 85, 1, 123, et les conclusions de M. Ballot-Beaupré, cons. rapporteur.

(2) Cons. d'Etat, 6 avril 1890, *Demoiselles Grusse,* D, 71, 3, 61. 2 janvier 1877, *Blanc et autres c. com. de la Cabanasse.* D. 77, 3, 35 ;

sans que, d'ailleurs, le fait de cette omission soit contesté, les tribunaux civils sont compétents (1).

Ils ont encore à juger les difficultés qui peuvent s'élever sur l'*exécution* des contrats de droit commun qui viennent d'être indiqués (2).

**64.** Après avoir rapidement tracé les limites de la compétence, il nous reste à passer en revue les principales matières dont certaines lois spéciales ont attribué la connaissance aux tribunaux administratifs. Nous citerons notamment :

1° Le jugement des contestations que peut soulever l'exécution des travaux faits par la commune ou par l'État pour le dessèchement et la mise en culture des marais et que l'on assimile aux travaux publics.

Il est à remarquer cependant que s'il se produit, au sujet de ces travaux, des réclamations de certains intéressés troublés dans l'exercice de leurs droits de propriété, ces réclamations doivent être jugées par les tribunaux civils (3).

2° La plupart des contestations qui s'élèvent à propos des affouages notamment celles qui ont trait soit à la question de savoir si le réclamant remplit ou non les conditions d'ap-

---

26 janvier 1877, *Compans et veuve Soubry*, ibid. Trib. Confl., 16 décembre 1882, *Feltin*, D., 84, 3, 58.

(1) Civ. rej., 13 mai 1872, *Aulhac c. Marty*, D, 72, 1, 317.

(2) Civ., Cass., 8 novembre 1876, *Lagranville, c. com. de Payrac et Albaret*, D, 77, 1, 73. Req., 13 juin 1877, *Ville de Pamiers, c. Achilli*, D, 1878, 1, 415. Cons. d'Et., 5 janvier 1877, *Blanc et autres c. com. de la Cabanasse*. 26 janvier 1877, *Compans*, déjà cités, 15 novembre 1878. com. de Montastruc, c. Darnès, D. 79. 3. 28.

(3) Cons. d'Etat, 29 août 1865, *com. de Vic*, Leb., p. 875.

litude, soit à l'existence, la légalité ou la portée des conditions spéciales requises pour être admis à ces jouissances (1).

3° L'examen du point de savoir si un aspirant remplit les conditions d'aptitude requises par un acte qui règlemente le mode de jouissance.

Si l'acte relatif aux conditions de la jouissance est un règlement postérieur à la Révolution, l'attribution de la compétence n'a jamais fait l'objet d'une difficulté, cet acte constituant en effet un véritable règlement administratif, et il n'est pas douteux que l'interprétation des actes administratifs soit exclusivement réservée aux Conseils de Préfecture. Mais la question était beaucoup plus délicate quand il s'agissait d'une de ces véritables lois (édits, lettres patentes ou arrêtés du Conseil du Roi), qui ont été rendues avant 1793 pour règlementer la jouissance des portions ménagères et sont, depuis, restées en vigueur. Elle a d'ailleurs fait, jusqu'à 1894, l'objet de vives controverses en doctrine et en jurisprudence.

De rares auteurs avaient admis le système de la Cour de cassation qui reconnaissait, sur ce point, compétence aux tribunaux civils. Aucun texte, disaient-ils, ne réserve la connaissance de ces matières au Conseil de Préfecture ; la loi du 10 juin 1793 décrète bien que les conseils de Préfecture pourront connaître du « mode de partage » des communaux, mais par là, il faut entendre seulement ce qui a trait au choix et à la détermination du mode de partage

_____

(1) V. Aucoc, *op. cit.*, p. 335. Cons. d'État, 16 mars 1836. *Etienne*, Leb. p. 123. 31 juillet 1843. *Perrin*, Leb., p. 382. 23 mai 1844. *Poulot*, Leb., p. 282, Trib. confl., 23 juillet 1844. *Demoiselle Beaupoil*, Leb., p. 437 et 7 décembre 1844. *Léger*, Leb., p. 626.

ou à l'exécution des opérations nécessaires à l'accomplir (1).

La majorité de la doctrine et les tribunaux administratifs soutenaient l'opinion contraire et ils pensaient que la loi de 1793, en réservant aux Conseils de Préfecture la connaissance du « mode de partage » des communaux leur a attribué compétence, non seulement en ce qui a trait aux opérations elles-mêmes du partage, mais aussi relativement à tout ce qui en concerne l'application et notamment à l'examen des conditions d'aptitude, à l'attribution et, s'il y a lieu, à la transmission des parts. On faisait remarquer que la loi de ventôse an XII est venue expliquer la pensée du législateur de 1793, en réservant aux tribunaux administratifs la connaissance de « toutes les contestations » qui peuvent s'élever entre copartageants. (2)

Certaines décisions administratives ajoutaient enfin, ce qui est d'ailleurs tout à fait inexact que les actes de partage antérieurs à 1793, même émanés d'édits royaux ou d'anciens arrêts du Conseil du Roi, constituaient des actes essentiellement administratifs dont l'interprétation

(1) V. MIGNERET, De l'affouage, 2e édit., p. 317. MEAUME, Commentaire, t. 3, no 844, p. 404. Req., 19 avril et 14 juin 1847. com. de Rouvrois c. Choux fils et com. d'Arc-sous-Montenot c. Choulet et autres, D, 47, 1, 240 et 275. Metz, 10 mai 1854, com. de Cattenom c. Schantz, D, 55, 2, 56. et Trib. Confl., 10 avril 1850, Caillet c. com. de Baissey, D, 50, 3, 49 et notes 1 et 2. 12 juin 1850, Pierret et Fosty c. com. de Thonne-la-Long, D, 50, 3, 68.

(2) V. Cons. d'État, 17 septembre 1838, com. d'Hageville, Dongé, Leb. p. 554bis no 1. 18 mai 1870, com. d'Evin-Malmasion, Henneau. Leb. p. 594. 1er juin 1870, com. d'Haines, Vve Rosiaux. Leb. p, 670. 25 juillet 1872, com. de Pelves, Huret, Leb. p. 466.

devait donc être réservée en principe aux Conseils de Préfecture (1).

Il est enfin curieux de remarquer que quelques préfets ont revendiqué la connaissance de ces questions, sous le prétexte que la procédure devant le Conseil de Préfecture entraînait beaucoup de lenteurs et de difficultés. Le ministre de l'intérieur a dû intervenir pour rappeler à ses subordonnés que les inconvénients d'un mode de procédure nécessaire, s'il est légal, ne sauraient constituer un

---

(1) V. sur la question de la compétence, SERRIGNY, *Compétence administrative*, t. 2, p. 516, 550, 598 et suiv. AUCOC, *Droit administratif*, 3e édit., t. 2, n° 310. LAFERRIÈRE, *op. cit.* t. 1, p. 317. M. PASSEZ, *op. cit.*, p. 47, et *Rev. générale d'administration*, 1888, p. 424, et CLÉMENT, *Droit rural*, n° 200, p. 380. Cf. Cons. d'État, 18 novembre 1846, *com. de Révin c. Gouvernant, Vagné, Ponsart et consorts*, D., 47, 3, 2. 15 janvier 1849, *com. de Courcelles en Montagne c. veuve Saurey*, D., 49, 3, 33. 18 février 1858, *Plaisant, Blondeau, Delobelle et Butruille*, Leb., p. 151. 27 février 1862. *Decloquement*, Leb. p. 140, 31 juillet 1862. *Maurois*, ibid., p. 615. 5 mars 1868, *Carpentier et Donny*, Leb., p. 251 et 253, 1er juin 1870, *veuve Roziaux*, Leb., p. 670, 20 avril 1888. *Coulet c. Frais*, Leb., 1888, p. 362 et note 1. V. dans le même sens Cons. de Préfecture du Pas-de-Calais, 20 février 1835, 23 juin 1841, 22 février 1844, 14 février 1845, 13 décembre 1845, 12 mars 1846, 27 mai 1847, 2 avril 1849, 28 mai 1852, 28 décembre 1854, 18 février 1858, 9 février 1860, 27 février 1862, 30 juillet 1862, 3 décembre 1864, 10 janvier 1868. *com. d'Haisnes, Bacquart.* 2 juin 1872, *com. de Fampoux, Dupuis.* 19 novembre 1872, *com. d'Harnes, Delattre.* 31 octobre 1874, *com. de Plouvain, Renault.* 31 décembre 1875, *com. d'Harnes, Buquet.* 25 avril 1876, *com. d'Harnes, Tourbez.* 5 novembre 1879, *com. de Quiéry-la-Motte, Duval.* 19 mai 1882, *com. de Sallau*, 15 novembre 1883, *com. d'Auchy-les-Labassée, Démoulin*, 26 juin 1886, 18 septembre 1886, *Desprez, Try-Dufour, Virel et Housiaux* (*Rev. génér. d'adm.*, 1887, 1, p. 311 et suiv.).

motif suffisant pour changer l'ordre établi des juridictions (1).

Un arrêt récent du Tribunal des Conflits est venu définitivement trancher la question en faveur de la compétence administrative (2).

M. l'avocat général Rau qui a rempli, dans cette affaire, les fonctions de Commissaire du Gouvernement, a envisagé la question à un point de vue tout nouveau ; sa démonstration ressort d'un remarquable exposé historique des principaux textes relatifs à la matière.

Il montre d'abord la loi du 14 août 1792, hâtivement votée comme toutes les lois de cette époque, décrétant une innovation considérable : la possibilité du partage de la propriété des communaux, mais ne prévoyant même pas les conditions d'application du principe.

C'est le décret du 10 juin 1793 qui les règlera. Malgré son titre : « Décret concernant le *mode de partage* des biens communaux », qui semble restreindre dans des limites précises le sujet dont il traite, ce décret avait la plus large portée et réglait une foule de choses étrangères au mode de partage et aux opérations elles-mêmes. Comment soutenir, dans ces conditions, avec la Cour suprême, qu'en accordant aux tribunaux administratifs la connaissance des contestations relatives au *mode de partage*, la loi de 1793 n'a entendu parler que du choix et de la détermination dudit mode de partage ou de l'exécution des opérations ?

(1) V. la lettre du Min. de l'int. au préfet du Nord citée *in extenso* par Le Gentil, *op. cit.*, p. 610. Cf. Cons. d'État, 16 janvier 1822, *com. d'Harmes, Demarque*, Leb. p. 14.

(2) V. Trib. Confl., 3 février 1894, *Izalier*, Leb., p. 101 et note 1, D. 95, 3, 18.

Mais les dispositions de cette loi concernant le partage de propriété ne sont pas longtemps appliquées ; son exécution est suspendue par la loi du 21 prairial an IV, qui maintient toutefois les faits acquis. La situation provisoire créée par la loi de l'an IV reçoit enfin un terme le 9 ventôse an XII. La loi de l'an XII, qui reconnait définitivement les partages *opérés en exécution de la loi de 1793*, traite aussi de la compétence relativement aux contestations entre co-partageants relatives à ces partages.

« Deux procédures sont instituées, l'une devant le « Conseil de Préfecture, pour les co-partageants et « leurs ayants-cause, l'autre devant les tribunaux ordi- « naires pour les tiers ».

Telle était donc la règle *quand il s'agissait d'un partage effectué en exécution du décret de 1793.* Mais, pas plus que la loi de 1793, celle de l'an XII n'avait prévu le cas où aucun partage de propriété n'avait été opéré.

C'est dans ces conditions qu'est intervenu le décret du 9 brumaire an XIII. Il porte que les communes n'ayant pas modifié leur ancien mode de partage antérieur à 1789 continueront à jouir comme auparavant. Mais, dans le silence de cette disposition relativement à la compétence, cette question restait toujours à trancher. Elle fut enfin résolue par le décret du 4e jour complémentaire de l'an XIII, dont l'article 1 porte que « les dispositions de la loi du 9 ventôse an XII s'appliquent à tous partages de biens communaux *effectués avant la loi du 10 juin 1793, en vertu d'arrêts du Conseil, d'ordonnances des États et autres* émanés des autorités compétentes, conformément aux usages établis. »

« Voilà qui est aussi décisif que possible, conclut « M. Rau, la distinction de la loi de ventôse s'étend désor-

« mais aux anciens partages. Si les contestations s'élè-
« vent entre les co-partageants ou leurs ayants-cause, la
« compétence sera administrative ; si elles sont levées
« par des tiers prétendant des droits particuliers, la com-
« pétence sera judiciaire. »

4° Indépendamment des contestations qui peuvent s'élever entre co-partageants, il y a encore d'autres matières
contentieuses dont la connaissance est réservée aux Conseils de préfecture. Il en est ainsi, par exemple, du règlement des indemnités dues, pour privation de jouissance,
aux communes propriétaires de terrains interdits au pâturage, lorsqu'il y a eu désaccord sur la fixation du chiffre
de ladite indemnité.

Ces affaires sont jugées sans frais, sauf recours au
Conseil d'État, comme en matière de contributions directes.

5° Sont encore de la compétence administrative les
questions contentieuses auxquelles peut donner lieu la
perception des taxes, dont le recouvrement s'opère comme
celui des contributions directes.

Les demandes en décharge et en réduction de taxes
sont contentieuses, à la différence des demandes en remise
et modération qui ne peuvent faire l'objet que d'un recours dans la forme gracieuse (1).

6° Le Conseil d'État est compétent pour juger au contentieux les pourvois formés par les communes contre les arrêtés prononçant le refus d'autorisation d'ester en justice

(1) V. la loi du 5 avril 1884, art. 153. Cf. Déc. min., 1er octobre
1841. Jg. D. Rep. alph. v° impôts directs, nos 489 et 490, 618 et 628.
Add. Cons. d'État, 18 août 1849, Habitants de Tanyot. Leb., p. 508
et 22 décembre 1863. Piquesnal, Leb., p. 843.

8

qu'elles avaient demandée, par la voie gracieuse, aux Conseils de préfecture. Ce pourvoi sera introduit dans la forme administrative (loi de 1884, art 126).

7° Le Conseil d'État examine également les recours pour excès de pouvoirs qui sont formés soit par les communes (art. 63, 67 et 69 de la loi de 1884), soit par les intéressés, dans le cas où les droits de ces derniers sont lésés par un acte émané de l'autorité administrative agissant en dehors de ses pouvoirs de tutelle ou de pure administration (1).

(1) V. LAFERRIÈRE, *De la juridiction administrative*, t. II, p. 372 et suiv., 383 et suiv., 392 et suiv. Cf AUCOC, *Droit administratif*, 3e édit., t. 1, p. 510 et suiv.

DEUXIÈME PARTIE

—

## ÉTUDE SPÉCIALE
DU DROIT DE JOUISSANCE QUI S'EXERCE SUR LES

# PARTS DE MARAIS

# CHAPITRE PREMIER

DÉFINITION DU DROIT AUX PARTS DE MARAIS ET CONDITIONS
D'APTITUDE REQUISES POUR POUVOIR L'ACQUÉRIR

## SECTION I

### NOTION DU DROIT A LA PART DE MARAIS

**65**. Les Édits, Lettres-patentes et Arrêts du Conseil
relatifs à la matière autorisent le portionnaire à user et à
jouir, sous certaines conditions, de la part dont il est régulièrement possesseur. Ce droit de jouissance spécial, établi par les dispositions législatives précitées, constitue un
véritable démembrement de la propriété communale. C'est
un droit *sui generis*, réel, immobilier (1), indivisible, sur
la chose d'autrui. Le lot, quand il est héréditaire, ne peut

(1) V. Clément, *Études pratiques sur l'usufruit*, etc., n° 126,
p. 220. Cons. de Préf. du Nord, 5 mai 1879, *com. de Roost-Warendin*,
*Pinquet* (Rec. de jurisp. de MM. Garnier et Dauvert, 1880, p. 223.
Cons. de Préf. du Pas-de-Calais, 27 mai 1879, *Leloir*. 9 juin 1883,
*com. de Drouvin*, *Lagrenée* (Rec. de MM. G. et D. 1886, p. 103).
18 juillet 1884, *com. de Vitry*. Cons. d'Etat, 19 novembre 1886,
*com. de Vitry*, *Castille*. Leb. p. 797, visas et notes 1 et 3. Cons. de
Préf. du Pas-de-Calais, *com. de Plouvain*, *Waterlot* (Rec. de MM. G.
et D. 1887, p. 50).

être attribué pour partie à chacun des enfants de l'apportionné, car, aux termes mêmes des édits, les parts sont indivisibles et inaliénables. S'il peut jouir et user, avoir l'*usus* et le *fructus*, l'habitant alloti ne saurait aliéner, disposer, avoir l'*abusus* du lot qu'il détient et dont la nue propriété appartient à la commune.

Droit viager en Flandre, héréditaire en Lorraine, en Bourgogne et en Artois, il constitue, dans cette dernière province, « une sorte de majorat perpétuel au profit de « l'aîné des mâles ou à défaut de mâles, au profit de « l'aînée des femelles (1) ».

En Flandre ce droit innommé, viager, paraîtrait se rapprocher de l'usufruit. M. Legrand estime même que cette jouissance « a bien le caractère de l'usufruit tel que notre Code civil le détermine (2). »

Mais sa transmissibilité, dans les autres provinces, interdit une assimilation complète entre le droit de jouissance qui nous occupe et l'usufruit ou l'usage « dont il emprunte certains caractères. »

Ce n'est pas un usufruit, car l'usufruit cesse au décès de l'usufruitier; de plus, à la différence du portionnaire, l'usufruitier peut disposer entre-vifs du droit viager qu'il possède.

---

(1) V. LE GENTIL, *Traité historique, théorique et pratique de la législation des portions communales ou ménagères*, p. 378. CLÉMENT, *Études sur le Droit rural, civil, commercial, administratif et pénal, sur les anciens usages qui sont encore appliqués*, et l'ouvrage de M. PASSEZ sur *Les portions ménagères et communales*, p. 35. *(Revue générale d'administration*, 1888, p. 411 et 412). Cf. Cons. de Préfecture du Pas-de-Calais, 18 juillet 1884, *com. de Vitry*.

(2) V. LEGRAND, *Législation des portions ménagères*, p. 29.

En troisième lieu, les baux que l'apportionné aurait consentis, pour quelque durée que ce fût, prennent fin par sa mort (1) tandis qu'il n'en est pas ainsi pour les baux de neuf ans faits par l'usufruitier.

Enfin, contrairement à l'usufruit, ce droit est insaisissable.

On ne saurait voir davantage, dans le droit du titulaire d'une part de marais, un véritable droit d'usage, puisque l'usager ne peut prendre que la quantité de fruits nécessaire à ses besoins ou à ceux de sa famille, tandis qu'aucune restriction semblable n'a été édictée dans la matière qui nous occupe. Il faut ajouter que le portionnaire peut céder à bail son droit de jouissance, ce qui est interdit à l'usager.

Au point de vue du fisc, les concessions du droit que nous étudions sont assimilées aux baux à long terme. C'est, en effet, de l'emphytéose que se rapproche le plus le droit aux parts de marais (2). Cependant, il est à noter que la jurisprudence constante du Conseil d'État défend aux communes d'imposer une redevance aux détenteurs de parts, alors que le paiement d'une redevance est une obligation essentielle imposée à l'emphytéote. De plus, à la différence de ce dernier, le portionnaire ne peut aliéner son droit par vente ou échange, même à la condition que les contrats passés par lui soient résolus à l'expiration du temps fixé pour la durée de son droit (3).

---

(1) A moins toutefois que le nouveau titulaire de la part ne soit un des descendants du défunt. V. *infrà*, p. 160. V. Le Gentil, *op. cit.*, p. 383.

(2) V. *Revue générale d'administration*, 1887, p. 312 et suiv.

(3) Sur les différences entre le droit du portionnaire, de l'usager

## SECTION II

CONDITIONS D'APTITUDE REQUISES POUR POUVOIR ACQUÉRIR LE DROIT
AUX PARTS DE MARAIS

### § I. — Conditions de nationalité et de nativité

### I. — *Condition de nationalité*

**66.** Il est admis, nous l'avons vu (1), que, pour participer
aux jouissances communales, il faut être Français ou autorisé, si l'on est étranger, à établir son domicile en France,
à moins que l'on puisse invoquer le privilège de la réciprocité diplomatique. La question qui se pose immédiatement est celle de savoir si, dans le silence de la législation
spéciale sur ce point, aucun principe ne s'oppose à l'application de la règle générale.

La raison de douter est la suivante : l'aspirant peut
être appelé à la part de marais, dans certains cas que

---

et de l'emphytéote, voir l'arrêt du Cons. de Préfecture du Pas-de-Calais
du 18 septembre 1886. *Déprez, Try-Dufour, Virel et V*ve *Housiaux*,
rapporté dans le Recueil de jurisprudence de M. LECESNE et dans la
*Revue générale d'administration*, 1887, 1, p. 311 et suiv. Cf. Cons.
de Préfecture du Pas-de-Calais. 14 décembre 1863, *Capron*. 29 juin
1875, *Bascops*. 27 mai 1879, *Leloir*. 15 et 20 novembre 1883, *com.
d'Auchy-les-Labassée, Démolin*. 26 juin 1886, *com. d'Harnes*.

(1) V. *Suprà*, p. 64.

nous examinerons plus loin, à titre d'héritier *ab intestat* ou testamentaire de l'ancien titulaire prédécédé. Or, comme on le sait, en matière de succession, les étrangers ont reçu de la loi du 14 juillet 1819 la même capacité que les Français.

A notre avis, il y a donc lieu de distinguer si l'aspirant qui demande une part prétend y avoir droit *jure proprio*, c'est-à-dire comme plus ancien aspirant ou, au contraire, s'il y vient comme héritier d'un titulaire prédécédé.

Dans le premier cas, rien ne s'oppose à l'application de la règle générale ; on exigera donc de l'aspirant la qualité de Français.

S'agit-il au contraire d'une personne qui vient *jure hœreditario* réclamer la part de son auteur prédécédé, nous estimons qu'il y a lieu de la lui accorder, sans exiger d'elle la condition de nationalité, qualité qu'elle peut avoir perdu, par exemple si c'est une femme, par son mariage avec un étranger. Le droit dont elle réclame l'exercice est en effet un véritable droit successoral (1).

Parmi ceux qui ont écrit sur la matière, M. Legrand est le seul qui semble indiquer cette distinction. « C'est toujours avec raison, dit-il (2), qu'un héritier d'une portion ménagère..... bien qu'étranger, viendra réclamer son droit à succéder..... s'il invoque la loi du 14 juillet 1819 qui a admis les étrangers à succéder de la même manière que les Français dans toute l'étendue du territoire de l'État. »

Les autres auteurs ont admis qu'il y avait lieu d'accor-

---

(1) V. en sens contraire l'arrêté du Conseil de préfecture du Pas-de-Calais du 27 novembre 1884. *com. de Vitry, Duflos.*

(2) V. LEGRAND, *op. cit.*, p. 60. — Cf., p. 56.

der aux étrangers la jouissance des portions ménagères
*dans tous les cas* et sans distinguer s'ils viennent *jure
proprio* ou *jure hæreditario*. Au mauvais argument de
texte qu'on serait tenté de tirer contre eux de la loi du
10 juin 1793, disposant (art. 1, 2 et 4 de la sect. II) que les
habitants « et par là il faut entendre les citoyens français »
auront seuls droit aux partages, ils répondent victorieusement : « Peu importe, dit M. Passez, que pour le partage
par tête, pour le partage *des propriétés* des communaux, la loi de 1793 ait exigé la qualité de citoyen. Les
législations spéciales sont seules ici en jeu et n'ont rien à
emprunter à la loi de 1793.... qui en droit a cessé de les
toucher depuis qu'elle a été formellement abrogée à leur
égard (1) ».

Il est bien certain, et nous le reconnaissons volontiers,
que la loi de 1793, exigeant la qualité de citoyen de
ceux qui demandaient à être admis au partage de la *propriété* des communaux, ne saurait aucunement s'appliquer
dans l'espèce. Il s'agit, en effet, d'un partage de *jouissance* antérieur à la loi du 14 août 1792 sur le partage de
la propriété des communaux et au décret de 1793 indiquant
les conditions générales d'application du partage. Or,
jusqu'à l'an XIII, il est aujourd'hui démontré que le législateur ne s'était pas occupé de la situation des habitants
qui avaient gardé en fait le mode de jouissance antérieur à
1792. Ce n'est que le 9 brumaire an XIII qu'intervint un
décret portant que les habitants continueraient à jouir
comme auparavant de leurs communaux. Mais nous nous

(1) V. M. Passez, *op. cit.*, p. 40 et *Revue générale d'administration*,
1888, p. 416. Cf. Le Gentil, *op. cit.*, p. 412 à 429. Clément, *Droit
rural*, no 200, p. 379 , et *de l'usufruit*, no 158, p. 254.

demandons comment les législations spéciales ont été invoquées en faveur des étrangers.

Ni leur texte, car aucune des dispositions des édits, lettres-patentes ou arrêts du Conseil ne prévoit le cas, ni leur esprit même, puisqu'elles ont été rendues à une époque où l'étranger n'était pas encore relevé de l'incapacité de succéder ou de recevoir, ne permettent d'accorder aux étrangers la participation aux jouissances communales.

Il convient d'ajouter que la doctrine adoptée par les auteurs que nous avons cités, n'apporte aucun argument à l'encontre de l'opinion généralement admise que les étrangers n'ont en France que la jouissance des droits du *jus gentium* (1).

Dans un sens tout opposé à celui des auteurs, le Conseil d'Etat, dès 1845, avait décidé que *tout* aspirant aux parts de marais devait posséder la qualité de Français (2). Les Conseils de préfecture du Nord et du Pas-de-Calais ont, dans de forts nombreux arrêtés, adopté cette jurisprudence (3).

(1) V. *Suprà*, p. 6'.

(2) V. Conseil d'État, 13 décembre 1845. *Savedra c. Warnier*. Leb., p. 535 et les observations du ministre.

(3) Cons. de Préf. du Nord, 6 février 1884, *com. d'Annœullin, Parsy, Desobry*, sol. impl. (GARNIER et DAUVERT. Jur. gén. des Cons. de Préf., 1884, p. 245.

Cons. de Préf. du Pas-de-Calais, 22 juin 1866. 1er juillet 1872, *com. d'Haisnes, Laurent*. 19 novembre 1872, *com. d'Haisnes, Delattre*. 28 août 1880, *com. de Biache-St-Vaast, Hinaut*, et 19 juin 1880, *Leblanc et consorts c. ville de Lens*. (Rec. de Jur. des Cons. de Préf. de MM. GARNIER et DAUVERT, 1881, p 108). 4 mars 1894, *com. de Meurchin, Descamps*.

La jurisprudence du Cons. de Préf. du Pas-de-Calais est rapportée

Les solutions consacrées par les tribunaux administratifs nous semblent également trop absolues.

Nous leur reprochons, d'abord, d'écarter dans tous les cas, les étrangers des jouissances ménagères, même lorsqu'il y a lieu de leur appliquer le bénéfice de la loi du 14 juillet 1819. De plus, et cela quand ils refusent à juste titre aux étrangers le droit aux parts de marais, leurs décisions sont basées sur des motifs inexacts ou sur des déductions peu probantes.

Les Conseils de préfecture ont soutenu, en effet (1), que la jouissance des parts ménagères devait être réservée aux seuls nationaux en vertu :

1° Des articles 1, 2 et 4 (sect. 2) de la loi du 10 juin 1793. Or, nous croyons avoir démontré que ces dispositions étaient inapplicables à la matière ;

2° Des termes mêmes des édits, lettres-patentes, et arrêts du Conseil qui réservent la jouissance des parts de marais aux « habitants » ou aux « plus anciens domiciliés ». Mais ils ont oublié de prouver que par les mots *habitants* ou *anciens domiciliés,* il fallait entendre les citoyens français ;

3° Du silence même de l'ancienne jurisprudence sur ce point. « La question de l'admission des nationaux étran- « gers à la jouissance des parts de marais, porte l'arrêté « du 19 juin 1880, ne s'est même pas présentée sous l'an- « cien droit, tant elle paraissait résolue en faveur des

dans le Recueil de M. Lecesne et l'arrêté du 19 juin 1880 est égale- ment cité *in extenso* par MM. Garnier et Dauvert. *Jur. gén.*, 1881, p. 108.

(1) V. notamment l'arrêté du Conseil de préfecture du Pas-de-Calais du 19 juin 1885.

« nationaux français. » Nous n'insisterons pas sur la
faiblesse d'un tel argument, lorsqu'il est facile de faire
remarquer que la condition des étrangers, si précaire
sous l'ancien régime, a été réglée dans un sens beaucoup
portions ouplus favorable par le législateur, depuis 1790.

En résumé, nous estimons que, pour être admis aux
parts de marais *comme ancien aspirant* il faut être Français, condition qui, en vertu de la loi de 1819, ne saurait
être requise de ceux qui viennent *jure hœreditario* à la
succession de la part de leur auteur.

## II. — *Condition de nativité*

**67.** Pour éviter que les habitants des localités voisines
ne vinssent affluer dans les communes qui possédaient
des parts de marais, la législation relative à la *Flandre*
édicta une condition spéciale : la condition de nativité.

Il fallait, pour être admis à la jouissance des portions
ménagères, être né dans la commune propriétaire desdites
portions ou avoir épousé une fille ou veuve qui y fût née.

Cette disposition présente, suivant M. Legrand (1), un
avantage moral en resserrant le lien de famille, en rat-
tachant l'habitant à la commune « par l'attrait d'un avan-
« tage éventuel pour le fils qui doit naître. »

**68.** — En 1813, la condition de nativité parut une
sorte de privilège incompatible avec l'esprit d'égalité entre
les citoyens, qui a inspiré nos lois modernes ; aussi le

(1) *Op. cit.*, p. 24.

préfet du Nord crut-il devoir l'abolir, de sa propre autorité, par arrêté du 20 juillet 1813. Toutefois, cet acte
administratif substituait « au privilège » de nativité une
autre condition : il fallait désormais, pour obtenir une
portion ménagère, être inscrit au rôle des contributions
dans la commune.

Cette condition qui, sous prétexte d'égalité, excluait en
fait de la jouissance des parts de marais les indigents,
c'est-à-dire ceux qui en avaient précisément le plus grand
besoin pour soulager leur misère, allait ainsi manifestement contre l'esprit des Lettres-patentes. La disposition qui
l'ordonnait ne fut pas d'ailleurs reproduite par l'arrêté
préfectoral de 1830 réglementant à nouveau la matière.
La condition de nativité prétendûment abolie par l'acte
administratif de 1813, dont l'illégalité ne fait aujourd'hui
de doute pour personne, est donc encore exigible en
Flandre.

**69.** Il est à remarquer qu'elle n'est pas requise
chez les desservants qui remplissent d'ailleurs les autres
conditions d'aspirance. Ils en ont été dispensés en 1784
par des Lettres royales rendues pour interpréter celles de
1777, en considération de ce que leurs fonctions mêmes
les exposaient, d'une part, à des changements de résidence
à la suite desquels il était bien rare qu'ils se trouvassent
nommés dans la paroisse où ils étaient nés, et leur inter-
disaient, d'autre part, tout mariage avec une femme ou
fille de la commune (1).

_____

(1) V. sur cette question Le Gentil, *op. cit.*, p. 430.

## § II. — Autres conditions de capacité

### I. — *Habitation et résidence*

*Généralités*

**70.** On a vu (1) que les aspirants aux biens communaux en général devaient avoir feu et ménage séparés, c'est-à-dire posséder une habitation garnie des meubles et ustensiles nécessaires à la vie et y résider comme chefs de ménage. Ces conditions sont également requises par les actes royaux qui forment la législation des parts de marais (2).

Comme les tribunaux administratifs jouissent d'un pou-

(1) V. *Suprà*, p. 69 et suiv.

(2) Cons. de Préf. du Pas-de-Calais. 13 mai 1871, *com. de Vitry*. 19 juin 1871, *com. de Biache-Saint-Vaast, com. d'Évin-Malmaison*. 26 juin 1871, *com. de Biache-Vaast*. 26 juillet 1871, *com. de Pelves*. 25 août 1871, *com. de Vitry*. 22 septembre 1871, *com. de Pelves, com. de Plouvain*. 13 novembre 1872, *com. d'Annay, Druon*. 14 mai 1877, *com. de Vitry, Lengrand*. 20 juin 1877, *com. de Biache-Saint-Vaast, Capron*. 11 mars 1882, *com. d'Évin-Malmaison, Cliquet*. 13 juillet 1882, *com. d'Harnes, Derache*. 30 octobre 1882 *com. de Pelves, Fourny*. 27 juin 1885 *com. de Noyelles-sous-Lens, Mercier*. 24 juillet 1890, *com. de Meurchin, Lohez*. 14 février 1891, *com. de Vitry, Dessaint*. 18 juillet 1891, *com. de Fampoux, Lefebvre*. 1er août 1891, *com. de Meurchin, Lequesne*. 12 avril 1893, *com. de Biache-St-Vaast, Dugauguez*. 15 juillet 1893, *com. d'Harnes, Delattre*. 19 juillet 1893, *com. d'Auchy-les-la-Bassée, Dumez*.

voir souverain d'appréciation sur les éléments complexes
qui constituent l'habitation sérieuse, la résidence effective
ou la qualité de chef de ménage, nous prendrons parmi
leurs décisions celles qui semblent devoir former jurisprudence sur chacun de ces points.

### a) *De l'habitation*

**71.** Par le mot « habitation », il faut entendre la
demeure actuellement garnie des meubles indispensables
aux besoins de la vie que l'aspirant possède dans la
commune, soit comme propriétaire, soit même comme
locataire (1).

Celui qui n'aurait, dit Legrand (2), qu'un « simulacre
« d'habitation garni d'un fantôme de mobilier, » ne pourrait aspirer à la jouissance d'une portion ménagère.

Un « fournil » qui se trouve dans des conditions im-
propres à tout séjour ne peut être qualifié de chambre à
coucher et encore moins de maison où l'on puisse entretenir un feu séparé (3). Mais si les juges exigent que
l'aspirant ait une véritable habitation, ils ne lui deman-

---

(1) CLÉMENT, *Droit rural*, n° 200, p. 380. M. PASSEZ, *op. cit.*, p. 37 et
*Rev. gén. d'admin.*, 1888, p. 413.

Cf. Guéret, 19 avril 1877, *com. d'Ahun, Jean-Nicolas*. D. 78, 3, 47.
Cons. de Préfecture du Pas-de-Calais. 28 août 1880, *com. de Pelves,
Boulanger*. 26 mars 1889, *com. de Drouvin, Lefebvre*. 1er mai 1890,
*com. de Noyelles-sous-Lens, Jacquart*. 31 mai 1890. *com. de Plouvain, Grodecœur*.

(2) LEGRAND. *Op. cit.*, p. 20.

(3) V. les arrêtés du Cons. de Préf. du Pas-de-Calais. des 18 février
1873, *com. d'Evin-Malmaison, Deshuis*. 25 février 1873, *com. de
Biache-St-Vaast, Viseur*. 30 juillet 1873, *com. d'Annay, Demailly*

dent pas d'avoir une maison tout entière. C'est ainsi que, dans un arrêté de 1868, le Conseil de préfecture du Pas-de-Calais a décidé qu'une chambre complètement séparée et dans laquelle l'aspirant se fait apporter sa nourriture, constitue une habitation suffisante (1). Deux logements séparés peuvent cependant n'avoir qu'une sortie commune et n'en forment pas moins deux habitations distinctes (2) ; la maison qui contient plusieurs pièces, mais où il n'y a qu'une seule chambre à coucher ne saurait toutefois compter que pour *une* habitation (3).

b) *De la résidence*

**72.** Quoique le texte des législations spéciales réserve la jouissance des parts de marais aux habitants « domiciliés dans le lieu », tout le monde est d'accord pour reconnaître qu'il ne s'agit pas ici du domicile tel qu'il est organisé par les articles 102 et suivants du Code civil (4).

*et Largillière.* 23 août 1873, *com. de Biache-Saint-Vaast, Courtin.* 15 novembre 1893, *com. d'Evin-Malmaison, Delseaux.* 1er juin 1894, *Demoiselle Reymbaut.*

(1) Cons. de Préf. du Pas-de-Calais. 31 juillet 1868, *com. de Biache-St-Vaast, Blanchet.*

(2) Cons. de Préfecture du Pas-de-Calais. 31 juillet 1894, *com. de Montigny-en-Gohelle, Delporte.*

(3) Cons. de Préf. du Pas-de-Calais, 25 août 1887, *com. de Monti-gny-en-Gohelle, Rambaud.*

(4) V. CLÉMENT, *Droit rural,* n° 200, p. 379, *De l'usufruit,* etc., n° 145, p. 239, et M. PASSEZ, *op. cit.,* p. 37 et *Rev. gén. d'admin.,* année

**73.** Les instituteurs, gendarmes, douaniers et autres perrsonnes dont les fonctions sont temporaires et révocables pourront donc être admises à la jouissance ménagère sans manifester, aux termes de l'article 105 du Code civil, l'intention de fixer leur domicile dans la commune où elles sont envoyées, si elles remplissent les autres conditions, et notamment si elles y résident en fait.

**74.** Les desservants s'étaient vu refuser par quelques municipalités le droit de participer aux jouissances des parts de marais sous le prétexte que le caractère temporaire de leur résidence dans la commune s'opposait à ce qu'ils fussent considérés comme de véritables habitants au sens des actes réglementaires.

La question a été portée devant les Conseils de préfecture du Nord et du Pas-de-Calais qui l'ont tranchée en faveur des desservants.

En Flandre, aucune hésitation n'était possible puisqu'un Arrêt du Conseil d'État du Roi, rendu le 13 mai 1784 pour interpréter l'art. 10 des lettres-patentes applicables à cette province, décidait que les curés, vicaires ou bénéficiers « doivent avoir le même droit que les habitants du lieu aux portions ménagères ».

Quoique les textes relatifs aux autres provinces soient muets sur ce point, quel sérieux argument pourrait-on faire valoir pour écarter le curé de la liste des aspirants ? N'est-il pas, en effet, au même titre que l'un quelconque

---

1888, p. 443. Jg Cons. de Préf. du Pas-de-Calais. 27 novembre 1868, *com. de Vitry. Lefebvre.* 11 mars 1882, *com. d'Evin-Malmaison, Cliquet.* 13 juillet 1882, *com. d'Harnes, Derache.* 30 octobre 1882, *com. de Pelves, Fourny.* 27 juin 1885, *com. de Noyelles-sous-Lens, Mercier.*

de ses paroissiens, un habitant de la commune s'il y
réside en fait (1) ?

**75.** La résidence effective est exigée en principe (2) et
elle doit être habituelle sinon ininterrompue.

**76.** La jurisprudence a cependant dispensé de l'obligation de résidence certains aspirants placés dans des
situations de fait ou de droit tout à fait spéciales.
Ainsi lorsqu'un mari se trouve, par suite de maladie,
dans l'impossibilité actuelle et matérielle d'aller rejoindre sa
femme qui est venue résider dans la commune où s'est
ouvert pour elle un droit héréditaire à un lot, il serait
fort rigoureux de priver le ménage de la part qu'il est
appelé à recueillir, sous le prétexte que son chef ne peut
être envoyé en possession au nom de sa femme puisqu'il
ne réside pas avec elle. Dans ce cas, la simple déclaration
du mari qu'il entend s'établir définitivement dans la commune où sa femme est venue se fixer, suffit pour que celui-
ci soit censé y résider en fait. Le ménage tenu par la
femme non séparée de son mari doit être considéré comme
dirigé par le mari lui-même (3).

Le mineur non émancipé qui, légalement, n'a pas de
domicile distinct de celui de son tuteur, est censé remplir
la condition de résidence, sans qu'il y ait lieu de considé-

---

(1) V. sur cette question LE GENTIL, *op. cit.*, p. 431. Cf. En ce sens,
Cons. de Préf. du Pas-de-Calais. 7 août 1880, *com. de Pelves,
Macquer*.

(2) V. LEGRAND, *op. cit.*, p. 18. CLÉMENT, *Droit rural*, n° 200, p. 379.
Cf. Cons. de Préfecture du Pas-de-Calais, 28 août 1880, *com. de
Pelves, Boulanger*.

(3) Cons. de Préfecture du Pas-de-Calais. 24 avril 1886, *com. d'Annay, Bouchez*. 30 juin 1888, *com. de Loison, Caron*.

rer si ledit tuteur l'a envoyé ou non séjourner dans une
autre commune. A partir du jour où le mineur est émancipé ou devient majeur, il doit toutefois justifier, dans
un délai moral « suffisant », qu'il remplit la condition de
résidence effective dans la commune (1).

La femme mariée, sauf quand elle est séparée de corps
ou divorcée, ou quand encore elle a obtenu un jugement
de déclaration d'absence ou d'interdiction contre son mari,
est réputée habiter avec lui (art. 214 du C. civ.). Son absence délictueuse du domicile conjugal ne pourrait donc
faire que le mari ne recueillît pas, au nom de sa femme, la
part qui lui reviendrait de droit, ou ne continuât pas à
posséder, en qualité d'administrateur légal des biens de sa
femme, le lot dont elle était déjà pourvue (2).

Puisque la femme est toujours censée résider dans le
lieu où habite son mari (3), le Conseil de préfecture du
Pas-de-Calais a décidé que la femme dont le mari habite
une ville voisine de la commune où est établi son père,

---

(1) Cons. de Préfecture du Pas-de-Calais, 5 et 28 juillet 1871, *com.
de Biache-St-Vaast.* 22 septembre 1871, *com. de Plouvain.* 18 février 1873, *com. d'Evin-Malmaison, Deshuis.* 16 mars 1874, *com.
d'Evin-Malmaison, Lesecq.* 10 avril 1879, *com. de Biache-St-Vaast,
Lecerf.* 9 novembre 1881, *com. d'Haisnes, Descamps.* 21 décembre
1881, *com. d'Haisnes, Descamps.* 26 août et 30 octobre 1886, *com.
d'Annay, Carrette.* (*Rec. de jurisp. des Cons. de Préf.* de MM. Garnier et Dauvert, 1888, p. 134 et 214). 3 novembre 1889, *com. de Biache-
St-Vaast, Ponce.* Cf. 14 février 1891, *com. de Vitry, Dessaint,* et
10 mars 1891, *com. de Loison, Delambre.*

(2) Cons. de Préfecture du Pas-de-Calais, 1er août 1877, *com. de
Noyelles-sous-Lens, Wantiez.*

(3) Cons. de Préfecture du Pas-de-Calais, 6 avril 1873, *com. d'Annay,
Leroy* et 13 juillet 1882, *com. d'Harnes, Derache.*

ne peut, malgré son séjour de fait dans cette commune, venir, au décès de ce dernier, recueillir la part qu'il détenait de son vivant (1).

Les habitants qui sont maîtres de se fixer où ils l'entendent, sont également dispensés, dans certains cas déterminés, de l'obligation de la résidence effective et habituelle. Doit être, par exemple, considéré comme résidant habituellement dans la commune, celui dont l'absence est justifiée par des nécessités pratiques ou accompagnée de circonstances de nature à assigner à cette absence un caractère temporaire et à faire croire à la persistance de l'esprit de retour. Il faut d'ailleurs que l'ensemble des faits démontre que celui qui a quitté momentanément sa commune n'a pas perdu l'intention d'y revenir.

Sont censés avoir gardé l'esprit de retour les habitants que leur état de maladie a obligés de quitter la commune pour se faire admettre temporairement dans un établissement d'assistance publique, afin de recevoir les soins que comporte leur état, surtout quand ils ont conservé dans la commune une habitation séparée et ont continué à y payer leurs contributions (2).

Il en est de même des habitants qui font une absence momentanée, justifiée par l'obligation de chercher du tra-

(1) Cons. de Préfecture du Pas-de-Calais, 6 avril 1873, *com. d'Annay, Leroy*.

(2) Cons. de Préfecture du Pas-de-Calais. 13 mars 1868, *com. de Vitry, Leconte*. 4 juin 1869, *com. de Vitry, Leconte*. 18 janvier 1879, *com. d'Eleu dit Leauwette, Lalou*. 18 juillet 1891, *com. d'Harnes, Martin*. Cf. 12 février 1892, *com. de Biache-Saint-Vaast, Nicolas* (*Rec. de* MM. GARNIER et DAUVERT, 1892, p. 193).

vail ou de se créer des ressources. Par exemple, on considère que l'apportionné qui a quitté la commune pour se placer comme domestique et garde néanmoins dans la commune une habitation, continuant à y payer les différentes contributions, ne réside chez ses patrons qu'à titre temporaire et toujours révocable et ne doit donc pas être présumé avoir perdu l'esprit de retour (1).

Est encore censé avoir gardé le même esprit, le portionnaire qui, manquant de travail, est allé s'engager comme ouvrier dans une usine située sur le territoire d'une commune avoisinante et loger même dans les dépendances de ladite usine, surtout s'il revient dans sa commune d'origine pour y cultiver sa part, et s'il y conserve une chambre séparée alors même que celle-ci serait louée par lui pendant son absence (2).

On a étendu la présomption bienveillante de la permanence de l'esprit de retour :

A l'habitant dont l'absence est motivée par la nécessité de suivre des cours de médecine, jusqu'à ce qu'il soit prouvé que cette absence est définitive (3) ;

Au portionnaire qui a été habiter une maison sise sur les confins de son ancienne commune, quoique sur un

---

(1) Cons. de Préfecture du Pas-de-Calais. 31 juillet 1894, *com. de Montigny-en-Gohelle, V$^{ve}$ Grard.*

(2) Cons. de Préfecture du Pas-de-Calais. 28 août 1880, *com. d'Annay, Demarquette.*

Cf. 13 juillet 1887, *com. de Meurchin, Ego.* 18 mai 1889, *com. d'Evin-Malmaison, Dujardin.* 1$^{er}$ mai 1890, *com. de Noyelles-sous-Lens, Jacquart.*

(3) Cons. de Préfecture du Pas-de-Calais. 9 juillet 1890, *com. d'Harnes, Mélantois.*

territoire limitrophe, pourvu qu'il revienne fréquemment dans la commune où est situé son lot, surtout s'il y a gardé ses droits électoraux (1);

Enfin, au mari qui a quitté le domicile conjugal sans prendre ailleurs un véritable établissement.

On fait remarquer que ce dernier garde toujours légalement le droit de rentrer à son foyer et on conserve à la femme qui a continué à résider dans la commune, la possession de la part dont elle était allotie, en se basant sur ce qu'il serait contraire à l'équité de permettre au mari de priver sans motif, par sa seule disparition, sa femme et ses enfants du droit à la part de marais (2).

**77.** La justification, par le portionnaire, qu'il remplit la condition de résidence, peut être faite par tous les moyens de nature à l'établir. Elle n'est pas subordonnée à des conditions spéciales et notamment à l'inscription au rôle de l'une des contributions ou sur les listes électorales (3).

Indépendamment des circonstances de fait que le portionnaire peut invoquer pour prétendre qu'il a conservé l'esprit de retour, il a un moyen fort simple d'en fournir la preuve évidente. Avant de s'absenter pour un motif sérieux il fera, devant le maire, une déclaration indiquant son intention de garder l'habitation séparée qu'il possède

---

(1) Cons. de Préfecture du Pas-de-Calais. 13 février 1886, *com. d'Haisnes, Scarline.*

(2) Cons. de Préfecture du Pas-de-Calais, 13 juillet 1882, *com. d'Harnes, Derache.*

(3) Cons. de Préfecture du Pas-de-Calais, 31 juillet 1890, *com. de Biache-St-Vaast, Capron.*

dans la commune. Si la réalité est conforme aux déclarations de l'habitant, tous ses droits lui seront conservés (1).

**78.** Les soldats sous les drapeaux sont dispensés de faire la preuve qu'ils ont gardé l'esprit de retour. En effet, leur absence de la commune est obligatoire et, jusqu'à l'expiration de leur temps de service, il ne dépend pas de leur volonté de revenir dans leurs foyers. On peut donc supposer que leur intention est de revenir dans leur pays dès qu'ils le pourront.

La présomption admise en faveur des soldats ne s'applique pas à ceux qui ont embrassé le métier des armes, par exemple, aux rengagés ou aux élèves des écoles militaires préparatoires qui se destinent à entrer, comme officiers, dans l'armée. Ces aspirants se trouvent dans la même position que si, pour l'exercice d'une toute autre profession, ils avaient abandonné définitivement leur ancienne résidence (2).

Cette faveur n'est pas étendue davantage aux membres de l'enseignement qui ont contracté un engagement décennal, puisqu'ils sont précisément dispensés du service

---

(1) V. LEGRAND, *op. cit.*, p. 20 et suiv., et LE GENTIL, *op. cit.*, p. 391. Cf. les arrêtés du Cons. de Préf. du Nord des 12 avril 1842, *com. de Vred, Baisieux*, 8 novembre 1844, *com. de Lauwin-Planque, Duchamp*, cités par LEGRAND, et les arrêtés du Cons. de Préfecture du Pas-de-Calais du 19 novembre 1872, *com. d'Harnes, Delattre*. (Cette décision est fondée sur un argument d'analogie de motifs tiré de l'art. 9, sect. 10, de la loi du 10 juin 1793) et du 18 juillet 1891, *com. de Vitry, Mortreux*.

(2) V. LE GENTIL, *op. cit.*, p. 392. Cf. Cons. de Préfecture du Pas-de-Calais, 27 avril 1872, *com. de Vitry, Caridroit*. 25 mai 1875, *com. d'Evin-Malmaison, Butruille*.

militaire par la carrière qu'ils ont choisie (1). Elle est également refusée aux déserteurs qui se sont soustraits volontairement à l'obligation de résider à la caserne (2).

## II. — *Feu et ménage séparé*

**79.** Suivant la règle générale, en matière de communaux et aux termes des législations spéciales aux parts de marais, pour être admis à la jouissance de ces biens, il ne suffit pas d'avoir dans la commune une habitation où on réside habituellement, il faut encore être chef d'un feu et ménage séparé (3). Comme on l'a vu (4), l'égalité entre les feux ou ménages est en effet de l'essence du partage qui nous occupe ; on ne saurait, par suite, en vertu du principe de la *prohibition du cumul*, attribuer à chacun de ces ménages plus d'un lot des propriétés communales. Il faut ajouter que, vu le caractère indivisible reconnu par les édits, lettres-patentes et arrêts du Conseil à la portion ménagère, celle-ci ne pouvait être attribuée au ménage

(1) Cons. de Préfecture du Pas-de-Calais, 25 mai 1875, *com. dEvin-Malmaison, Butruille.*

(2) Cons. de Préfecture du Pas-de-Calais, 3 décembre 1893, *com. de Biache-St-Vaast, Nicolas* (Rec. de MM. Garnier et Dauvert, 1894, p. 105).

(3) V. l'Ordonnance des Etats d'Artois du 9 février 1785.
Cf. Cons. de Préfecture du Pas-de-Calais. 7 août 1880, *com. de Pelves, Macquer.*

(4) V. *Suprà*, p. 77.

lui-même, c'est-à-dire à plusieurs personnes vivant en
commun ; rien n'était donc plus naturel qu'on choisît le
chef de ce ménage pour lui attribuer le lot communal.

On a indiqué plus haut (1) ce qu'il fallait entendre
par les mots *ménage* et *chef de ménage* ; on a mon-
tré que le ménage pouvait s'entendre de toute réunion
de plusieurs individus qui mènent une existence domestique commune, c'est-à-dire mangent à la même table et
couchent sous le même toit, sans distinction de sexe et
d'état de célibat ou de mariage (2). Il nous reste à signaler les principales applications à la pratique de ces défini-
tions.

**80.** La jurisprudence a décidé notamment que chacun
des enfants d'un habitant qui ont mené avec leur père une
existence commune, dans la même maison, pendant la vie
de ce dernier, et qui continuent à y résider en commun
après sa mort, ne peut prétendre qu'il a formé dans la
maison paternelle un ménage séparé par le seul fait qu'il

---

(1) V. *Suprà*, p. 71.

(2) Le Gentil. *Op. cit.*, p. 497, 510 et le jugement du tribunal de
Béthune (*Bouttemy c. Delattre*), cité par cet auteur à la p. 395.
Metz, *Decker c. com. de Fixem*, rapporté à la page 494 du même
ouvrage. Jg Cons. de Préfecture du Nord. 12 juin 1844. Cf. Cons.
de Préfecture du Pas-de-Calais. 14 juillet 1876, *com. d'Haisnes,
Demailly*. 18 février 1880, *com. de Meurchin, Lequesne et com.
de Meurchin, Désion*. 27 novembre 1884, *com. de Meurchin, Cadart*.
11 juin 1885, *com. d'Harnes, Lemière*. 1er mai 1888, *com. de
Drouvin, Lefebvre*. (Rec. de MM. Garnier et Dauvert, 1889, p. 185.)
1er août 1891, *com. de Meurchin, Lequesne*. 26 février 1894, *com.
d'Évin-Malmaison, Lesage*. 1er juin 1894, *com. de Plouvain,
Reymbaut*.

s'y est constitué une chambre spéciale en la divisant par des murs de refend (1).

Est chef de ménage l'habitant qui, en fait (2) ou en droit, a la direction de la « maison », de l'association dont il est le maître et qu'il gère en son nom personnel.

Ainsi un habitant qui accepte, chez lui, un de ses ascendants tombé en enfance et vit en communauté avec ce dernier est le véritable chef du ménage puisqu'il fait les achats, paie les provisions et se trouve obligé de prendre la direction de la maison (3).

De même, celui qui vit en communauté avec son père, devient chef de famille quand celui-ci lui cède la direction de l'exploitation agricole qu'il ne peut plus diriger à cause de son grand âge. C'est ce qui arrive également pour le fils qui reprend la direction de la maison à la suite de la mort de son père (4).

Il faut toutefois que cette cession soit effective ; il ne suffirait donc pas, pour qu'un habitant devienne chef de famille, que son auteur, avec lequel il vit en communauté, lui transmette une fraction de ses biens par un partage d'as-

(1) Cons. de Préfecture du Pas-de-Calais. 24 octobre 1888, *com. de Plouvain, Fouquet.*

(2) Cons. de Préfecture du Pas-de-Calais. 25 septembre 1878, *com. d'Harnes, Baillez.* 16 novembre 1881, *com. de Biache-St-Vaast, Olivier.*

(3) Cons. de Préfecture du Pas-de-Calais. 26 mars 1889, *com. d'Haisnes, Demailly.* (Rec. de MM. GARNIER et DAUVERT, 1889, p. 138). 27 novembre 1884, *com. de Meurchin, Cadart.*

(4) Cons. de Préfecture du Pas-de-Calais, 24 février 1877, *com. d'Annay, Desprez.* 28 janvier 1882, *com. de Rœux, Stévez.*

cendants fictif. Un tel partage n'a souvent d'autre but que
de soustraire celui qui le fait aux poursuites de ses créanciers, surtout si l'ascendant a gardé, en fait, la jouissance
prétendûment cédée à ses enfants (1).

Après avoir posé le principe que la direction de fait de
la « maison » est une condition essentielle à l'existence
de la qualité de chef de ménage, la jurisprudence a pu
en tirer les conséquences suivantes :

L'habitant qui n'est que pensionnaire d'un autre habitant
à la table duquel il vit et dont il est l'hôte, ne saurait être
considéré comme chef de ménage (2); il en est de même
du père de famille qui a reçu de ses fils procuration d'ad-
ministrer leurs biens et gère, *pour eux*, une ferme louée
*en leur nom*, où il n'est pas *chez lui* (3).

**81.** Toutefois les juges administratifs n'ont pas appli-
qué strictement, dans tous les cas, la règle qu'ils avaient
eux-mêmes posée. Parmi les nombreux tempéraments
qu'ils y ont apportés nous citerons notamment ceux admis.

1° En faveur de l'aspirant qui, en raison de son
grand âge et de ses infirmités est contraint d'aller chercher les soins de sa famille. S'il va demeurer chez

(1) Cons. de Préfecture du Pas-de-Calais, 19 août 1887, *com. de
Meurchin. Trédez.*

(2) Cons. de Préfecture du Pas-de-Calais, 8 novembre 1876, *com.
de Loison, Leclercq*. 27 novembre 1884, *com. de Meurchin, Cadart.*
Cons. d'État, 22 mai 1885, *com. de Sallau, Cerf.* Leb. p. 522.

Cf. Cons. de Préf. du Nord, 6 février 1884, *com. d'Annœullin,
Parsy, Desobry* (Rec. de MM. Garnier et Dauvert, 1884, p. 245.

(3) Cons. de Préfecture du Pas-de-Calais, 26 mars 1889, *com. de
Douvrin, Lefebvre.*

ses enfants qui habitent la commune, s'il y prend même ses repas, il ne sera pas considéré comme ayant perdu la qualité de chef de ménage vivant à feu séparé et ne se verra pas exposé ainsi à être privé éventuellement du droit au premier lot vacant qu'il a peut-être acquis par une longue suite d'années. L'habitant qui n'aura fait qu'un abandon temporaire de son ménage pour aller soigner ses parents infirmes conservera également ses droits d'aspirance (1).

2° En faveur du mineur non émancipé, qui a l'obligation légale de résider chez son tuteur avec lequel il habite le plus souvent. On l'a considéré néanmoins comme ayant un ménage séparé quand il s'agit de recueillir une part *jure hœreditario*; mais il n'en est pas ainsi, comme on le verra plus loin (2), pour le mineur qui prétend venir par droit d'ancienneté à la première part vacante. Ce n'est que du moment où ce dernier a, en fait, feu et ménage séparés, qu'il peut faire dater son ancienneté ménagère. Pourquoi la jurisprudence a-t-elle admis cette différence radicale entre les deux situations ? Rien ne saurait l'indiquer dans ses décisions.

Il faut ajouter que le tuteur ne saurait souffrir de la

_____

(1) Cons. de Préfecture du Pas-de-Calais, 18 octobre 1876, *com. d'Harnes, Deligne, Wacheux.* 21 mars 1885, *com. d'Harnes, Hette.* 13 juillet 1886, *com. de Noyelles-sous-Lens, Pollart.* 1er mars 1888, *com. de Drouvin, Lefebvre* (Rec. de MM. Garnier et Dauvert, 1889, p. 185). 28 juillet 1891, *com. de Plouvain, Debroy.*

Cf. Cons. de Préf. du Nord, 6 février 1884, *com. d'Annœullin, Parsy, Cuvellier.* (Rec. de de MM. G. et D., 1884, p. 246, et 1889, p. 185.

(2) V, *Infrà*, p. 144,

situation exceptionnelle faite à son pupille. Il gardera donc, de son côté, les droits d'aspirance qu'il pourrait posséder (1).

**82.** Nous signalons en passant ces cas où il peut y avoir deux chefs dans le même ménage, mais les solutions, toutes bienveillantes, admises en faveur des vieillards et des mineurs ne sauraient être étendues.

C'est ainsi que, dans l'hypothèse où deux habitants font ménage commun, ensemble, dans la même maison, on n'admettra pas qu'ils aient tous deux, en même temps, des droits d'aspirance. Si l'un d'eux est déjà alloti, il sera considéré comme chef du ménage, l'autre ne sera pas fondé à faire valoir ses droits d'aptitude, tant que durera la communauté (2).

**83.** Quand le ménage est formé par l'association conjugale, comme il est impossible, en vertu de la prohibition du cumul, d'accorder aux deux conjoints des droits égaux on est amené à rechercher quel est le chef du ménage.

Il faut à notre sens considérer l'homme, en vertu des principes d'autorité maritale et paternelle, comme ayant

---

(1) V. LE GENTIL. *Op. cit.*, p. 474. Cf. Cons. d'Etat. 12 mars 1846. *com. de Roost-Warendin, Devred c. Delaye*, Leb. p. 132, sol. impl. V. Cons. de Préfecture du Pas-de-Calais. 16 mars 1874, *com. d'Evin-Malmaison, Lesecq.* 9 novembre 1881, *com. d'Haisnes, Descamps.* 26 août 1886, *com. d'Annay, Carrette.* 3 novembre 1889, *com. de Biache-St-Vaast, Ponce.* 14 février 1891, *com. de Vitry, Dessaint.* 10 mars 1891, *com. de Loison, Delambre.*

(2) Cons. de Préfecture du Pas-de-Calais. 14 juillet 1876, *com. d'Haisnes, Demailly.* 18 février 1880, *com. de Meurchin, Desion.* 1er mars 1888, *com. de Drouvin, Lefebvre.* 1er août 1891, *com. de Meurchin, Lequesne.* 26 février 1894, *com. d'Evin-Malmaison, Lesage.* 1er juin 1894, *com. de Plouvain, Reymbaut.*

de droit la direction de la maison et du ménage à l'exclusion de la femme (1) qui, même séparée de biens, reste sous sa puissance (2). Ce n'est que du jour où elle cesse d'être soumise à l'autorité maritale, par suite de la prononciation du divorce ou par l'effet de la mort du mari, que la femme acquiert ou reprend la qualité de chef de ménage (3).

**84.** On peut prouver par tous moyens l'existence de la qualité de chef de ménage, mais cette preuve ne saurait dépendre du seul fait de l'inscription sur le rôle de la contribution personnelle-mobilière (4).

(1) V. CLÉMENT, *De l'usufruit*, etc., n° 144 *in fine*, p. 238. Cons. de Préfecture du Pas-de-Calais. 29 avril 1890, *com. d'Auchy-les-Labassée, Grébert. Contrà*, 10 janvier 1868, *com. d'Haisnes, Bacquart*, 9 juin 1883, *com. de Drouvin, Lagrenée*. (Rec. de MM. GARNIER et DAUVERT, 1886, p. 103).

(2) Cons. de Préfecture du Pas-de-Calais. 20 novembre 1868, *com. de Vitry, Lengrand, Nazé*. 11 décembre 1868, *com. de Vitry, Caridroit-Petit*. 7 février 1868, *com. de Vitry, Dessain*. 22 mai 1868, *com. d'Haisnes, Lebas*. 3 juillet 1868, *com. d'Haisnes, Lebas*. 4 septembre 1868, *com. de Vitry, Ponthieux*. 30 avril 1869, *com. de Vitry, Petit*. 11 juin 1869, *com. d'Auchy-les-Labassée, Ducroquet, Dubois*. 23 septembre 1872, *com. de Drouvin, Delcroix*.

(3) Cons. de Préfecture du Pas-de-Calais. 16 novembre 1881, *com. de Biache-St-Vaast, Olivier*. 18 mars 1882, *com. de Noyelles-sous-Lens, Dacheville*. 3 mai 1882, *com. de Biache-St-Vaast, Bétrémieu*.

(4) Cons. de Préfecture du Pas-de-Calais. 29 avril 1890, *com. d'Auchy-les-Labassée, Grébert*.

## III. — *Ancienneté ménagère*

**85.** Celui qui réunit les conditions d'aptitude précédentes, c'est-à-dire le Français qui réside dans la commune où il a une habitation et qui est à la fois chef de
ménage, peut aspirer à la première portion qui sera
devenue libre faute de titulaire. Mais, comme il arrivait
fréquemment que plusieurs habitants se trouvaient être
aspirants à une seule part, il fallait, de toute nécessité,
choisir l'un d'entre eux pour lui en faire l'attribution.

Un tel choix ne pouvait être laissé au bon plaisir des
autorités municipales, aussi le législateur a-t-il pris soin
de désigner, par avance, parmi les aspirants non pourvus,
le plus ancien marié ou le plus ancien domicilié comme
ayant seul droit au lot disponible (1).

Si plusieurs parts sont vacantes en même temps, on les
accordera aux ayants-droit non pourvus, suivant l'ordre
de leur « établissement ».

Pour régler la préférence entre les habitants, c'est donc
*l'ancienneté d'aspirance* qu'il faut considérer, et celle-ci
remonte au jour où chacun d'eux a eu pour la première
fois feu et ménage séparés, au jour où il a été légalement
chef de maison (2).

---

(1) V. Cons. de Préfecture du Pas-de-Calais, 12 novembre 1892, *com.
d'Harnes, Housiaux.*

(2) Cons. de Préfecture du Pas-de-Calais, 5 avril 1876, *com. de
Meurchin, Legrand, Mélantois, Hocq.* 10 avril 1876, *com. de Meurchin, Boitelle.* 20 juin 1877, *com. de Biache-St-Vaast, Capron.*
18 février 1880, *com. de Meurchin, Lequenne.* 23 mars 1881, *com. de*

**86.** L'aspirant mineur qui a eu, en fait, feu et ménage séparés avant sa majorité peut faire compter son ancienneté du moment de son établissement (1).

Il en est de même de la femme non mariée.

**87.** Mais en ce qui concerne la femme mariée, plusieurs questions peuvent s'élever relativement au calcul de son ancienneté ménagère.

MM. Legrand et Le Gentil (2) veulent la faire dater du jour où la femme a eu ménage séparé, soit à l'époque du mariage, soit même antérieurement. « Il nous paraît de « toute équité, dit M. Legrand dans un style qui trahit son « époque, de faire dater l'ancienneté ménagère, comme « chef de famille, du moment où la fille quitte le toit de son « père pour entrer dans le lit de son époux. Le ménage « commence alors pour elle et, de ce ménage laborieux des « classes pauvres, elle prend certainement les charges les « plus lourdes. C'est bien le moins que, dans cette sainte « communauté du travail, les droits soient égaux. »

Mais la solution de M. Legrand est manifestement contraire au principe de la prohibition du cumul. Si on admet en effet que les deux époux qui composent le ménage ont

---

Rœux, *Humez*. 5 août 1881, com. de *Biache-St-Vaast*, *Stévez*. 22 août 1881, com. *d'Harnes*, *Sénéchal*. 21 mars 1885, com. de *Loison*, *Hette*. 17 octobre 1892, com. *d'Harnes*, *Delattre*. 15 novembre 1892, com. *d'Harnes*, *Bailliez*. 31 janvier 1893, com. de *Noyelles-sous-Lens*, *Wacheux*. 14 février 1893, com. *d'Harnes*, *Delvallez*. 19 juillet 1893, com. *d'Auchy-les-Labassée*, *Dumez*.

(1) Cons. de Préfecture du Pas-de-Calais, 16 mai 1877, com. de *Vitry*, *Lengrand*. 13 août 1879, com. de *Meurchin*, *Lequenne*. 5 août 1881, com. de *Biache-St-Vaast*, *Stévez*.

(2) LEGRAND, *op. cit.*, p. 49. et LE GENTIL *op. cit.*, p. 533.

des droits égaux, il faudra leur accorder à chacun une part, ce que les édits défendent expressément.

Nous arrivons ainsi à l'étude des droits d'aspirance des époux pendant le mariage, ce qui nous conduira à examiner successivement les différentes manières de calculer leur ancienneté ménagère, suivant que lesdits droits sont ou non antérieurs au mariage, et selon qu'il s'agit du mari ou de la femme :

A. — Aucun des époux n'a de droits préexistants.

L'ancienneté de l'homme devenu chef de ménage aura pour point de départ le jour du mariage ; celle de la femme, au contraire, ne datera que de la dissolution de la communauté, c'est-à-dire du moment où elle acquiert à son tour la direction de sa personne et de sa maison (1) ;

(1) Cons. d'État. 31 juillet 1862, com. d'Evin-Malmaison, Maurois. Leb. p. 614 et 5 mars 1868, com. d'Auchy-les-Labassée, Carpentier. Leb. p. 251. Cons. de Préfecture du Pas-de-Calais. 7 février 1868, com. de Vitry, Dessain. 22 mai 1868, com. d'Haisnes, Lebas. 31 juillet 1868, com. d'Haisnes, Lebas. 4 septembre 1868, com. de Vitry, Ponthieux. 20 novembre 1868, com. de Vitry, Lengrand, Nazé. 11 décembre 1868, com. de Vitry, Caridoit, Petit. 3 avril 1869, com. de Vitry, Petit. 11 juin 1869, com. d'Auchy-les-Labassée, Ducroquet, Dubois. 19, 28 juin et 8 juillet 1871, com. de Biache-St-Vaast. 26 juillet 1871, com. de Pelves. 10 avril 1876, com. de Meurchin, Sellier, Boitelle. 3 septembre 1876, com. de Noyelles-sous-Lens, Jacquart. 19 mars 1879, com. de Noyelles-sous-Lens, Jacquart. 16 novembre 1881, com. de Biache-St-Vaast, Olivier. 28 février 1882, com. d'Haisnes, Bavière. 18 mars 1882, com. de Noyelles-sous-Lens, Dacheville. 3 mai 1882, com. de Biache-St-Vaast, Bétrémieux. 10 novembre 1882, com. de Noyelles-sous-Lens, Roussel. 18 septembre 1885 et 29 avril 1890, com. d'Auchy-les-Labassée, Grébert. 10 mars 1891, com. de Loison, Delambre. 18 septembre 1893, com. de Vitry, Caron. Cf. p. 670. Cons. d'État. 1er juin 1870, com. d'Haisnes, Vve Rosiaux. Leb., p. 670.

B. — Un des conjoints possède feu et ménage séparés avant la formation de l'association conjugale.

Dans cette seconde hypothèse, si c'est le mari qui a des droits antérieurs, aucune difficulté ; il les gardera, et de plus les années de mariage compteront pour le calcul de son ancienneté, puisqu'il ne cesse pas d'être chef de ménage. Il pourra, à quelque moment que ce soit, exercer ses droits d'aspirance au premier lot vacant, sauf toutefois au cas où, la femme étant déjà allotie, il y aurait lieu à l'application du principe de la prohibition du cumul (1). L'ancienneté du mari datera donc toujours de l'époque à laquelle il a eu pour la première fois feu séparé et elle comprendra tout l'espace de temps qui s'est écoulé depuis cette époque jusqu'au moment de la vacance de la part.

Mais le calcul de l'ancienneté soulève des questions fort délicates si c'est la femme qui a eu feu séparé avant le mariage.

En raison même de la complexité du sujet, il importe de bien distinguer les divers points à éclaircir.

*a).* On a admis que la femme ne pouvait garder, en se mariant et par la nature même des choses, la qualité de chef de ménage et nous ne reviendrons pas sur ce qui a été dit. Mais il y a lieu de se demander si la femme perd en même temps les droits d'ancienneté par elle acquis, *dans le passé,* depuis le moment où elle a eu feu séparé jusqu'au jour de son union. Jusqu'ici, il est aisé de répondre en faisant remarquer qu'une personne ne peut être privée arbitrairement du droit qu'elle possède *actuelle-*

---

(1) V. LEGRAND. *Op. cit,*, p. 48. Cf. Cons. de Préfecture du Pas-de-Calais. 23 septembre 1872, *com. de Drouvin, Delcroix.*

*ment* en vertu d'une disposition légale. Or, pour démontrer, à l'évidence, que la femme avait de véritables droits acquis au moment où elle s'est soumise à l'autorité maritale, il suffit de considérer que tout chef de ménage a un droit à la jouissance communale, pourvu qu'il remplisse d'une part les qualités d'aptitude énumérées plus haut, et que, d'autre part un lot devienne vacant. Jusqu'au moment où la vacance se produit, le droit de l'aspirant apte à recueillir éventuellement une part n'existe pas, il est vrai, d'une façon définitive, mais quoiqu'il soit soumis à une condition suspensive, il n'en constitue pas moins un véritable droit (1).

Ainsi donc, bien que la femme ait perdu en se mariant la qualité de chef de ménage, elle conservera ses droits d'aspirance tels qu'ils existaient au moment du mariage. Le calcul de son ancienneté s'arrêtera, en principe, à ce jour.

Il faut se hâter d'ajouter que, dans un cas pourtant, la femme perdra rétroactivement tous les droits d'ancienneté qu'elle a pu acquérir antérieurement à son mariage. C'est ce qui arrivera quand la vacance du lot auquel elle aurait pu prétendre si elle était restée chef de ménage, s'est produite pendant le temps où elle n'a plus cette qualité. On doit, en effet, considérer comme défaillie la condition suspensive à l'accomplissement de laquelle l'existence définitive de son droit était subordonné ; par conséquent, d'après les principes généraux, tous les droits qu'elle pouvait avoir s'éteignent rétroactivement. Dans cette hy-

(1) Sur l'existence d'un droit avant l'accomplissement de la condition suspensive, voir AUBRY et RAU. *Cours de Droit civil français*, 4ᵉ édition, t. IV, p. 73.

pothèse la femme ne pourra faire dater son ancienneté que du jour de la dissolution du mariage.

*b)* Mais supposons que la femme ait gardé ses droits antérieurs ; il y a lieu de rechercher comment elle les exercera dans l'avenir.

1° Une part devient vacante pendant la durée de l'assotion conjugale. On serait tenté de croire que le mari pourra, durant le mariage, les droits d'ancienneté de sa femme, comme administrateur de la communauté dans laquelle ces droits sont tombés. Mais il ne faut pas perdre de vue que précisément, dans le cas où le mari se trouvera appelé à exercer les droits de la femme, c'est-à-dire lorsqu'une part deviendra vacante, ceux-ci seront, comme on vient de le voir, perdus rétroactivement pour elle.

On ne saurait, au surplus, soutenir que le mari, devenant chef de ménage au moment même où la femme perd cette qualité, peut joindre son ancienneté personnelle à celle de sa femme pour acquérir la première part vacante. En effet, comme la dernière jurisprudence du Conseil d'Etat l'a décidé avec raison, l'ancienneté d'aspirance a un caractère exclusivement personnel à l'aspirant qui l'invoque et qu'elle ne peut créer de droit qu'en faveur de celui auquel elle appartient (1).

Si les circonstances que nous avons indiquées empêchent, dans la rigoureuse application des principes, le mari de recueillir une part au nom de sa femme pendant le mariage, la jurisprudence, dès 1780, a admis de nombreux tempéraments à l'application de cette règle.

_____

(1) Cons. d'Etat. 28 juin et 5 juillet 1895, *com. de Provin. Manier c. Grard-Defrance. (Gazette des Tribunaux* du 6 juillet 1895.)

Dans plusieurs décisions rendues au siècle dernier (1),
il a été jugé que le ménage pouvait aussi bien être alloti
en raison de l'ancienneté de la femme qu'en raison de
celle du mari.

De nos jours, le Conseil de Préfecture du Pas-de-Calais
a également admis le mari comme représentant de la
femme, à faire valoir ses droits d'hérédité ou à recueillir la part à laquelle elle aurait eu le droit de venir
comme aspirante si elle avait gardé la qualité de chef
de ménage ; toutefois, les tribunaux administratifs pour
sauvegarder le principe de l'autorité maritale, exigent
à peine de nullité que le mari seul figure dans l'envoi en
possession (2).

On serait assez aisément porté à comprendre que la
jurisprudence administrative ait rendu certaines décisions
de faveur, bien qu'elle ait des tendances trop marquées
à corriger le droit ; mais il est impossible de la suivre,
quand elle crée de la façon la plus arbitraire des nullités
du genre de celle qui vient d'être indiquée.

2° La femme ayant gardé comme on l'a vu ses droits
antérieurs au mariage, aucune part n'est devenue

---

(1) V. notamment les ordonnances du 3 juin 1780, *com. de Carvin-
Epinoy*. 31 juillet 1782, *com. de Vitry*. 24 août 1785, *com. de Vitry*.
17 septembre 1785, *com. de Carvin-Epinoy*. 19 août 1787, *com. de
Carvin-Epinoy*, etc. Cf. Le Gentil. *Op. cit.*, p. 549.

(2) V. Clément. *Droit rural*, n° 200, p. 379, et Cons. de Préfecture
du Pas-de-Calais. 1er mars 1888, *com. de Drouvin, Lefebvre*. Cf.
31 juillet 1868, *com. d'Haisnes, Lebas*. 11 décembre 1868,
*com. de Vitry, Caridroit*. 5 mars 1869, *com. de Vitry, Mabrier*. 8 juillet 1881, *com. de Rœux, Lanselle*. 28 février 1882, *com.
d'Haisnes, Bavière*. 13 juillet 1882, *com. d'Harnes, Derache*. 12 octobre 1882, *com. de Pelves, Mathon*.

vacante pendant la durée de la communauté et celle-ci a pris fin.

La femme a recouvré sa qualité de chef de ménage ; si dans ces circonstances une vacance se produit, l'aspirante pourra-t-elle, pour le calcul de son ancienneté, faire compter le temps antérieur au mariage et l'ajouter à celui qui s'est écoulé depuis la dissolution de la communauté ?

Les tribunaux administratifs ont adopté successivement sur ce point trois systèmes différents.

Le Conseil d'Etat a d'abord décidé que l'ancienneté ménagère des femmes continue à courir à leur profit pendant le temps du mariage.

Il a adopté ensuite, le 22 février 1844, une opinion tout à fait opposée : le mariage annulera toute aspirance antérieure et la veuve ne pourra faire dater son ancienneté que du jour où aura commencé son dernier veuvage.

Enfin les 11 et 31 juillet 1862, il a admis que le temps du mariage ne doit ni nuire, ni profiter à la femme. Pour calculer son ancienneté, il faudrait donc additionner seulement les périodes de temps pendant lesquelles la veuve a été chef de ménage (1).

C'est cette dernière opinion qui a prévalu dans la pratique.

Le premier système est difficilement soutenable si l'on

---

(1) CLÉMENT, *De l'usufruit*, etc., n° 144, p. 237 et 238. V. M. PASSEZ, *op. cit.*, p. 46, et *Rev. gén. d'administration*, 1888, p. 422. Cons. de Préfecture du Pas-de-Calais, 5 avril 1876, *Legrand, Mélantois.* 8 juillet 1876, *com. de Meurchin, Flanquart.* 10 novembre 1882, *com. de Noyelles-sous-Lens, Roussel.* 17 février 1885, *com. de Loison, Hette.*

Cf. 19 juillet 1872, *com. de Vitry, Tailliar.* 24 août 1872, *com. de Vitry, Mortreux.*

admet, avec la jurisprudence, que la femme perd la qualité de chef de ménage du jour de son mariage. En effet comme il s'agit ici de l'ancienneté ménagère, on ne peut, pour le calcul de cette ancienneté, compter que le temps pendant lequel l'aspirant a été chef de ménage.

Le second système ne peut se justifier davantage puisque, comme on l'a vu, la femme a de véritables droits dont on ne saurait la priver en l'absence de toute disposition légale.

Rien ne s'oppose, au contraire, à ce qu'on reconnaisse avec la jurisprudence actuelle que, si le cours de l'ancienneté de la femme est suspendu pendant le temps qu'elle est soumise à l'autorité maritale, elle pourra, pour le calcul de son ancienneté, additionner les diverses périodes pendant lesquelles elle a réuni toutes les conditions d'aptitude et notamment la qualité de chef de ménage.

**88.** Dans le même ordre d'idées, il faut décider que tout habitant qui ne remplit pas pendant un certain temps une condition quelconque d'aptitude, par exemple celle de résidence, ne peut compter ce temps pour le calcul de son ancienneté. On joindra les diverses périodes pendant lesquelles l'habitant a résidé dans la commune et l'ensemble de ces périodes composera l'ancienneté d'aspirance (1).

**89.** Nous venons de voir les seules hypothèses dans lesquelles la jurisprudence suspend le cours de l'ancienneté ménagère. Il n'existe pas d'autres cas de suspension du droit de l'aspirant ; rien ne s'oppose par exemple, à ce que le père

---

(1) Cons. de Préfecture du Pas-de-Calais, 27 juin 1885, *com. de Noyelles-sous-Lens, Mercier.* 1er juillet 1885, *com. d'Evin-Malmaison, Dehaies.*

de famille qui a la jouissance légale de la part propre de
ses enfants, ou l'habitant qui a même la jouissance indue
d'un lot dont il s'est mis en possession sans titre, garde
pendant tout le temps que dure cette jouissance ses droits
d'aspirance à une autre part et ne puisse les faire compter
pour le calcul de l'ancienneté. Celle-ci datera du jour
où il a eu feu et ménage séparé pour la première fois,
et non de l'époque où sa jouissance, soit légale, soit indue, a pris fin (1).

*Listes d'aspirance*

**90.** Pour faciliter la constatation pratique des droits
d'ancienneté de chacun des aspirants et afin d'écarter
une source de discussions nombreuses au moment de
chaque envoi en possession, on avait imaginé dans certaines communes, de noter par écrit sur un registre *ad
hoc*, la date à laquelle chaque habitant était devenu chef
de ménage. L'ensemble de ces inscriptions qu'on avait
ajoutées à la suite les unes des autres, au fur et à mesure

---

(1) Sur les diverses conditions d'aptitude requises chez les aspirants. V. CLÉMENT. *De l'usufruit*, etc., nos 145 à 149, p. 239 et suiv.,
no 152, p. 249 et 250. Cons. de Préfecture du Pas-de-Calais. 26 juillet
1871, *com. de Montigny-en-Gohelle, Liégeois*. 23 septembre 1872,
*com. de Drouvin, Delcroix*. 29 juin 1878, *com. d'Harnes, Bailliez*.
19 mars 1879, *com. de Noyelles-sous-Lens, Jacquart*. 23 mars 1881,
*com. de Rœux, Humez*. 16 novembre 1881, *com. de Biache-St-
Vaast, Olivier*. 18 mars 1882, *com. de Noyelles-sous-Lens, Dacheville*. 3 mai 1882, *com. de Biache-Saint-Vaast, Bétrémieux*.
    Cf. 9 juin 1883, *com, de Drouvin, Lagrenée*. (Rec. de MM. GARNIER
et DAUVERT, 1886, p. 103.

qu'il se présentait de nouveaux aspirants, formait une liste par ordre d'ancienneté.

Quand une part devenant vacante faisait retour à la commune, il suffisait de prendre le premier nom porté sur la liste d'inscription pour avoir, sans difficulté et sans discussion possibles, l'indication de l'habitant à envoyer en possession.

On trouve la première trace de ces registres d'aspirance dans deux règlements de l'Intendance de Flandre et d'Artois, pour les communes de Marchiennes et de Bouvignies, en date des 30 mai 1783 et 28 novembre 1784.

Depuis, des listes d'aspirance ont été tenues dans beaucoup de localités, mais comme elles étaient parfois mal dressées et donnaient, par conséquent, lieu à des discussions fréquentes, les autorités municipales de quelques communes ont entouré la formalité de l'inscription de certaines garanties propres à assurer la sincérité et la régularité de cette opération.

On avait d'ailleurs toute liberté pour déterminer les formes dans lesquelles on constaterait l'ancienneté ménagère, puisque l'établissement des listes d'aspirance « ne constituait pas une mesure légale (1) » prescrite par les législations spéciales.

**91.** L'exemple donné à l'origne par quelques rares municipalités fut suivi dans beaucoup de communes, mais la diversité des formalités dont on entoura l'inscription en rendait l'uniformité désirable ; aussi ne s'étonnera-t-on pas de voir les Préfets du Nord tenter d'obtenir l'unification recherchée.

(1) Cons. de Préfecture du Pas-de-Calais. 12 octobre 1882, *com. d'Evin-Malmaison, Demarquette.*

Dans l'arrêté de 1813, confirmé par celui de 1831, ils ont prescrit l'accomplissement de certaines formalités telles que la publication annuelle du rôle d'inscription et la communication au Conseil municipal des listes et du registre d'aspirance rendus obligatoires ; mais ils n'ont pas borné là leur intervention et ils ont *subordonné l'exercice du droit de l'aspirant* à l'accomplissement de ces formalités non prescrites par le législateur.

Si la décision préfectorale de 1813 existait seule, on pourrait la considérer comme dépourvue de tout caractère obligatoire, puisqu'elle ne renferme que de simples instructions administratives, mais il n'en est pas de même de l'arrêté de 1831, (du moins dans les trente-deux communes où il est applicable), puisqu'il a été approuvé par ordonnance royale (2). Or l'arrêté de 1831, dans son art. II, se réfère, pour les formalités d'inscription, aux règles établies par celui de 1813, il les rend donc exécutoires, sauf la restriction d'application ci-dessus rappelée.

Sous le bénéfice de ces observations nous nous rallierons à la jurisprudence du Conseil de préfecture du Nord, qui proclame le caractère obligatoire des formalités d'inscription, à peine, pour l'aspirant, de la perte de son droit. Nous ne pourrons toutefois nous empêcher de faire remarquer qu'au lieu de s'appuyer sur la légalité des prescriptions de l'arrêté préfectoral de 1831, le tribunal administratif invoque à l'appui de ses décisions des raisons fort contestables.

L'habitant qui n'a pas rempli les formalités requises serait, dit-on, privé de son droit d'aspirance comme res-

(2) V. M. PASSEZ. *Op. cit.*, p. 33 et *Rev. gén. d'adm.* p. 414. Cf. *suprà*, p. 99.

ponsable d'une omission qui constitue une véritable faute
de sa part.

Il est bon, ajoute-t-on, d'empêcher qu'une prétention
imprévue ne vienne détruire l'espoir longtemps nourri par
une famille.

Pour notre part, nous ne pouvons accepter des arrêtés
du Conseil de préfecture du Nord que les solutions, toutes
réserves faites au sujet des considérants.

**92.** A la différence de ce qui a lieu dans les communes
du Nord où l'arrêté de 1831 est en vigueur, l'aptitude à
l'allotissement existe partout ailleurs, indépendamment de
l'inscription qui n'est qu'un moyen de constater l'existence de ces conditions d'aptitude (1); aussi la jurisprudence n'a-t-elle pas hésité à envoyer en possession
l'habitant qui, réunissant toutes les conditions d'aptitude,
ne s'était pas fait inscrire en temps utile.

L'inscription sur une liste ne crée aucun droit au profit de l'aspirant (2), de même que l'omission sur la
même liste ne peut ni suspendre, ni supprimer celui
qu'il possède; l'inscription est une simple constatation,
« un renseignement uniquement destiné à faciliter les re-
cherches et les positions respectives des aspirants, qui est
susceptible d'être contredit par tous les moyens de fait et
de droit. » Il s'ensuit que si l'autorité municipale refuse
d'inscrire un habitant, celui-ci ne peut prétendre qu'on

(1) V. CLÉMENT, *Droit rural*, n° 200, p. 380. Cf. PASSEZ, *op. cit.*,
p. 39, *Revue générale d'administration*, 1888, p. 415.

(2) *Req.*, 14 décembre 1864, *com. de Deauville c. Vautier*, D. 65.
1. 176. Cons. de Préfecture du Pas-de-Calais, 15 novembre 1870, *com.
de Biache-St-Vaast.* 12 octobre 1882, *com. d'Evin-Malmaison,
Demarquette.*

préjudicie à ses droits et soutenir qu'un recours contentieux lui est ouvert (1).

**93.** Nous dirons, en terminant, que le Conseil de préfecture ne peut, si la régularité des inscriptions sur une
liste est contestée, requérir la production de cette liste ni en
ordonner la modification (2). Rien ne s'oppose d'ailleurs à
ce que des modifications soient apportées à l'ordre de clas-
sement sur le registre des aspirants, lorsqu'il est reconnu
que des ayants-droit n'y sont pas inscrits ou n'y figurent
pas au rang qu'ils devraient y occuper. Mais la jurisprudence, dans le but de ne pas troubler le régime général
de l'apportionnement, décide que les modifications du
registre ne pourront être faites qu'en vue des portions qui
deviendraient vacantes après l'introduction dees demandes
faites à ce sujet (3). La tendance de la jurisprudence est
au surplus d'empêcher, par tous moyens, les aspirants de
réserver leurs réclamations pour arriver à choisir telle
portion à leur convenance, en ne les faisant valoir qu'au
moment qui leur semble propice (4).

(1) Cons. de Préfecture du Pas-de-Calais, 12 octobre 1882, *com.
d'Evin-Malmaison, Demarquette.*

(2) Cons. d'Etat, 21 janvier 1887, *com. d'Annœullin c. Delrue-
Delfosse.* Leb., p. 48.

(3) Cons. de Préf. du Nord, 14 mai 1879, *com. de Lallaing, Delaun-
noy, Caron, Dassonville.* (Rec. de MM. Garnier et Dauvert, 1880,
p. 224). 3 août 1880, *com. de Vred, Durot et Poulain* (Rec. de MM.
G. et D., 1881, p. 196). 3 novembre 1883. *Lamour c. Tréfert* (Rec.
de MM. G. et D., 1884, p. 50).

(4) Cons. de Préf. du Nord, 3 novembre 1883, *com. de Lallaing,
Lamour et consorts,* déjà cité

# CHAPITRE II

## SECTION I

### DE LA TRANSMISSION HÉRÉDITAIRE

**Généralités**

**94.** Le droit de jouissance établi par les édits royaux
et arrêts du Conseil du roi dont nous avons à étudier les
dispositions, peut être acquis des différentes façons suivantes :

1° Par transmission héréditaire et conformément aux
règles spéciales prescrites par la législation des parts de
marais, sauf application des principes et des textes du
Code civil en tout ce qui n'est pas inconciliable avec les
anciens édits (1) ;

2° Par une sorte d'accroissement légal d'usufruit ; on
verra en effet qu'en Flandre, il n'y a jamais lieu à transmission héréditaire et la jouissance d'un alloti sur la
portion ménagère est continuée après sa mort par son

---

(1) V. Cons. de Préfecture du Pas-de-Calais. 28 mars 1851, cité par
LE GENTIL, *op. cit.*, p. 449.

conjoint en vertu d'un véritable droit de survivance et non *jure hæreditario* (1).

De même en Bourgogne et dans les Trois Évêchés, la veuve survivante vient à la part ménagère, par droit d'accroissement d'usufruit, avant les enfants dont la vocation héréditaire est cependant reconnue ;

3° Par droit d'ancienneté que constate l'allotissement ou envoi en possession qui a lieu en faveur du plus ancien aspirant dans tous les cas où la part fait retour à la commune ;

4° Enfin, puisqu'aucun texte spécial ne s'oppose à ce que le lot communal soit acquis par la possession, conformément au droit commun, il faut admettre que l'usucapion est un dernier mode d'acquisition de la part de marais.

a) *Notions générales sur la transmission héréditaire et nature de la succession*

**95.** On recueille la part de marais, au titre successoral, soit en vertu de l'ordre de dévolution établi par les divers édits et arrêts du Conseil, soit en vertu d'une disposition testamentaire du défunt. Mais il faut immédiatement ajouter que cette faculté de disposer, par testament, du lot communal n'est accordée que dans les départements formés par les anciennes provinces de Bourgogne et des Trois-Évêchés (art. VI des édits de 1769 et de 1774).

La législation qui nous occupe crée, sauf en Flandre, à côté de la succession ordinaire, une succession particu-

(1) Cons. de Préfecture du Nord. 23 juillet 1880, *com. de Raches*, *Pennequin*. V. le Rec. de MM. Garnier et Dauvert, année 1881, p. 195.

lière, anomale, dont la dévolution a lieu en vertu d'une vocation distincte (1).

**96.** De ce fait que la part de marais constitue une universalité juridique à côté de l'hérédité, il résulte que pour prétendre à cette succession, il n'est pas nécessaire d'avoir la qualité d'héritier relativement à la succession ordinaire. L'appelé pourra donc renoncer à cette dernière et s'en tenir à la portion ménagère (2).

. **97.** Le descendant du *de cujus* qui se borne à recueillir *jure hæreditario* sa portion ménagère, sans accepter en même temps sa succession ordinaire, n'est pas le représentant juridique du défunt. Il est à noter cependant que, puisqu'il s'agit d'une succession anomale, celui qui accepte le lot du *de cujus* devra être considéré comme son ayant-cause relativement aux droits concédés par ce dernier sur les biens qui font partie de la dite succession ; les baux consentis par le défunt sur la part seront donc opposables à son descendant. Cette solution s'impose, en vertu des

---

(1) V. Le Gentil, *op. cit.*, p. 378 et suiv. Clément, *Droit rural*, n° 200, p. 379, et M. Passez, *op. cit.*, p. 36 et *Rev. gén. d'administration*, 1888, p. 412.

Cf. Cons. de Préfecture du Pas-de-Calais. 19 juillet 1871, *com. de Plouvain*. 3 mai 1872, *com. de Noyelles-sous-Lens, Dacheville*. 25 octobre 1872, *com. d'Annay, Demailly*. 31 décembre 1873, *com. d'Evin-Malmaison, Nerland*. 31 décembre 1875, *com. de Meurchin, Hocq* et *com. de Meurchin, Dacheville*. 3 août 1876, *com de Meurchin, Dacheville*. 27 décembre 1876, *com. de Biache-St-Vaast, Leroy*. 5 juillet 1879, *com. d'Harnes, Thellier, Jambart* (Rec. de MM. Garnier et Dauvert, 1879, p. 221.)

(2) V. M. Passez, *op. cit.*, p. 36 et *Rev. gén. d'administration*, 1888, p. 412. Cf. Cons. de Préfecture du Pas-de-Calais. 19 juillet 1871, *com. de Plouvain, Hutin*.

principes constants en matière de succession anomale combinés avec les règles écrites dans les art. 1742 au titre du louage, et 1122 du Code civil sur la transmissibilité active et passive des obligations.

MM. Legrand et Le Gentil ne sont pourtant pas d'accord sur ce point (1), et la jurisprudence décide, contrairement à notre opinion, que le bail doit prendre fin en même temps que le droit de l'apportionné qui l'a concédé, même quand c'est le descendant du défunt qui recueille sa part (2).

Elle se fonde sur ce que cet héritier a une vocation propre résultant de règlements rendus sous l'empire d'une Coutume qui admettait le principe que la « mort cesse bail » (3). Mais elle oublie que les lois spéciales se réfèrent, en tout ce qu'elles ne décident pas expressément, à la loi générale en vigueur *au moment où on doit en faire l'application*. Si donc on pouvait et on devait décider, sous l'ancien régime, que, dans tous les cas, le bail prenait fin à la mort du bailleur, il n'en saurait être de même sous l'empire du Code civil qui constitue de nos jours la loi générale à laquelle il faut se référer dans le silence des édits.

**98.** Conformément aux principes admis en matière de succession anomale, les héritiers à la part de marais, s'ils n'ont la *saisine proprement dite*, est réservée aux

____

(1) V. en notre sens. LE GENTIL, *op. cit.*, p. 383 et suiv., *contrà*, LEGRAND, *op. cit.*, p. 31.

(2) V. *Infrà*, p. 186 et suiv.

(3) V. notamment Cons. de Préf. du Pas-de-Calais, 19 juillet 1871, *com. de Plouvain. Hutin.* 31 octobre 1874, *com. de Plouvain. Renault.*

11

successeurs universels, que dans l'hypothèse où ils acceptent à la fois la succession ménagère et la succession ordinaire de leur auteur, jouissent dans tous les cas des effets attachés à la saisine. Ils ne sont donc jamais tenus de se faire envoyer, par l'autorité compétente, en possession du lot qui leur est dévolu.

b) *Ouverture de la succession*

**99.** En Artois, la succession aux parts s'ouvre comme les successions ordinaires, à la mort naturelle de celui qui a été alloti personnellement. Il en est de même en Bourgogne et en Lorraine, sauf au cas où l'apportionné décédé laisse une veuve. Dans cette hypothèse, c'est seulement au décès de celle-ci que le droit des enfants prendra naissance (1).

C'est à l'instant même de l'ouverture de la succession que le droit héréditaire se fixe sur la tête de l'héritier désigné par la loi, c'est donc toujours à ce moment qu'il faut se placer pour régler la dévolution (2).

---

(1) V. le jugement du tribunal de Metz de novembre 1852, rapporté par Le Gentil, *op. cit.*, p. 458.

Cf. *infrà*, p. 185.

(2) V. Cons. de Préfecture du Pas-de-Calais, 3 mai 1876, *com. d'Harnes, Buquet.* 25 février 1879. 5 juillet 1879, *com. d'Harnes, Jambart, Thelliez* (Rec. de MM. Garnier et Dauvert, 1879, p. 221), confirmé par arrêt du Cons. d'Etat du 20 mai 1881. Leb. p. 520, et 30 juillet 1881, *Laurent* (Rec. MM. G.et D., 1881, p. 304). Cons. d'Etat. 4 août 1882, *com. de Biache-St-Vaast, Hardelin.* Leb., p. 745. Cons. de Préfecture du Pas-de-Calais. 17 octobre 1892, *com. de Vitry, Détrez.*

*c) De la capacité en matière de succession aux parts
de marais*

**100.** Pour être capable de recueillir, par succession, une
part de marais, il faut être descendant du défunt et réunir, sauf les restrictions qu'on va voir, au moment de
l'ouverture de la succession, les conditions d'aptitude
énumérées plus haut (1).

L'incapable est privé, de plein droit, des effets de la
saisine héréditaire ; cette incapacité particulière n'empê-
chera toutefois pas l'héritier d'être appelé, s'il y a lieu, à
recueillir la succession ordinaire.

Toutes personnes légalement intéressées et notamment
les plus anciens aspirants, pourront invoquer cette cause
de déchéance pour faire déposséder l'héritier prétendu
d'une part qu'il détient indûment et provoquer le retour
de cette part à la commune.

Conditions requises pour avoir la capacité de succéder aux
parts de marais

**101.** On peut dire tout d'abord que, d'après les principes
droit commun applicables à la matière, une succession ne
peut s'ouvrir au profit d'un héritier dont l'existence n'est
pas certaine (2) ; mais on a vu plus haut que d'autres
conditions étaient requises de *l'aspirant* aux parts de

---

(1) Voir *Suprà*, p. 120 à 143.

(2) Cons. de Préfecture du Pas-de-Calais. 6 mars 1868. *com. de
Vitry, Demarquilly*. 25 septembre 1868. *com. de Vitry, Tribout*.
4 mars 1889, *com. d'Harnes, Wartel*.

marais et il nous reste à rechercher si l'on est en droit
d'exiger de *l'héritier* qu'il remplisse toutes les conditions
d'aspirance et à quel moment il doit les réunir.

Nous procéderons par élimination et nous ne parle-
rons ni de la condition de nationalité déjà examinée (1),
ni de l'ancienneté ménagère dont il ne saurait être
question en matière de succession. Il ne nous reste donc
à examiner que les deux points de savoir s'il faut que
l'héritier réside dans la commune à l'époque du décès et
s'il est tenu d'être chef de ménage à la même époque.

**102.** Il faut en premier lieu que l'héritier ait une habitation dans la commune (2) et qu'il y réside au moment
de l'ouverture de la succession (3). Toutefois il est admis
que l'absence *momentanée* de l'héritier au moment du

---

(1) Voir *Suprà*, p. 120 et suiv.

(2) Cons. de Préfecture du Pas-de-Calais, 31 janvier 1893, *com. de
Noyelles-sous-Lens, Wacheux.*

(3) Cons. de Préfecture du Pas-de-Calais, 10 janvier 1868, *com. de
Vitry, Coste.* 6 mars 1868, *com. de Vitry, Demarquilly.* 22 mai 1868,
*com. d'Haisnes, Deloraine.* 25 septembre 1868, *com. de Vitry,
Tribout.* 3 mai 1872, *com. de Noyelles-sous-Lens, Dacheville.* 25 oc-
tobre 1872, *com. d'Annay, Demailly.* 11 janvier 1873, *com. d'Annay,
Leroy.* 22 août 1873, *com. d'Annay, Lefebvre.* 23 août 1873, *com. de
Biache-St-Vaast, Courtin.* 14 novembre 1885, *com. de Meurchin,
Descamps.* 24 avril 1886, *com. d'Annay, Boucher.* 19 novembre 1889,
*com. de Noyelles-sous-Lens, Pouille.* 1er mai 1890, 31 juillet 1890,
*com. de Biache-St-Vaast, Capron.* 17 et 19 octobre 1892, *com. de
Vitry, Détrez.* 15 novembre 1892, *com. de Biache-St-Vaast, Oli-
vier.* 3 novembre 1893, *com. d'Harnes, Delvallez.* 4 mai 1894, *com.
de Meurchin, Descamps.* 17 mai 1894, *com. d'Annay, Delegorgue.*
Cf. sur ce point l'arrêt du Cons. d'État du 19 mai 1843, *com. de
Louvigny, Courtot.* Leb., p. 201.

décès de son auteur ne suffirait pas à le priver de son droit, s'il réside habituellement dans la commune (1).

Aucune déclaration de domicile faite postérieurement à l'ouverture de la succession, même dans le plus bref délai, ne saurait d'ailleurs suppléer à l'absence de la condition de résidence (2).

**103.** Si l'héritier est tenu d'avoir sa résidence effective dans la commune dès l'instant de l'ouverture de la succession, il n'a pas l'obligation de prouver qu'il avait à ce moment feu et ménage séparés.

En effet, dans la plupart des cas, celui qui est appelé à une part *jure hœreditario* en qualité de descendant du titulaire décédé, habitait avec ce dernier de son vivant ; il eût donc été le plus souvent dans l'impossibilité de remplir la condition de feu séparé au décès de son auteur.

Toutefois, pour conserver la part qu'il a acquise par succession, l'héritier devra, dans un délai moralement suffisant, justifier de l'existence d'un feu séparé ; nous avons vu que, pour le mineur, ce délai est prolongé jusqu'à sa majorité (3).

---

(1) Cons. de Préfecture du Pas-de-Calais, 27 novembre 1868, *com. de Vitry, Lefebvre.*

(2) Cons. de Préfecture du Pas-de-Calais, 24 février 1879, *com. de Meurchin, Descamps.* 15 mars 1888, *com. de Drouvin, Lefebvre.* (Rec. de MM. Garnier et Dauvert, 1889, p. 183). 31 juillet 1890, *com. de Biache-St-Vaast, Capron* (Rec. de MM. G. et D.,1891, p. 247).

(3) V. Cons. de Préfecture du Pas-de-Calais. 22 mai 1868, *com. d'Haisnes, Deloraine.* 30 avril 1869, *com. de Vitry, Mercier.* 4 juin 1869, *com. d'Haisnes, Delecourt.* 25 juin 1869, *com. de Meurchin, Trédez.* 23 juillet 1869, *com. de Montigny-en-Gohelle, Houssin.* 11 janvier 1873, *com. d'Annay, Leroy.* 16 mai 1877, *com. de Vitry, Lengrand.* 14 novembre 1885, *com. de Meur-*

Quand l'héritier appelé à une part est une femme mariée, son mari sera admis, sauf le cas de divorce ou de
séparation de corps, à exercer ses droits d'aspirance qui
sont tombés dans la communauté. C'est donc le mari et
non la femme qui devra réunir les conditions précédemment requises pour conserver la jouissance de la part advenue par succession à sa femme; il devra, d'ailleurs, justifier dans un délai moral, qu'il remplit la condition de
feu séparé (1).

**104.** Le fait que l'appelé ou son conjoint est déjà alloti
au moment où il a vocation à une seconde part, à titre
d'héritier, ne fait pas qu'il doit être considéré comme incapable de succéder à cette dernière. Il est purement et
simplement mis en demeure d'opter pour la part qu'il
préfèrera (2).

chin, *Descamps.* 24 avril 1886, com. *d'Annay, Bouchez.* 19 novembre
1889, com. *de Noyelles-sous-Lens, Pouille.* 31 décembre 1889, *com. de
Noyelles-sous-Lens, Pouille.* 31 juillet 1890, com. *de Biache-St-
Vaast, Capron.* 29 novembre 1891, com. *d'Harnes, Cuvillier, Fleury*
(Rec. de MM. Garnier et Dauvert, 1892, p. 136). 17 et 19 octobre 1892,
*com. de Vitry, Détrez.* Un arrêt isolé du Cons. d'État a cependant
décidé que celui qui n'a pas la qualité de chef de ménage au moment
du décès de son auteur ne peut succéder à la part héréditaire. Cons.
d'État, 2 avril 1849, com. *d'Évin-Malmaison, Cocquant.* Leb., p. 220.

(1) Cons. de Préfecture du Pas-de-Calais, 6 avril 1873, *com.
d'Annay, Leroy.* 1er août 1877, com. *de Noyelles-sous-Lens, Wantiez.*
13 juillet 1882, com. *d'Harnes, Derache.* 24 avril 1886, com. *d'Annay,
Bouchez.* 1er mars 1888, com. *de Drouvin, Lefebvre.* 12 juillet 1888,
*com. de Pelves, Govin.* 24 juillet 1890, com. *de Meurchin, Lohez.*
12 avril 1893, com. *de Biache-Saint-Vaast, Dugauguez.* 18 juillet
1893, com. *d'Auchy-les-Labassée, Dumez.*

(2) Clément, *de l'usufruit,* etc. no 137, *in fine,* p. 234. V. Cons.
d'État, 22 février 1844, com. *de Meurchin, Lerouge c. Brunelle.* Leb.

Des effets de l'incapacité

**105.** D'après les principes généraux, l'effet de l'incapacité a lieu de plein droit. On doit donc considérer l'incapable qui s'est mis en possession de la part comme un tiers qui s'en serait indûment emparé (1).

Il s'ensuit que : 1° l'incapable est tenu de restituer la part à la personne qui y est légalement appelée ; 2° il doit également, s'il connaît la précarité de sa possession, restituer tous les fruits et produits par lui perçus depuis qu'il détient la portion. Dans le cas au contraire où il est possesseur de bonne foi, il fait les fruits siens, suivant les règles du droit commun (2).

p. 86 et 28 mai 1852, *com. d'Annay, Demailly.* Leb., p. 187. Cons. de Préfecture du Pas-de-Calais, 6 mars 1868, *com. de Vitry, Demarquilly.* 25 septembre 1868, *com. de Vitry, Tribout.* 28 juin 1871, *com. de Biache-Saint-Vaast, de Pelves et d'Annay.* 30 juin 1871, *com. de Montigny-en-Gohelle.* 5 juillet 1879, *com. d'Harnes, Jambart.* (Rec. de MM. Garnier et Dauvert, 1879, p. 221), et 30 juillet 1881. *Laurent* (Rec. de MM. G. et D., 1881, p. 301). 24 mars 1887, *com. de Pelves, Courtin.* (Rec. de MM. G. et D., 1888, p. 18 et Revue générale d'administration, 1888. III. 77). 19 juillet 1893, *com. d'Auchy-les-Labassée, Boulinguez.*

(1) V. Cons. de Préfecture du Pas-de-Calais, 10 janvier 1868, *com. de Vitry, Coste.* 28 juin 1871, *com. de Biache-Saint-Vaast, de Pelves et d'Annay.* 30 juin 1871, *com. de Montigny-en-Gohelle.* Cf. Cons. d'État, 28 mai 1852, *com. d'Annay, Demailly.* Leb., p. 187 (Sol. impl.) et Cons. de Préfecture du Pas-de-Calais, 6 mars 1868, *com. de Vitry, Demarquilly.* 25 septembre 1868, *com. de Vitry, Tribout.* 19 juillet, 1893, *com. d'Auchy-les-Labassée, Boulinguez.*

(2) V. Cons. d'État, 5 août 1881, *com. de Biache-St-Vaast, Buquet c. Buquet.* Leb., p. 767.

A la différence de l'héritier qui est incapable au moment de l'ouverture de la succession et qui, par le seul effet de cette incapacité, ne peut acquérir aucun droit à la part de son auteur, celui qui, postérieurement à l'ouverture de ladite succession, cesse de remplir les conditions requises pour pouvoir garder la part recueillie, ne la perd pas *ipso jure*.

Il faut pour le déposséder, soit un acte de l'autorité municipale, soit une décision judiciaire, et jusqu'à ce que sa déchéance ait été prononcée, il continuera à être considéré comme légalement alloti et pourra, par conséquent, transmettre en cas de mort son lot à ses héritiers (1).

### § I. — De la succession ab intestat aux parts de marais

#### I. — *De l'ordre dans lequel les héritiers sont appelés à succéder à la part*

*Notions préliminaires*

**106.** Les législations spéciales qui nous occupent appellent à la succession aux parts les « héritiers » de l'apportionné défunt (Artois, Lorraine et Bourgogne) et il faut entendre par là ses descendants directs sauf le droit de survivance des veuves (Lorraine et Bourgogne).

(1) Cons. de Préfecture du Pas-de-Calais, 31 juillet 1890, *com. de Biache-Saint-Vaast, Capron.*

La doctrine et la jurisprudence sont d'accord actuellement sur ce point (1) quand, au contraire les anciens États d'Artois, interprétant judaïquement la lettre de l'arrêt du Conseil applicable à cette province, restreignaient le droit de succéder à l'aîné des mâles et à son défaut, à l'aînée des filles, refusant tout droit de succession aux autres descendants (2).

**107.** Les descendants seuls sont donc appelés :

1° A l'exclusion des ascendants car les divers édits, en instituant la succession aux parts en faveur des seuls héritiers directs ne pouvaient avoir en vue les ascendants. — D'après les règles coutumières, les ascendants n'étaient pas considérés comme des héritiers relativement à la succession aux propres ; or les parts de marais étaient des propres. Il est intéressant de remarquer au surplus que la succession des ascendants aux propres de leurs hoirs était expressément prohibée par les Coutumes de

(1) V. LEGRAND, *op. cit.*, p. 50.
Cf. Cons. d'Etat, 20 décembre 1837, *com. de Marsilly, Pauline c. Wolff.* Leb., p. 567. 17 septembre 1838, *com. d'Hageville, Dongé.* Leb., p. 554 bis, n° 1. 27 août 1840, *com. de Louvigny, Labonne.* Leb., p. 334. 22 avril et 5 décembre 1842, *com. de Vigny, Renaud* et *com. de Loiville, Briguier.* Leb., p. 211 et 486. 19 mai 1843, *com. de Louvigny, Courtot.* Leb., p. 201. 22 février 1844, *com. de Meurchin, Lerouge, Brunelle, Prévost c. Dutilleul.* Leb., p. 86 à 89, et 8 juin 1883, *veuve Laurent c. Lhotte.* Leb., p. 527. Cons. de Préfecture du Pas-de-Calais, 28 juin 1871, *com. d'Annay, Desprez,* et 30 juillet 1881, *com. d'Harnes, Laurent-Sénéchal.*

(2) V. notamment les Ordonnances des États du 24 août 1883, *com. d'Athies.* 24 janvier 1784, *com. de Plouvain,* 30 mai et 8 juin 1787, *com. de Vendin-le-Vieil.*

la province d'Artois, du Duché et Comté de Bourgogne, du pays messin et de l'Evêché et Comté de Verdun (1).

Dans un arrêté isolé de 1826, la jurisprudence a admis le droit des ascendants (2) mais, dans ses décisions les plus récentes, elle les a invariablement écartés (3)

2° A l'exclusion des collatéraux (art V des édits de 1769 et de 1774 et texte de l'arrêt du Conseil de 1779) (4).

Il ne faut pas, toutefois, pousser la crainte d'autoriser la dévolution collatérale interdite jusqu'à la prohiber dans des cas où il ne saurait même être question de dévolution. Ainsi, les tribunaux administratifs ont décidé (5) qu'il y

(1) V. *Coutumier général de Boudot de Richebourg*, t. II, p. 1197, ch. III, art. XLIV ; p. 1176, ch. VII, art. XIV ; p. 405, tit. XI, art. XX ; et p. 427, tit. II, art. XVI.

(2) Cons. de Préfecture du Pas-de-Calais, 20 mars 1826.

(3) V. Clément, *De l'usufruit*, etc., n° 141, p. 235. Cons. de Préfecture du Pas-de-Calais, 27 novembre 1868, *com. de Sallau, Wacheux*. 30 juin 1871, *com. d'Annay*. 7 avril 1873, *com. d'Harnes, Delvallez*.

(4) Cons. de Préfecture du Pas-de-Calais, 7 avril 1873. *com. d'Harnes, Delvallez*. Cons. d'État, 4 août 1882, *com. de Biache-St-Vaast, Hardelin*, D, 1883, 5, 97, et Leb., p. 745. Cf. Cons. de Préf. du Pas-de-Calais, 5 juillet 1879,*com. d'Harnes, Jambart* (Rec. de MM. Garnier et Dauvert, 1879, p. 221.

(5) Cons. de Préfecture du Pas-de-Calais, 22 août 1873, *com. d'Annay, Lefebvre*. 23 août 1873, *com. de Biache-Saint-Vaast, Courtin*. 31 décembre 1873, *com. de Biache-Saint-Vaast, Ledoux*. 9 juin 1875, *com. d'Annay, Largillière*. 26 juin 1875, *com. d'Harnes, Lorthios*. 31 décembre 1875, *com. de Meurchin, Dacheville*. 4 mars 1876, *com. d'Harnes, Lefebvre*. 25 avril 1876, *com. d'Harnes, Tourbez*. 3 mai 1876, *com. d'Harnes, Buquet*. 22 juin 1876, *com. d'Harnes, Flouret*. 3 août 1876, *com. de Meurchin, Dacheville*, 28 mars 1877, 19 mars

a lieu de repousser la demande des puînés alors qu'ils réclament la part dont l'aîné a été saisi mais dont il a perdu la possession juridique autrement que par décès. Or l'aîné, tant qu'il vit, ne perdra le droit à son lot héréditaire que par la renonciation, l'option pour une autre part, qui vaut renonciation, ou par la déchéance qui peut être prononcée contre lui s'il cesse de remplir plus les conditions requises à l'effet d'être admis à conserver son droit.

Pour démontrer à l'évidence que les puînés ne viendront pas, dans ce cas, à la part de l'aîné renonçant ou devenu incapable, par droit de dévolution collatérale, il suffira de prouver qu'ils tiennent leur droit directement du père commun. Il est constant, en effet que toute renonciation de l'héritier saisi ou tout acte équivalent, par exemple l'option, a un effet rétroactif au jour du décès du *de cujus*. Il est non moins certain que si l'aîné perd son droit au lot héréditaire parce qu'il cesse de remplir les conditions d'aspirance auxquelles la loi subordonne l'existence de ce droit, il le perd par l'effet de l'accomplissement d'une véritable condition résolutoire et, comme on le sait, les conditions de cette nature ont le même effet rétroactif que la renonciation. L'aîné doit donc être considéré *rétroactivement* comme absolument étranger à l'hérédité de l'auteur commun et les puînés seront replacés au même et semblable état où ils se trouvaient au moment du décès du *de*

---

1879, *com. de Noyelles-sous-Lens, Jacquart.* 3 mai 1879, *com. d'Harnes, Bourse.* 5 juillet 1879. *com. d'Harnes, Thelliez.* 24 mars 1887, *com. de Pelves, Courtin.* (Rec. de MM. Garnier et Dauvert, 1888, p. 18 et Rev. gén. d'adm., 1888, III, p. 77).

*cujus*, par application du principe de la saisine successive que nous exposerons plus loin (1). Ils succèdent donc *directement* à l'auteur commun et non à leur frère.

Ne suffirait-il pas, au reste, pour établir que les puînés ne succèdent pas à l'aîné, de remarquer que, dans l'hypothèse, celui-ci n'était pas mort.

**108.** Les descendants les plus proches excluent les plus éloignés si les héritiers sont à des degrés différents.

Parmi les héritiers qui sont au même degré, on accordera, d'abord, en Artois, la préférence aux mâles sur les femmes, même si elles sont les aînées (2), et à l'aîné sur les puînés du même sexe. Le privilège d'aînesse est, au contraire, seul admis en Lorraine et en Bourgogne (3).

On détermine la proximité du degré de parenté d'après les règles du Code civil et le descendant qui, soit en

---

(1) V. *infrà*, p. 187 à 191.

(2) V. LEGRAND, *op. cit.*, p. 62. CLÉMENT, *de l'usufruit*, etc., n° 136, p. 232. Cons. de Préf. du Nord. 5 mai 1879, *com. de Roost-Warendin.* (Ancienne enclave d'Artois). (Rec. de jurisprudence de MM. Garnier et Dauvert, 1880, p. 223) et Cons. de Préf. du Pas-de-Calais, 3 novembre 1893, *com. de Biache-Saint-Vaast. Nicolas* (Rec. de MM. G. et D., 1894, p. 105).

(3) V. les art. 6 des édits relatifs à la Bourgogne et aux Trois-Évêchés. On comprend aisément que ces dispositions législatives n'aient pas admis le privilège de masculinité puisqu'elles ont été rendues sous l'empire de coutumes qui le refusaient formellement comme celles de Lorraine du pays messin et de l'évêché de Verdun, ou ne l'accordaient pas expressément comme la coutume de Bourgogne. V. pour le texte de ces différentes coutumes, le coutumier général de Bourdot de Richebourg, t. 2, p. 1107 et 1197; p. 427, (tit. II, art. III); p. 1207, (titre IX, art. IV); p. 421 et 405, (titre XI, art. II et art. X).

réalité, soit par suite de la représentation, est le plus
proche, doit être préféré (1).

L'aîné est celui qui, lors de l'ouverture de la succession, se
trouve le premier né de tous les enfants existants à cette
époque (2).

**109.** Conformément aux principes généraux, les enfants adoptifs doivent être assimilés aux enfants légitimes
relativement aux droits qu'ils peuvent avoir à la succession de l'adoptant (3). Il est toutefois à noter que la question ne pouvait se présenter dans l'ancien régime, puisque
l'adoption y était inconnue.

a) *De l'ordre dans lequel les descendants sont appelés*

**110.** 1° Parmi tous les descendants, il faut d'abord considérer ceux qui appartiennent au degré le plus proche.

2° Si l'on est en présence de descendants du premier
degré et de descendants plus éloignés, appelés par représentation, il faut accorder à ces derniers la même vocation qu'aurait eue celui qu'ils représentent. Pour l'exercice
du privilège de masculinité, on examinera plus loin s'il
y a lieu de ne considérer que le sexe du représenté et
non celui du représentant (4).

---

(1) V. Cons. de Préfecture du Pas-de-Calais, 26 juin 1886, *com. de
Pelves, Savary,* et 17 octobre 1892, *com. de Vitry, Détrez.*

(2) V. POTHIER, édit. Bugnet, t. IX, n° 293. LE GENTIL, *op. cit.,*
p. 470. CLÉMENT, *Droit rural,* n° 200, p. 379 ; *De l'usufruit,* etc.,
n° 138, p. 234, et M. PASSEZ, *op. cit,* p. 44, et Revue générale d'administration, 1888, p. 420.

(3) LE GENTIL, *op. cit.,* p. 483. CLÉMENT, *op. cit.,* n° 200, p. 379.

(4) V. *infrà,* p. 178.

3° Quand tous les descendants sont au même degré il faut, en Artois, appeler d'abord l'aîné des mâles et, s'il y a lieu, sa descendance directe venant par représentation.

A défaut de l'aîné et de sa descendance, la portion sera dévolue au second fils (1). Si celui-ci est mort, ses enfants le représenteront, et les mâles continueront ainsi, tant qu'il en restera, à avoir vocation au lot héréditaire à l'exclusion des filles.

Quand la part ne pourra être recueillie par aucun fils, on recherchera le droit des différentes filles, toujours en commençant par l'aînée, et le lot ne fera retour à la communauté qu'à défaut de descendants (2). « L'esprit du légis-

---

(1) Cons. de Préfecture du Pas-de-Calais, 6 mars 1868, *com. de Vitry, Demarquilly*. 25 septembre 1868, *com. de Vitry, Tribout*. 20 novembre 1868, *com. de Pelves, Basseux*. 26 février 1869, *com. de Pelves, Bèque*. 2 avril 1869, *com. de Vitry, Jacquart*. 23 juillet 1869, *com. de Montigny-en-Gohelle, Houssin*. 28 juin 1871, *com. de Biache-St-Vaast, de Pelves et d'Annay*. 30 juin 1871, *com. de Montigny-en-Gohelle*. 15 juillet 1890, *com. d'Harnes, Déprez*. 21 novembre 1891, *com. de Biache-St-Vaast, Bègue*. (Rec. de jurisp. de MM. Garnier et Dauvert, 1892, p. 81). 19 juillet 1893, *com. d'Auchy-les-Labassée, Boulinguez*.

(2) Cons. d'État, 26 décembre 1837, *com. de Marsilly, Pauline, c. Wolff*. Leb, p. 567. 17 décembre 1838, *com. d'Hageville, Dongé*. Leb, p. 554 *bis*, n° 1. 27 août 1840, *com. de Louvigny, Labonne*. Leb, p. 334. 8 et 22 avril 1842, *com. d'Ars-Laquenexy, Calba c. Petit-Mangin et com. de Vigny, Renaud*. Leb, p. 164 et 211. 19 mai 1843, *com. de Louvigny, Courtot*. Leb, p. 201. 22 février 1844, *com. de Meurchin, Lerouge, c. Brunelle, Prévost-Dutilleul*. Leb, p. 86. 28 mai 1852, *Demailly*. Leb. p. 187. Cf. Cons. de Préfecture du Pas-de-Calais. 22 mai 1868, *com. d'Haisnes, Deloraine*. 19 et 28 juin 1871, *com. de Biache-Saint-Vaast, de Pelves et d'Annay*.

« lateur, dit fort bien M. Le Gentil, a été de perpétuer
« par la voie héréditaire, la jouissance des parts jusqu'à
« extinction en ligne directe de la descendance (1). »

Dans les Trois-Évêchés et en Bourgogne, le privilège de
masculinité n'existant pas, comme on l'a vu, la dévolution
a lieu par ordre de primogéniture, sans distinction de
sexe (2).

b) *Du droit de représentation*

**111.** La représentation, admise par la législation actuelle en faveur des descendants du défunt, existait dans
la plupart des anciennes coutumes. La règle : « représentation a lieu en ligne directe *in infinitum* » était notamment en vigueur dans les évêchés de Metz et de Verdun,
ainsi que dans les pays et duché de Bourgogne (3).

22 septembre 1871, *com. d'Annay et de Plouvain.* 26 juin 1886,
*com. de Pelves, Savary.* 15 juillet 1890, *com. d'Harnes, Dé-*
*prez.* 31 juillet 1890, *com. d'Harnes, Capron.* 29 décembre
1891, *com. d'Harnes, Cuvillier, Fleury* (Rec. de MM. Garnier et Dauvert, 1892, p. 166). 17 octobre 1892, *com. de Vitry,*
*Détrez.* 3 novembre 1893, *com. d'Harnes, Delvallez, com. de*
*Biache-Saint-Vaast, Nicolas.* 7 mars 1894, *com. d'Annay, Dele-*
*gorgue.* 4 mai 1894, *com. de Meurchin, Descamps.*

(1) *Op. cit.,* p. 470.

(2) Cons. d'État, 9 janvier 1843, *com. de Bourg-Grigy, Léonard.*
Leb, p. 1 (sol. impl.).

(3) V. BOUDOT DE RICHEBOURG, *Coutumier général,* t. II, p. 421
(tit. XI, art. 11) ; p. 405 (tit. XI, art. XII) ; p. 427 (tit. II, art. VIII)
et p. 1176 (ch. VII, art. XIX).

En Artois, au moment où est intervenu l'arrêt de 1779, le droit de
représentation était reconnu. L'art. 93 de l'ancienne coutume de

Puisque les textes généraux, en vigueur au moment où
sont intervenues les diverses dispositions relatives à notre
matière, admettaient la représentation, on s'explique aisément que ces dernières soient restées muettes sur ce
point. C'est donc avec raison que, malgré leur silence,
la doctrine et la jurisprudence ont toujours admis, sans
discussion, l'existence de la représentation en notre matière (1).

1544 portant que « représentacion n'a lieu » avait été formellement abrogé par des Lettres-patentes rendues en avril 1773, con-
firmées par deux Édits de mars 1774 et août 1775.

(1) Il est à noter que les différentes juridictions appelées successivement à statuer sur les questions relatives aux portions ménagères :
Commission permanente des députés généraux et ordinaires ; Direc-
toire du département ; Administration centrale et enfin Conseils de
Préfecture et Conseil d'État ont été unanimes à faire l'application du
droit de représentation.

V. LEGRAND, *op. cit.*, p. 63. LE GENTIL. *op. cit.*, p. 449, 451 et
suiv. CLÉMENT, *De l'usufruit*, n° 136, p. 232.

Cf. les Ordonnances des 20 mars et 20 novembre 1790, 30 novembre 1806, 28 mars 1851. Cons. d'État, 8 juin 1883, *com. de Biache-
St-Vaast, Héquet.* Leb., p. 525, et D, 85, 3. 16. Cons. de Préfecture du Pas-de-Calais. 26 avril 1869, *com. de Vitry, Lengrand.*
23 juillet 1869, *com. de Montigny-en-Gohelle, Houssin.* 28 juin 1871,
*com. d'Annay.* 6 janvier 1873, *com. d'Harnes. Baure.* 16 mai 1873,
*com. de Noyelles-sous-Lens, Jacquart.* 30 juillet 1873, *com. d'Harnes, Derache.* 3 septembre 1873, *com. d'Harnes, Bouttemy,* 31 décembre 1873, *com. d'Evin-Malmaison, Herland.* Cons. de Préf. du
Nord. 5 mai 1879, *com. de Roost-Warendin.* (Rec. de MM. Garnier
et Dauvert, 1880, p. 223). 3 novembre 1889, *com. de Biache-St-Vaast,
Ponce* (Rec. de MM. G. et D., 1891, p. 300). 9 juillet 1890, *com. d'Harnes, Mélantois, Morel.* 15 juillet 1890, *com. d'Harnes, Déprez.* 14 février 1891, *com. d'Harnes, Déprez.* 10 mars 1891, *com. de Loison, Delambre.* 12 février 1892, *com. de Biache-St-Vaast, Nicolas* (Rec. de

Le principe une fois admis, il fallait nécessairement, à défaut de règles particulières contenues dans les édits royaux et arrêts du Conseil du Roi, faire application des règles générales de la représentation empruntées aux anciennes coutumes par les rédacteurs du Code civil, dans la mesure où celles-ci peuvent se concilier avec les prescriptions de la législation spéciale. Conformément à ce qui vient d'être dit, on décidera : 1° qu'on ne saurait représenter une personne vivante (1) ; 2° que celui-là seul, qui en l'absence d'héritiers plus proches eût été appelé de son propre chef à recueillir l'hérédité, peut succéder par représentation. Ce sera donc l'aîné des fils ou, à défaut de mâles, l'aînée des filles du représenté qui sera appelée dans ses droits ; 3° que le représentant succède à tous les droits et aux droits seuls du représenté (2).

C'est encore ainsi que, même au cas où le *de cujus* n'avait qu'un successeur qui lui-même est mort, l'existence d'un représentant de cet héritier décédé suffira pour empêcher le retour à la commune (3).

**112.** En Lorraine et en Bourgogne où le privilège de masculinité n'existe pas, il est certain que la part ne

MM. G. et D., 1892, p. 193). 17 octobre 1892, *com. de Vitry, Détrez*. 3 novembre 1893, *com. de Biache-St-Vaast, Nicolas* (Rec. de MM. G. et D., 1894, p. 105). V. cependant en sens contraire Cons. d'État, 29 juin 1849, *com. de Bazoncourt, dame Houé, veuve Godfrin*, Leb., p. 374.

(1) Cons. de Préfecture du Pas-de-Calais. 24 mars 1887, *com. de Pelves, Courtin*.

(2) Cons. de Préfecture du Pas-de-Calais. 26 juin 1886, *com. de Pelves, Savary*, et 17 octobre 1892, *com. de Vitry, Détrez*.

(3) V. l'ordonnance des États d'Artois du 20 mars 1790.

passe aux puînés qu'à défaut de représentants quelque soit
leur sexe, de l'aîné prédécédé ; mais en est-il de même en
Artois ? Il faut répondre affirmativement (1), quand du
moins il n'y a pas lieu de faire intervenir la question de
masculinité.

Quand au contraire la fille de l'aîné prédécédé invoque
le bénéfice de la représentation à l'encontre du puîné
mâle qui oppose le privilège de son sexe, la question de
savoir auquel des deux donner la préférence est fort délicate. Si un auteur la résoud en faveur de la fille (2), les
différents tribunaux administratifs, Conseil d'État et Conseil
de Préfecture sont loin d'être d'accord entre eux sur ce
point.

Le Conseil d'État a décidé qu'il y avait lieu d'écarter la
fille de l'aîné prédécédé au profit du puîné mâle parce que
le droit de représentation ne peut prévaloir contre les
règles spéciales de l'arrêt du Conseil, applicable à l'Artois,
qui établit le privilège de masculinité dans cette province (3).

(1) Cons. de Préfecture du Pas-de-Calais. 28 juillet 1880, *com. de
Biache-Saint-Vaast, Héquet,* confirmé par arrêt du Cons. d'État
du 8 juin 1883. Leb, p. 525. Cf. Cons. de Préfecture. 10 mars 1891,
*com. de Loison, Delambre.*

(2) V. M. Passez, *op. cit.,* p. 43 et *Rev. gén. d'adm.,* 1888,
p. 419.

(3) Cons. d'État. 23 janvier 1874, *com. de Sallau, Dehaye.* Leb,
p. 74 et D. 75. 5. 84. 6 août 1878, *com. de Biache-Saint-Vaast,
le Roy.* Leb, p. 808 et D. 78.5.124. 9 août 80, *com. d'Evin-Malmaison, Valin.* Leb, p. 765. 5 août 1881, *com. de Biache-Saint-
Vaast, Buquet.* Leb, p. 767 et D. 82. 5. 102. Cf. 29 avril 1887,
*com. de Montigny-en-Gohelle. Louis, dit Desobry c. Gambier,* Leb,
p. 332. V. la note et S. 89. 3, 25. D. 88. 3. 79.

Le Conseil de Préfecture du Pas-de-Calais a jugé, en sens contraire, que la fille qui représente l'aîné doit primer le puîné parce qu'elle ne vient pas comme fille à l'hérédité; c'est son père qui succède fictivement et l'on ne pourrait l'écarter, à raison de son sexe, sans reconnaître implicitement qu'elle vient de son propre chef et non par représentation (1).

Ni l'un ni l'autre des raisonnements sur lesquels le Conseil d'État et le Conseil de Préfecture ont appuyé leurs systèmes différents ne nous satisfait complètement.

Le Conseil d'État veut que le droit de représentation tel qu'il existait jadis ne puisse prévaloir contre le principe de masculinité reconnu par l'arrêt du Conseil du Roi. Et cependant Pothier nous dit qu'en règle générale, sous l'ancien régime, quand les parents succèdent par représentation, c'est le sexe de la personne représentée qui doit être considéré et non celui du représentant (2).

De son côté, le Conseil de Préfecture invoque, en sens inverse, les principes de la représentation actuellement admis et il dit : c'est le représenté c'est-à-dire l'aîné mâle qui est censé succéder lui-même, puisque la fiction de la représentation le fait revivre dans la personne de sa fille.

Ce raisonnement pourrait paraître fondé au premier

---

(1) Cons. de Préfecture du Pas-de-Calais. 20 juin 1876, *com. de Plouvain, Déret.* 22 juin 1876, *com. d'Harnes, Flouret.* 27 décembre 1876, *com. de Biache-Saint-Vaast, Leroy et Asset.* 10 août 1877, *com. de Biache-Saint-Vaast, Bédhomme.* 30 novembre 1878, *com. d'Evin-Malmaison, Valin.* 22 septembre 1879, *com. de Biache-Saint-Vaast, Buquet.* 5 décembre 1879, *com. de Biache-Saint-Vaast, Asset.* 3 novembre 1893, *com. de Biache-Saint-Vaast, Nicolas.*

(2) POTHIER, t. 8, édition BUGNET.

abord si l'on ne consultait les interprètes les plus autorisés de notre droit actuel qui ont traité de la représentation. Or les auteurs sont d'accord pour déclarer que représenter c'est succéder. «Peu importe, dit l'un d'eux, que
« la représentation soit fondée sur une fiction, la fiction
« aboutit à une réalité. Le représentant vient à la succes-
« sion aussi bien que s'il y était appelé de son propre chef.
« Puisque le représenté succède, il s'ensuit qu'il doit avoir
« les qualités requises pour succéder (1) ». D'après ces
principes il faudrait donc décider que la fille n'est pas apte
à succéder tant qu'il reste un descendant mâle.

En face de l'opinion émanée des autorités les plus considérables, il n'est pas permis d'hésiter à prendre parti;
nous croyons donc avec le Conseil d'État, mais pour les
raisons exposées par les auteurs modernes, que la fille
doit être exclue, à raison de son sexe, même quand elle
vient par représentation de l'aîné des mâles.

**113.** Si le représentant peut, dans le cas qu'on vient
d'examiner, n'avoir pas les droits du représenté, il est
bien certain qu'il ne peut jamais avoir plus de droits que
ce dernier. C'est ainsi que le descendant mâle d'une fille
cadette du *de cujus* ne saurait invoquer le privilège de
masculinité à l'encontre de la descendante de la fille aînée
dudit défunt (2).

---

(1) V. Demolombe, *Cours de Droit civil*, XIII, p. 393. Aubry et
Rau, *op. cit.*, t. VI, p .302, § 597. Laurent, *Principes de Droit civil*,
t. IX, n° 65, p. 75. Baudry-Lacantinerie, *Précis de Droit civil*,
5e édit., t. II, p. 43.

(2) Cons. de Préfecture du Pas-de-Calais, 26 juin 1886, *com. de
Pelves, Savary*. 17 octobre 1892, *com. de Vitry, Détrez*. 3 novembre 1893, *com. de Biache-St-Vaast, Nicolas*.

c) *De la succession irrégulière des enfants naturels*

**114.** Parmi les successeurs irréguliers énumérés par le Code civil, nous n'avons à nous occuper que des enfants naturels, car le conjoint survivant ne saurait, comme on le verra, être considéré comme un héritier, et l'État ne pourra jamais exercer son droit de déshérence sur les biens communaux dont la nue-propriété appartient toujours à la commune.

Il nous reste donc à examiner le droit des enfants naturels au point de vue de son existence même et de ses conditions d'exercice, c'est-à-dire de l'obligation où se trouvent les successeurs irréguliers, à la différence des héritiers légitimes, de se faire envoyer en possession du lot détenu par leur auteur.

**115.** Bien que notre ancienne jurisprudence ait posé en principe, qu' « enfants bastards ne succèdent », il nous semble impossible de leur refuser le bénéfice de l'application des règles du Code civil qui les admettent à succéder (1).

Il est constant en effet qu'à moins d'inconciliabilité ma-

---

(1) Cf. Le Gentil, *op. cit.*, p. 484. M. Passez, *op. cit.*, p. 44, et Revue générale d'administration, 1888, p. 420.

« Nous pensons, dit M. Passez, que la dévolution aux héritiers étant plus favorable que le retour à la communauté et les collatéraux n'étant pris en aucune considération par l'arrêt de 1779, l'enfant naturel qui, en fin de compte, constitue une descendance directe, doit recueillir, *jure hœreditario,* la portion ménagère vacante au décès de son père ou de sa mère ».

V. en sens contraire Legrand, *op. cit.,* p. 60 et 61. Clément, *Droit rural,* n° 200, p. 379.

nifeste, les lois spéciales sont censées se référer aux
lois générales sur tous les points qu'elles ne règlent ni
expressément ni implicitement (1). Il convient d'ajouter
que toutes les dispositions relatives à la dévolution des
successions sont d'ordre public. On ne saurait donc refuser le droit de succéder aux enfants naturels quand des
textes formels leur donnent vocation à l'hérédité de leur
auteur.

**116.** Pour écarter les enfants naturels de la succession
aux parts de marais, on a objecté :

1º Que les règlements relatifs à la matière n'appellent
à la succession ménagère que les *héritiers*, et l'on a soutenu que les enfants naturels ne sont pas héritiers aux
termes du Code civil ;

2º Que la volonté du législateur du XVIIIᵉ siècle, qui a
eu surtout pour but de favoriser le ménage, était inconciliable avec les dispositions de la loi générale qui admettent
les enfants naturels à succéder (2).

---

(1) Cf. MERLIN, *Rep.*, vº *Lois*, § 11, nº 4. Civ. Cass., 9 juin 1856.
*Dramard*, D. 56, 1, 233. Civ. Cass., 7 juillet 1828, *Com. d'Ambutrix*
Journal des audiences, 28, 1, 317.

(2) V. LEGRAND, *Op. cit.*, p. 60 et 61. CLÉMENT, *Droit rural*,
nº 200, p. 379, et *De l'usufruit*, etc., nº 139, p. 235. Trib de Metz, 24
juin 1859, *Hubert c. Dickès*, S. 59, 2, 494, et deux arrêtés des Cons. de
Préfecture du Nord et du Pas-de-Calais des 15 octobre 1832 et 18 décembre 1846 qui, loin de considérer les enfants naturels comme des
héritiers, ne leur reconnaissent, contrairement à la vérité juridique,
que la qualité de créanciers de la succession. Sans reproduire l'erreur
contenue dans ces deux décisions, M. Legrand se borne à soutenir
que « c'est en vue des ménages, des familles, pour le soulagement de
ceux qui suivent les saintes lois sociales, que les marais ont été partagés, en même temps que pour protéger l'agriculture. » En consé-

Il est à peine besoin de répondre à la première objection. Tout le monde est d'accord en effet sur le sens qu'il convient de donner aux termes de l'article 756; bien qu'il porte que les enfants naturels ne sont pas héritiers, il ne faut pas donner à ses termes une acception précise et rigoureuse. L'intention du législateur a été manifestement de dire que les enfants naturels ne peuvent être considérés comme des héritiers légitimes, mais il ne pouvait ne pas reconnaître que, comme les autres descendants, ce sont de véritables successeurs.

La volonté du Roi, ajoute-t-on, a été de favoriser surtout le mariage en même temps que l'agriculture. C'est une opinion que nous ne partageons pas ; nous pensons, au contraire, que le second but a été surtout poursuivi.

**117.** Par application des règles du Code civil, les enfants naturels ne sauraient avoir autant de droits que les enfants légitimes ; ils ne pourront donc jamais venir à la succession de la portion par préférence à ces derniers (1).

Quand l'enfant naturel qui aurait pu être valablement appelé à la succession de la part vient à mourir, les descendants légitimes sont, suivant l'ordre et les règles de préférence énoncées précédemment, admis à réclamer le lot auquel il aurait eu droit.

En résumé, si le défunt ne laisse aucun descendant légi-

---

quence, l'auteur se demande si l'on n'irait pas trop formellement contre la volonté du législateur en faisant participer « aux avantages d'une loi protectrice des familles » des « individus qui n'ont *nec genus nec gentem.* » ?

(1) Cons. de Préfecture du Pas-de-Calais, 1880. *Alexandre Dambrine.* 26 novembre 1885, com. *de Pelves, Bègue.* 12 août 1886, com, *de Noyelles-sous-Lens. Wacheux.*

time, la part sera accordée à ses enfants naturels recon
nus et, à défaut de ces derniers, à leurs descendants légitimes.

## II. — *Transmission du lot héréditaire aux successibles*

### *Généralités*

**118.** En Lorraine et en Bourgogne, où le droit d'usufruit de la femme mariée est consacré par le texte des
édits, au cas où elle survit, le droit de l'appelé ne peut
s'exercer qu'à la mort de la mère survivante. En Artois,
au contraire, le descendant légitime appelé à recueillir le
lot communal est investi, *ipso jure*, du droit à la portion
héréditaire dès l'instant de la mort de son auteur, c'est-à-
dire de l'ouverture de la succession, sans qu'il y ait
d'ailleurs lieu, comme on l'a vu, de considérer s'il est déjà
alloti à un autre titre (1).

Il est saisi, même à son insu, sans aucune manifestation de volonté et sans qu'il y ait besoin d'envoi en possession. « Lorsqu'en vertu de la loi, dit M. Passez, il y a
« dévolution d'une personne à une autre, continuation de
« jouissance, l'envoi en possession nous paraît inutile par

---

(1) Cons. de Préfecture du Pas-de-Calais. 26 juillet 1871, *com. de
Biache-Saint-Vaast*. 17 mars 1873, *com. d'Harnes, Thumerelle*.
22 mars 1873, *com. d'Harnes, Delacourt*. 22 août 1873, *com. d'Annay, Lefebvre*. 23 août 1873, *com. de Biache-Saint-Vaast, Courtin*.
22 janvier 1879, *com. de Biache-Saint-Vaast, Lambert*. 16 avril
1889, *com. de Plouvain, Thuillier*. 15 juillet 1890, *com. d'Harnes,
Deprez*. 11 novembre 1890. *com. de Meurchin, Deleruyelle*.

« ce que, dans ce cas, celui qui continue ainsi sa jouis-
« sance tient ses droits non de la communauté mais bien
« de la personne à qui il succède et qui avait été investie
« de la portion ménagère pour elle-même et pour ceux à
« qui elle pouvait la transmettre (1) ».

« Il n'y a pas de vacance, ajoute Le Gentil, pas de
« dévestissement et, conséquemment, aucun besoin n'est
« d'investissement nouvel (2) ».

**119**. Du principe de la saisine découlent les conséquences suivantes :

1° C'est exclusivement au moment de l'ouverture de la
succession qu'il faut apprécier la capacité du successible (3) ;

2° Il suffit, pour lui, d'avoir survécu ne fût-ce qu'un
instant au défunt, pour transmettre le lot communal à ses
propres héritiers (4) ;

---

(1) V. M. PASSEZ, *op. cit.*, p. 40 et *Rev. gén. d'adm.*,
1888, p. 446. Cons. de Préfecture du Pas-de-Calais. 8 décembre 1871,
*com. de Biache-Saint-Vaast, Duneufjardin* et Cons. d'État, 9 février 1872, *com. de Vitry, Cauchy*. Leb., p. 52. Cons. de Préfecture du Pas-de-Calais. 1887, *com. de Pelves, Courtin*. (Rec. de MM.
Garnier et Dauvert, 1888, p. 18 et *Rev. gén d'admin ,* 1888. III. 77).

(2) LE GENTIL, *op. cit.*, p. 410.

(3) Cons. de Préfecture du Pas-de-Calais. 3 mai 1876, *com. d'Harnes, Buquet*. 5 juillet 1879, *com. d'Harnes, Jambart,* confirmé par
arrêt du Cons. d'État du 20 mai 1881. Leb. p. 520 (sol. impl.).
Cons. de Préfecture du Pas-de-Calais. 17 octobre 1892, *com.
d'Harnes, Thelliez*.

(4) Cons. de Préfecture du Pas-de-Calais. 7 février 1868. 7 mars
1873, *com. d'Harnes, Thumerelle*. 22 mars 1873, *com. d'Harnes,
Delacourt* et 22 janvier 1879, *com. de Biache-Saint-Vaast, Lambert*.

3° L'appelé a droit aux fruits et revenus de la part, du jour de l'ouverture de la succession (1).

Bien que le descendant légitime soit, en principe, saisi dès l'instant de l'ouverture de la succession, il a néanmoins la faculté d'accepter ou de répudier ; s'il est déjà apportionné à un autre titre, cette faculté se change même en une obligation (2). L'acceptation n'ajoute, d'ailleurs, rien aux droits acquis par le successible en vertu de la saisine, elle ne fait que les fixer définitivement sur sa tête en le privant désormais du droit de renoncer.

Par la renonciation, au contraire, l'héritier déclare refuser d'exercer le droit dont il avait été saisi.

#### a) *De la saisine*

**120.** En vertu de la saisine. l'appelé est investi provisoirement, dès le moment du décès jusqu'à son acceptation définitive ou sa renonciation, de la possession juridique de la part héréditaire, et lui seul possède ce droit, de sorte que les autres descendants du défunt appelés à une part provenant de leur mère qui a été allotie depuis la mort de son mari, peuvent valablement recueillir ce dernier lot (3).

---

(1) Sauf application du principe que le possesseur de bonne foi fait les fruits siens. V. Cons. d'État, 5 août 1881. *com. de Biache-Saint-Vaast, Buquet c. Buquet.* Leb. p. 767.

(2) Cons. de Préfecture du Pas-de-Calais, 16 mars 1889, *com. de Plouvain, Thuillier.*

(3) Cons. de Préfecture du Pas-de-Calais, 25 mai 1881, *com. d'Harnes, Lorthiot.* 18 mars 1882, *com. de Noyelles-sous-Lens, Dacheville.* 16 avril 1889, *com. de Plouvain, Thuillier.*

A titre d'ayant-cause du défunt relativement à la part héréditaire, celui qui en est saisi devra respecter les droits concédés par le *de cuius* sur le dit lot (1).

Les conséquences de la saisine sont les suivantes :

1º L'héritier n'est tenu de remplir aucune formalité préalable pour entrer en possession de fait de la part ;

2º Il peut exercer immédiatement toutes actions, même possessoires, relatives à la dite part ;

3º Réciproquement les tiers peuvent exiger de lui, dès l'ouverture de la succession, l'accomplissement des obligations qui résultent des droits consentis envers eux par le défunt sur le lot communal ;

4º Celui qui est alloti au moment de l'ouverture de la succession est soumis à l'obligation de l'option entre le lot qu'il a déjà et la part héréditaire, même s'il n'a pas encore la jouissance de fait de cette dernière par suite de la possession indue, par un tiers, de la dite part (2).

A la différence des descendants légitimes, l'enfant naturel n'a pas la saisine ; il ne peut donc prendre possession de la part ni exercer les actions relatives à cette part sans avoir été préalablement envoyé en possession. Jusqu'à la date de l'envoi en possession il reste étranger à la succession et n'est en conséquence aucunement tenu envers les tiers du chef du défunt.

(1) V. *suprà*, p. 160 ; en ce sens Le Gentil, *op. cit.*, p. 383 ; *contrà*, Legrand, *op. cit.*, p. 31, et la jurisprudence du Cons. de Préfecture du Pas-de-Calais, notamment l'arrêté du 19 juillet 1871, *com. de Plouvain, Hutin*.

(2) Cons. de Préfecture du Pas-de-Calais, 31 janvier 1874, *com. d'Harnes, Chappe*.

**121.** Le descendant légitime qui est préférable à raison
de son sexe et de la proximité de son degré est seul saisi
du droit à la part de marais et les cohéritiers qu'il prime
ne sauraient jouir de la saisine conjointement avec lui.

Nous pensons toutefois, quoique la question soit controversée, que la saisine doit être accordée successivement
à chacun des descendants plus éloignés, au fur et à mesure
de leur vocation au droit héréditaire, par suite de ce fait que
le plus proche a renoncé, opté pour une autre part ou qu'il
ne remplit plus les conditions d'aspirance requises, *à quel-*
*que moment d'ailleurs que cet héritier ait ainsi perdu*
*son droit à la part.*

On a démontré plus haut (1) que, par l'effet rétroactif de la renonciation de l'aîné, de l'acte d'option équival-
lent ou de l'accomplissement de la condition résolutoire
légale à laquelle est subordonnée la conservation du droit
à la part, les puînés sont censés se trouver dans le même
état que celui où ils étaient à l'ouverture de la succession.

Il convient d'ajouter au surplus que dans l'ancien droit,
et d'après la doctrine admise par Pothier lui-même, la saisine accordée à « l'hoir le plus prochain » était ensuite
attribuée successivement aux cohéritiers ou aux parents plus
éloignés qui, par l'effet de la renonciation des héritiers
plus proches, se trouvaient appelés à la succession (2).

La doctrine de Pothier a été suivie depuis par d'émi-
nents auteurs et notamment par MM. Demolombe et
Demante. Nous nous bornerons à renvoyer aux arguments

(1) V. *suprà*, p. 171 et suiv.

(2) V. Pothier, *Successions,* chap. III, sect. II ; sect. IV, § 4 et
introduction au tit. XVII de la Coutume d'Orléans, n° 39.

donnés par cette doctrine dont l'exposé complet ne peut trouver place que dans un traité de droit civil (1).

Contrairement au principe de la saisine successive, la jurisprudence des tribunaux administratifs a décidé que la saisine n'opérait qu'une seule fois *au moment* de l'ouverture de la succession au profit de l'héritier qui réunit, à ce moment, les conditions d'aptitude et de préférence requises. Le Conseil de Préfecture du Pas-de-Calais a jugé en ce sens, que si l'aîné qui a été saisi vient, *postérieurement à l'ouverture de la succession*, à perdre son droit à la part héréditaire, celle-ci doit faire retour à la commune et non passer aux puînés (2).

Cette jurisprudence, manifestement contraire aux principes de la transmission héréditaire, est fort ancienne et paraît remonter aux États d'Artois. M. Lecesne, vice-président du Conseil de Préfecture du Pas-de-Calais, que sa haute compétence en la matière a fait désigner depuis plus de vingt ans comme rapporteur dans chaque affaire concernant les parts de marais, explique cette dérogation

---

(1) DEMOLOMBE, *Successions*, t. I, nᵒˢ 150 et 151, p. 207 et 210. DEMANTE, *Cours analytique du Code civil*, t. III, nᵒ 106 bis, 1 et 135 bis, 3 et 4.

(2) V. CLÉMENT, *De l'usufruit*, etc. nᵒˢ 137 et 138, p. 233 et suiv. Cons. de Préfecture du Pas-de-Calais, 22 mai 1868, com. *d'Haisnes, Deloraine*, 22 août 1873, com. *d'Annay, Lefebvre*. 23 août 1873, com. *de Biache-Saint-Vaast, Courtin*. 31 décembre 1873, com. *de Biache-Saint-Vaast, Ledoux*. 9 juin 1875, com. *d'Annay, Largillière*. 26 juin 1875, com. *d'Harnes, Lorthios*. 31 décembre 1875, com. *de Meurchin, Dacheville*. 4 mars 1876, com. *d'Harnes, Lefebvre*. 25 avril 1876, com. *d'Harnes, Tourbez*, 3 mai 1876, com. *d'Harnes, Buquet*. 22 juin 1876, com. *d'Harnes, Flouret*.3 août 1876, com. *de Meurchin, Dacheville*. 28 mars 1877, 19 mars 1879, *com. de*

évidente aux règles du droit par les nécessités de la pratique.

Il suppose le cas fréquent, paraît-il, où la part dont l'aîné est saisi à la mort du portionnaire, reste, par suite d'usages locaux d'ailleurs contraires à l'Arrêt du Conseil de 1779, en la possession du conjoint survivant du *de cujus*. « Le fils aîné, après cinq, dix ans, nous écrit-« il, reçoit une autre part, il faudra alors voir quel « est celui de ses frères ou sœurs qui, au moment de « l'ouverture de la succession, aurait eu, en cas de renon-« ciation de cet aîné, droit à être investi de la part.

« S'il est mort, il faudra rechercher son héritier. Ce « sera inextricable et je crois, conclut M. Lecesne, que « pas une municipalité n'accepterait pareille situation. »

Nous admettons volontiers que les municipalités sont parfois au-dessous des missions qui leur sont confiées, mais serait-ce trop leur demander que de réclamer d'elles l'examen de preuves qui sont faites journellement par les héritiers de droit commun devant la juridiction compétente ? L'honorable vice-président du Conseil de Préfecture est certainement mieux à même que nous de juger le niveau intellectuel des municipalités de son département, mais nous n'avons pas à nous préoccuper de la résistance possible des Conseils municipaux ; la seule chose que nous

*Noyelles-sous-Lens, Jacquart.* 3 mai 1879, *com. d'Harnes, Bourse.* 5 juillet 1879, *com. d'Harnes, Jambart, Thelliez* (Rec. de MM. G. et D., 1879, p. 221), confirmé par arrêt du Cons. d'État des 20 et 21 mai 1881. Leb. p. 520 et D. 82, 5, 102. Cons. de Préfecture du Pas-de-Calais, 30 juillet 1881, *Laurent* (Rec. de MM. G. et D. 1881, p. 301). 1887, *com. de Pelves, Courtin* (Rec. de MM. G. et D., 1888, p. 18 et Rev. gén. d'adm., 1888, III, 77).

ayons à chercher, c'est la question de savoir s'il est permis ou non d'adopter, en droit, la solution que nous critiquons. On nous permettra d'en douter.

Nous croyons avoir démontré, en effet, que le puîné légalement saisi, par suite de l'effet rétroactif de la renonciation de son aîné, a un *droit acquis* au lot héréditaire. Si la municipalité de la commune qu'il habite refuse de tenir compte des droits dont ledit puîné lui apporte la preuve et persiste à maintenir en possession l'aspirant qu'elle aurait alloti, le puîné qui a la possession légale de la part gardera la ressource d'attaquer, devant le tribunal compétent, pour violation de la loi, l'arrêté municipal d'envoi en possession qui lui fait grief (1).

b) *De la faculté de choisir entre l'acceptation et la renonciation*

**122.** Sauf au cas où elle est déjà allotie ou appelée à un autre titre, toute personne qui est saisie d'un lot héréditaire peut refuser de prendre parti, et elle a un certain délai pour accepter ou renoncer.

L'acceptation ou la renonciation ne peuvent, au surplus, avoir lieu qu'à partir de l'ouverture de la succession.

Du délai pendant lequel le descendant appelé peut refuser de prendre parti

**123.** Pour choisir entre l'acceptation et la répudiation, le descendant appelé jouit, comme l'héritier de droit commun, d'un délai de trente ans à partir de l'ouverture de la succession.

(1) V. *suprà* sur les moyens d'attaquer les arrêtés municipaux qui lèsent les droits des tiers, p. 114.

Les descendants qui viennent après l'appelé dans l'ordre
de la successibilité n'ont, dans la plupart des cas, aucune
action pour le contraindre à prendre parti.

Toutefois, si l'héritier saisi tardait à se mettre en possession du lot héréditaire, nous serions assez disposés à
étendre au descendant appelé à son défaut la faveur que
la Cour suprême et la majorité des auteurs accordent aux
successibles de droit commun qui sont autorisés à prendre
possession provisoire de l'hérédité (1).

Indépendamment de la force qu'elle puise dans l'argument d'analogie tiré de la doctrine et des décisions de
la jurisprudence, la solution proposée nous semble
conforme à l'esprit des législations spéciales. Il faut rappeler, en effet, qu'un des principaux buts de ces actes
royaux a été la mise en valeur des biens communaux ; or,
l'héritier, en ne prenant pas parti, laisse la part héréditaire
improductive.

Passé le délai de trente ans, le successible sera réputé
étranger à la succession ménagère et il ne pourra plus
réclamer la part (2).

**124.** Citons cependant, en terminant, un cas où l'héritier saisi ne jouit d'aucun délai pour opter. C'est celui où
il est déjà soit alloti antérieurement à l'ouverture de la
succession, soit appelé à un titre quelconque à une se-

---

(1) V. Civ. Cass., 11 juin, an IX. *Aumaire c. les Limoges*, S.
1800 à 1801 1. 1. 371. — Civ. Cass.. Civ. rej. et Civ. Cass., 16 janv.
1843. *de Rastignac et autres c. Rolland ; de Lenoncourt c. Foubert ;
de Saisseval c. Opterre*. S. 43. 1. 97 à 111. — AUBRY et RAU,
*op. cit*, t. 6, p. 369. — TOULLIER, *Le Droit civil français*, IV. 345.

(2) V. Cons. d'État. 8 juin 1883, *com. d'Harnes, Laurent, Sénéchal c. Lotte*. Leb, p. 527.

conde part. Il pourra, dans cette hypothèse, par application du principe de la prohibition du cumul, être mis
*immédiatement* en demeure de choisir entre la portion
héréditaire et la seconde part qu'il détient ou à laquelle
il a vocation (1), et tout intéressé sera admis à exiger
de lui cette option immédiate.

### c) *De la capacité requise pour accepter la part ou y renoncer*

**125.** Il faut, pour accepter ou renoncer à la part de
marais avoir, comme en matière de succession ordinaire, la capacité de s'obliger ou de renoncer à ses droits.
Cependant les incapables peuvent accepter ou renoncer
sous l'obligation d'employer certaines formes ou de remplir certaines conditions prescrites à l'effet de suppléer à
leur incapacité (V. art. 450, 461, 484 et 776 C. civ.).

### d) *De l'acceptation de la part*

#### Généralités

**126.** En principe, l'acceptation une fois faite, ne
peut plus être rétractée et le successible ne saurait en
demander la révocation que pour certaines causes limitativement déterminées, et notamment, dans l'hypothèse
où le successible a, par erreur, (2) accepté une part autre
que celle qu'il entendait acquérir.

---

(1) Cons. de Préfecture du Pas-de-Calais, 31 décembre 1875 et
3 août 1876, *com. de Meurchin, Dacheville.*

(2) Sur la rescision de l'acceptation pour erreur, V. Cons. d'État.
28 mai 1832, *com. d'Annay, Demailly.* Leb., p. 187.

13

Les successibles mineurs ou interdits pourraient de plus demander l'annulation de leur acceptation pour inobservation des formalités prescrites à l'effet de suppléer à leur incapacité.

**127.** Comme en matière de droit commun, il faut décider que la prescription de l'action en nullité de l'acceptation s'opère par dix ans. Le point de départ de ce délai se place au jour où l'erreur, qui sert de base à cette action, a cessé d'exister ou a été découverte.

Après rescision de l'acceptation, le successible recouvre la faculté de renoncer à l'hérédité. S'il renonce dans ces conditions, il devra rendre au nouveau titulaire de la part ce qu'il a perçu comme portionnaire, déduction faite toutefois, de la valeur des améliorations par lui apportées.

### De l'acceptation en particulier

**128.** L'acceptation peut être expresse ou tacite (1), cette dernière résultant du fait que le successible a accompli une opération juridique qu'il n'a pu légalement faire qu'en qualité de possesseur du droit à la part. Dans tout acte de jouissance il faudra voir, par exemple, un véritable acte d'héritier (2), sans qu'il y ait lieu du reste de rechercher s'il a été ou non accompagné de réserves, conformément au principe exprimé par la maxime *protestatio actui contraria nihil valet.* C'est d'ailleurs aux juges

---

(1) Cons. de Préfecture du Pas-de-Calais, 5 juillet 1879, *com. d'Harnes, Jambart* (Rec. de MM. Garnier et Dauvert, 1879, p. 221).

Cf. 30 juillet 1881, *Laurent* (Rec. de MM. G. et D., 1881, p. 301).

(2) L'acceptation tacite résultera souvent, en notre matière, de la prise de possession de fait, par l'appelé, de la part dont il était saisi.

du fond qu'il appartient exclusivement d'apprécier, d'après les circonstances de la cause, les actes et les faits d'où l'on prétend induire chez leur auteur l'intention d'accepter.

### Des Effets de l'Acceptation

**129.** L'acceptation est, comme on l'a dit d'une façon piquante, une véritable renonciation à la faculté de répudier l'hérédité. Elle rend irrévocables les effets produits provisoirement par la saisine et fixe définitivement le droit à la part sur la tête du saisi ; celui-ci ne peut donc plus perdre son droit que dans le cas où il vient à ne plus réunir les conditions d'aptitude exigées de tout portionnaire, auquel cas la part fait retour à la commune.

### e) *De la renonciation*

### De la Forme de la Renonciation

**130.** Comme toute renonciation en général, la renonciation à la part de marais ne se présume pas, mais il n'est pas besoin cependant qu'elle soit faite *expressis verbis* (1). Elle peut donc résulter d'une manifestation non équivoque de volonté, par exemple d'un acte qui implique nécessairement renonciation, comme l'option pour

---

(1) Cons. de Préfecture du Pas-de-Calais, 5 juillet 1879, *com. d'Harnes, Jambart*. (Rec. de MM. Garnier et Dauvert, 1879, p. 221). Cf. 30 juillet 1881, *Laurent* (Rec. de MM. G. et D., 1881, p. 301). Cons. de Préfecture du Pas-de-Calais, 13 juin 1883, *com. de Pelves, Savary*. (Sol. impl.)

une autre part que le lot actuellement détenu. Le Conseil d'État a décidé, en ce sens, que le successible saisi qui accepte la part recueillie postérieurement par son conjoint est censé, par suite de son option pour cette part, avoir renoncé au lot héréditaire (1). Dans la même hypothèse, le Conseil de préfecture du Pas-de-Calais a formellement déclaré qu'il y avait lieu à « renonciation par voie d'op- « tion » (2).

Depuis 1875, d'autres arrêtés du même tribunal administratif sont venus exiger la renonciation expresse ; cependant, par une étrange contradiction, ils ont reconnu que celui qui, saisi d'une part héréditaire, vient postérieurement à l'ouverture de la succession à une autre part comme plus ancien aspirant et opte pour cette part, est censé avoir *abandonné* la part héréditaire par suite de son option (3). Il faut avouer que cette présomption d' « abandon » de la part héréditaire, par suite de l'option, ressemble fort à une renonciation tacite à la même part. Sans insister trop longtemps sur un point qui ne nous semble présenter aucune difficulté, nous citerons cependant, pour terminer, un arrêté portant textuellement que, par le seul fait qu'il a opté pour un

(1) Cons. d'État, 8 juin 1883, *com. d'Harnes, Laurent, Sénéchal c. Lotte*. Leb., p. 527.

(2) Cons. de Préfecture du Pas-de-Calais, 22 mai 1868, *com. d'Haisnes, Deloraine*, 12 décembre 1874, *com. de Biache-Saint-Vaast, Leroy*, et 23 novembre 1872, *com. de Plouvain, Leroy*. Cf. 9 juin 1875, *com. d'Annay, Largillière*.

(3) Cons. de Préfecture du Pas-de-Calais, 9 et 26 juin 1875, 31 décembre 1875, 4 mars 1876, 25 avril 1876, *com. d'Harnes, Tourbez*. 3 mai 1876, 20 et 22 juin 1876, 3 août 1876, *com. de Meurchin, Dacheville*. 28 mars 1877 et 5 juillet 1879, *com. d'Harnes, Thelliez*.

autre lot, le successible déjà alloti « ne peut être assi
milé à un renonçant (1) ». Il est à noter au surplus que,
tout en refusant de voir dans l'option pour une autre part
une véritable renonciation à la part héréditaire, le Conseil de préfecture tient cette dernière pour abandonnée,
puisqu'il en décide le retour à la commune.

Il suffit de signaler ces contradictions, tout en renonçant à essayer de les expliquer.

Il est bien certain que les deux vocations au lot héréditaire et à celui qui est accordé à titre d'ancienneté ménagère, ne sont pas cumulables. Si donc le successible opte
pour l'un, il renonce nécessairement à l'autre.

Des Effets de la Renonciation

**131.** La renonciation ou tout acte équipollent, comme
l'option, efface *rétroactivement*, à partir de l'ouverture de
la succession, les effets de la saisine avec toutes ses conséquences. Elle replace les héritiers, sauf toutefois le
renonçant, au même et semblable état où ils se trouvaient
au jour du décès.

Le lot héréditaire sera donc dévolu au successible qui
vient immédiatement après le renonçant, car ses descendants ne peuvent en effet le représenter (2). On a vu plus
haut (3), que le Conseil de préfecture du Pas-de-Calais refu-
sait implicitement d'admettre cet effet rétroactif en niant,

---

(1) Cons. de Préfecture du Pas-de-Calais. 24 mars 1887, *com. de
Pelves, Courtin.*

(2) Cons. de Préfecture du Pas-de-Calais. 24 mars 1887, *com. de
Pelves, Courtin.*

(3) V. *suprà*;, p. 188 et suiv.

contre toute évideuce, l'existence même de la renonciation qui résultait cependant, à n'en pas douter, d'un acte
d'option.

### De l'Irrévocabilité de la Renonciation

**132.** En principe, la renonciation régulièrement faite est
irrévocable (1).

Si cependant elle n'a pas lieu expressément dans les
formes requises par le Code civil et résulte d'un simple
acte de volonté comme l'option, elle ne lie pas définitivement le renonçant vis-à-vis des héritiers plus éloignés.
Nonobstant sa renonciation, le successible garde la
faculté d'accepter encore la succession, tant qu'elle n'a
pas été acceptée par d'autres descendants pendant que la
saisine était momentanément éteinte à son égard.

Dans l'hypothèse précédente, le délai pendant lequel le
successible pourra revenir sur la renonciation, est de
trente ans à partir de l'ouverture de la succession.

### Des causes pour lesquelles la Renonciation peut être attaquée et de son annulation

**133.** Durant les dix ans qui suivent la renonciation, le
renonçant peut être admis à en demander l'annulation dans
deux cas :

1° Pour inobservation des formalités prescrites dans le
but de suppléer à son incapacité, s'il est incapable ;

2° Pour erreur de fait ou de droit, quand le successible

---

(1) Cons. de Préfecture du Pas-de-Calais. 12 décembre 1874, *com.
de Biache-Saint-Vaast, Leroy*.

ayant renoncé par voie d'option, a choisi par erreur
une part qu'il ne pouvait conserver en droit et vient à être
évincé de ladite part (1).

**134.** A la suite de l'annulation de la renonciation, le
successible reprend tous les droits dont il est censé ne pas
s'être dessaisi. Les actes passés au profit des tiers par les
successibles d'un degré subséquent qui auraient pris possession de l'hérédité, comme nous leur en avons accordé la
faculté (2), ne sont pas applicables à l'héritier dont la renonciation a été annulée.

**135.** Les intéressés, c'est-à-dire les aspirants, sont
admis à faire annuler la renonciation, par voie d'option,
qui a été précédée d'une acceptation expresse ou tacite du
lot héréditaire, quand cette option porte sur un lot auquel
ils pouvaient avoir droit éventuellement.

---

(1) Ainsi l'aîné qui renonce à la part héréditaire pour un autre lot
qu'il ne peut garder, le mari qui opte pour la portion dont sa femme
vient à être irrégulièrement allotie, la veuve survivante qui opte
pour la part de son mari défunt peuvent réclamer le lot héréditaire
à laquelle ils ont préféré par erreur celui dont ils sont évincés. V.
Cons. de Préfecture du Pas-de-Calais. 30 juin 1871, *com. de Montigny-
en-Gohelle.* 25 septembre 1871, *com. d'Annay,* 23 novembre 1872.
*com. de Plouvain, Leroy.* 9 janvier 1873, *com. d'Harnes, Baillier.*
12 décembre 1874, *com. de Biache-Saint-Vaast, Leroy.* 2 octobre
1879, *com. d'Harnes, Brillant.* 27 juin 1885, *com. de Noyelles-sous-
Lens, Mercier.*

(1) V. *suprà*, p. 191.

### III. — *Des droits et obligations de l'héritier à la part*

#### a) *Des droits et obligations de l'héritier légitime*

##### Généralités

**136.** L'appelé saisi du lot héréditaire doit être considéré comme l'ayant-cause du *de cujus*, en ce qui concerne la part dont il hérite. Il acquiert *ipso jure*, dès l'ouverture de la succession, la possession juridique de ladite part.

Il en résulte qu'à partir de ce jour : 1° Le successible saisi a la propriété des fruits; 2° Il a la faculté de céder à titre de bail son droit de jouissance.

Pour se faire mettre, maintenir ou rétablir en possession de fait de la part héréditaire, l'héritier a les diverses actions suivantes :

1° Une action analogue à l'action en pétition d'hérédité par laquelle il obtiendra le délaissement de la part, par ceux qui le détiennent indûment;

2° Une action possessoire pour se faire maintenir ou rétablir en possession de la part héréditaire;

3° Toutes les actions pétitoires ou possessoires que pouvait intenter le *de cujus*.

Toutefois l'héritier ne pourra, en aucun cas, avoir des droits plus étendus que son auteur.

**137.** Personne n'ayant le droit d'avoir plus d'une portion il en résulte que si, à l'ouverture de la succession, l'héritier appelé, se trouve déjà alloti, il sera mis immédiatement en demeure d'opter.

### De l'action en pétition du lot héréditaire

**138.** L'action par laquelle un appelé réclame la part à laquelle il a vocation est une action réelle accordée au successible pour obtenir le délaissement des biens héréditaires par ceux qui en en ont pris possession sans droit.

On ne la donne pas seulement à l'héritier saisi mais, en cas d'inaction de celui-ci, on l'accorde encore aux descendants plus éloignés appelés à succéder éventuellement à la portion ménagère. Il suffira donc que le demandeur prouve sa qualité de descendant du *de cujus* pour que le défendeur ne puisse le repousser en établissant l'existence d'héritiers plus proches, à moins toutefois que ledit défendeur ne soit lui-même un descendant du défunt préférable au demandeur par son sexe ou la proximité de son degré.

La pétition d'hérédité est accordée contre celui qui prétend indûment détenir la part à titre d'ayant-cause universel du défunt, notamment contre le descendant qui s'est mis en possession du lot en raison de l'inaction du successible le plus proche.

Le but auquel tend cette action est le suivant: obliger le défendeur:

1° A délaisser le lot héréditaire qui est en sa possession avec tous les accessoires et améliorations apportés ou non par lui, sauf le droit pour ledit possesseur de se faire rembourser des labours, semences et généralement de toutes les dépenses nécessaires qu'il a pu faire sur la part (1) ;

2° A réparer, s'il est de mauvaise foi, les détériorations apportées à la portion héréditaire non seulement par sa faute ou sa négligence mais même par cas fortuit. Il en est autrement du possesseur de bonne foi qui ne devra réparation des dommages par lui commis que s'il en a profité, et dans la mesure de son profit;

3° A restituer, sauf au cas de bonne foi (2), les fruits qu'il a perçus ou même négligé de percevoir, du jour de la demande, à la condition qu'on lui rembourse les frais faits pour arriver à la récolte des fruits (3).

Il est à noter cependant que le possesseur de bonne foi

(1) V. les arrêtés du Cons. de Préfecture du Pas-de-Calais (*Deleruyelle, Dessaint, Delforge, Mélantois*) cités ci-dessous à la note 3. Cf. 18 juillet 1891, *com. de Fampoux, Citerne.* 28 juillet 1891, *com. de Plouvain, Debroy.*

(2) Ne peut être considéré comme de bonne foi le descendant qui, à raison de l'inaction de l'héritier le plus proche, a pris possession de l'hérédité alors qu'il sait du moins que la cause de l'inaction du véritable héritier est l'ignorance où il se trouve de l'ouverture de la succession.

(3) Cons. de Préfecture du Pas-de-Calais, 31 décembre 1875, *com. de Meurchin, Delorraine.* 8 juillet 1876, *com. de Meurchin, Lequesne.* 15 juillet 1889, *com. d'Harnes, Deprez.* 24 juillet 1889, *com. de Meurchin, Lohez.* 19 novembre 1889, *com. de Noyelles-sous-Lens, Jacquart.* 22 avril 1890, *com. d'Harnes, Fleury.* 29 avril 1890, *com. d'Auchy-les-Labassée, Grébert.* 1er mai 1890, *com. de Noyelles-sous-Lens, Waterlot.* 9 juillet 1890, *com. d'Harnes, Mélantois, Morel, com. d'Annay, Dufour.* 11 nov. 1890, *com. de Meurchin, Deleruyelle.* 14 fév. 1891, *com. de Vitry, Dessaint.* 17 mars 1891, *com. d'Harnes, Delforge.* 18 juillet 1891, *com. d'Harnes, Mélantois.*

qui a fait les fruits siens, étant dispensé de les restituer, sera privé du droit de réclamer les impenses relatives à la récolte des fruits dont il vient d'être question.

**139.** L'exercice de cette action peut être paralysé dans le cas où le demandeur, resté plus de trente ans dans l'inaction, est devenu complètement étranger à la succession qu'il réclame (1).

Toutefois si le successible a accepté le lot héréditaire, mais ne s'est pas mis en possession de fait, il pourra le réclamer pendant trente ans contre le détenteur irrégulier. Son action ne s'éteint que par la prescription trentenaire qui commence à courir du jour où le possesseur de fait a agi comme seul et véritable ayant-cause du défunt (2).

La prescription de l'action qui nous occupe court au profit de celui qui aurait même usurpé la part sans avoir aucun titre à se croire ayant-cause du défunt.

Le possesseur de fait du lot a pu, avant d'être évincé par l'action en pétition d'hérédité, faire des actes d'administration. Il y a donc lieu de rechercher quel sera le sort de ces actes.

**140.** Les actes d'administration consentis par le possesseur de l'hérédité, au profit des tiers de bonne foi, sont opposables à l'héritier sans qu'il y ait à considérer le titre en vertu duquel le détenteur irrégulier a appréhendé la portion, ni sa bonne ou sa mauvaise foi.

A fortiori doit-on admettre la solution précédente quand le possesseur de fait du lot héréditaire est un descendant

---

(1) Cf, Cons. d'État, 8 juin 1883, *com. d'Harnes, Laurent, Sénéchal.* Leb., p. 527.

(2) Cons. de Préf. du Pas-de-Calais, 30 juillet 1881, *Laurent c. Lhotte* (Rec. de MM. Garnier et Dauvert, 1881, p. 301).

du défunt et qu'il a accompli ces actes par suite de l'inaction de l'héritier appelé.

Dans ce cas le tiers qui a contracté avec lui, connaissant sa parenté avec le défunt, pouvait croire qu'il était véritablement appelé à la portion, ce qui fait présumer sa bonne foi.

### Des obligations de l'héritier

**141.** En vertu de la transmission même de la part, le successible est tenu de respecter les droits légalement consentis par son auteur sur le lot dont il hérite.

### b) *Des droits et des obligations du successeur irrégulier*

**142.** L'enfant naturel acquiert, *ipso jure*, dès l'instant de l'ouverture de la sucession, le droit à la part héréditaire ; mais, à la différence de l'héritier légitime, il n'a pas de plein droit la possession juridique dudit lot.

En d'autres termes, bien qu'il soit investi, dès le décès du *de cujus*, du droit à la part, il n'a pas la saisine.

De ces principes il résulte que l'enfant naturel acquiert, du jour de l'ouverture de la succession, un véritable droit réel sur la part et non pas sur un droit de créance pur et simple. La formalité de l'envoi en possession à laquelle nous verrons plus loin que le successeur irrégulier est soumis, ne peut être d'ailleurs considérée comme une condition suspensive à laquelle soit subordonnée l'acquisition du droit réel qui nous occupe. Indépendamment donc de toute demande en justice, de toute formalité, l'enfant naturel acquiert le droit au lot héréditaire.

Il en résulte que, s'il survit un seul instant au défunt et

meurt avant d'avoir pu se faire envoyer en possession, il transmettra à ses propres descendants le lot qu'il a recueilli.

Le successeur irrégulier ne peut se mettre, de sa propre autorité, en possession de la part qui lui échoit, mais il devra demander l'envoi en possession et, pour l'obtenir, sera astreint à remplir certaines formalités qui ont surtout pour but d'avertir de l'ouverture de la succession les autres descendants que le défunt a laissés.

Le successeur irrégulier a, comme les autres héritiers, la faculté d'opter entre l'acceptation ou la répudiation de la part ; mais, puisqu'à la différence des héritiers légitimes, il n'a pas la saisine héréditaire, les tiers ne peuvent lui demander l'exécution des conventions consenties par le défunt tant que l'envoi en possession ou même la simple prise de possession n'a pas eu lieu. Toutefois la formalité de l'envoi est indispensable pour pouvoir écarter ceux qui détiennent sans droit la part héréditaire.

L'enfant naturel, qui s'est mis ou a été envoyé en possession du lot, n'acquiert définitivement le droit à cette portion qu'après l'extinction de l'action en pétition d'hérédité pouvant appartenir aux héritiers qui lui sont préférables. Nous avons vu, plus haut, les principes qui sont applicables à cette action. C'est aussi également d'après les distinctions établies précédemment entre les possesseurs de bonne et de mauvaise foi qu'il faut résoudre les difficultés concernant la réparation des détériorations apportées au lot et la restitution des fruits.

Le fait, pour le successeur irrégulier, de s'être mis de son autorité privée en possession des biens héréditaires sans accomplir les formalités de l'envoi en possession,

même quand l'omission de ces formalités n'a pas eu pour
but de soustraire le fait de l'ouverture de la succession
à la connaissance des héritiers appelés, constitue une négligence ; c'est pourquoi, fût-il de bonne foi, l'auteur de
cette faute devra rembourser, à titre de dommages-intérêts, la valeur des fruits par lui recueillis pendant le
temps qu'il est resté en possession.

**143.** Les actes d'administration, faits par le successeur
irrégulier qui a été ultérieurement privé du lot héréditaire
au profit d'un héritier préférable, ne peuvent être opposés à ce dernier que sous les conditions suivantes :

1° Il faut qu'ils aient été consentis à des tiers de bonne
foi ;

2° Qu'ils aient été accomplis postérieurement à l'envoi
en possession.

**144.** Quand la part de l'enfant naturel est dévolue, après sa mort, à ses descendants légitimes, il y a lieu
d'appliquer à la transmission de cette hérédité les principes relatifs à la succession légitime rappelés ci-dessus.

Si le successeur irrégulier n'a laissé en mourant que
des descendants naturels, on se reportera aux règles spéciales à la succession irrégulière.

IV. — *Retour à la commune de la part vacante.*

**145.** Lorsqu'il n'existe ni descendants légitimes n'ayant
pas renoncé et par conséquent investis de la saisine héréditaire, ni, à leur défaut, de successeurs irréguliers aptes à
réclamer la succession, la part est réputée vacante et fait
retour, en droit, à la commune. (1)

(1) Cons. de Préfecture du Pas-de-Calais, 19 et 28 juin 1871, *com.*

Lorsque la part est réputée vacante, tout aspirant peut en demander le retour de fait pour être ensuite attribuée au plus ancien habitant non pourvu.

Dès le décès du portionnaire sans descendants et même si la part est indûment détenue par un possesseur illégitime, les intéressés peuvent former leur demande en retour de la part à la commune. Cette demande se fait généralement par requête adressée au maire ; celui-ci en examine le bien-fondé et procède de suite, s'il y a lieu, à l'envoi en possession ou allotissement du plus ancien aspirant.

### § II. — De la succession testamentaire aux parts de marais

**146.** Pour permettre au père de famille, possesseur d'une part, de la laisser à celui de ses enfants qu'il croirait le plus digne de cette faveur, le Roi avait, sur la demande des représentants des provinces de Bourgogne et des Trois-Évêchés, accordé expressément dans ces provinces la faculté de déroger aux règles ordinaires de la transmission héréditaire (1).

---

de Biache-St-Vaast et com. d'Annay. 30 juin 1871, com. de Montigny-en-Gohelle et com. d'Annay. 8 juillet 1871, com. de Biache-St-Vaast et de Pelves. 25 août 1871, com. d'Annay. 22 septembre 1871. com. de Plouvain. 9 juin 1883, com. de Drouvin, Lagrenée (Rec. de MM. Garnier et Dauvert, 1886, p. 103). 5 juin 1886, com. de Plouvain, Waterlot (Rec. de MM. G. et D., 1887, p. 50).

(1) V. les art. VI des édits de 1769 et de 1774.

**147.** En Artois au contraire où les anciens édits antérieurs à 1779 permettaient aux allotis de disposer de leurs portions par actes entre vifs ou testamentaires, même en faveur d'un tiers, ces édits avaient été abrogés par l'autorité royale.

Aux termes du préambule de l'Arrêt de 1779 applicable à cette province, on voit que de graves abus s'étaient produits. Sous de prétendues donations, on cachait parfois de véritables ventes du droit à la part, ce qui avait pour résultat de priver le plus ancien aspirant du lot qu'il aurait pu recueillir si le titulaire n'en avait disposé avant sa mort.

**148.** La disposition qui porte sur un droit de jouissance ménagère étant un véritable testament, on exigera pour sa validité les conditions requises par le Code civil en cette matière.

Le titulaire de la part aura le droit, s'il le juge à propos, de soumettre à certaines modalités la jouissance qu'il entend laisser à l'un de ses enfants. Elle pourra donc être valablement transmise par acte testamentaire, avec ou sans charges, purement et simplement ou sous conditions. D'après les principes généraux, le père ne saurait toutefois léguer son lot à partir d'un autre jour que celui de sa mort ou seulement jusqu'à une époque déterminée.

En vertu des textes spéciaux qui établissent l'indivisibilité des portions ménagères et soumettent leur transmission à certaines règles, on devra également décider que le droit à la part ne pourra être légué par le titulaire au profit de plusieurs de ses enfants appelés par lui à en jouir simultanément.

## SECTION II

### DU DROIT D'ACCROISSEMENT ENTRE ÉPOUX CO-APPELÉS A LA JOUISSANCE DE LA PORTION MÉNAGÈRE

**149.** Aux termes des Édits et Lettres-patentes applicables à la Flandre, à la Bourgogne et aux Trois Évêchés, le conjoint survivant a, sa vie durant, (par préférence aux héritiers, dans ces deux dernières provinces où le droit des enfants est reconnu), la jouissance de la portion dont il a eu la possession indivise pendant le mariage. Les droits du conjoint survivant varieront d'ailleurs suivant que le lot est tombé dans la communauté du chef de son conjoint personnellement alloti avant le mariage ou, s'il a été accordé au ménage comme association conjugale composée de deux membres ayant même ancienneté d'aspirance, ce qui se produit par exemple quand les époux n'ont eu feu séparé que du jour de leur union.

D'abord le mari survivant n'aura, en Lorraine et en Bourgogne, aucun droit au lot propre à sa femme prédécédée et dont il a eu cependant la jouissance pendant le mariage comme administrateur des biens de sa femme. Le droit d'usufruit du survivant sur le lot propre à son conjoint prédécédé, constitue en effet dans ces provinces, un privilège réservé à la veuve à raison de la faiblesse de son sexe.

Si au contraire la part a été accordée au ménage au lieu d'être un bien propre à l'un des conjoints, les deux membres de l'association conjugale ont les mêmes droits,

14

et ce n'est qu'à la mort du survivant des époux que la
portion devient vacante.

En second lieu, il faut ajouter qu'au cas de convol du
survivant d'un premier mariage, son second conjoint
aura, s'il survit, un droit viager sur la part propre
du prédécédé. Au contraire, toute jouissance du lot ac
cordée au premier ménage, en tant qu'association conjugale, lui sera refusée, le droit des deux membres de
la communauté allotie comme personne morale s'étant
éteint avec eux.

Ces solutions découlent des textes relatifs à la matière
et notamment de l'art. VIII des lettres patentes (1).

**150.** De l'ensemble de ces dispositions et sauf les
exceptions signalées plus haut, il résulte que la jouissance
dont il s'agit est « une sorte d'usufruit qui *passe* au survivant des époux et s'éteint avec lui (2) ».

Mais la question qui se pose est celle de savoir de quelle
façon ce droit *passe* au survivant. On ne saurait soutenir
qu'il l'acquiert *jure hæreditario* (3). En effet, si l'on
remarque que l'indivisibilité de la part est de l'essence
même de notre droit spécial, on ne peut prétendre que
l'homme et la femme composant le ménage ont possédé,
chacun pour moitié, la portion attribuée au dit ménage et
que le survivant hérite de la moitié ayant appartenu à son
conjoint. Il est plus conforme à la vérité juridique de dire
que le survivant continuera seul à jouir du même droit

(1) V. Legrand, *op. cit.*, p. 28.

(2) V. Legrand, *op. cit.*, p. 43.

(3) En ce sens Cons. de Préfecture du Nord. 23 juillet 1880. *com.
de Raches, Pennequin*, rapporté dans le recueil de MM. Garnier et
Dauvert, 1881, p. 195.

qu'il exerçait, conjointement avec son époux, pendant la vie de ce dernier.

Ne faut il pas voir là l'exercice d'un véritable droit d'accroissement entre co-usufruitiers, établi en vertu d'une disposition expresse ?

De ce que l'accroissement n'a lieu le plus souvent qu'en matière de droits héréditaires, il ne faut pas conclure que l'établissement de ce droit a été prohibé partout ailleurs. La légalité de la constitution du droit d'accroissement en matière d'usufruit a été, au surplus, reconnue par tous les auteurs qui ont traité des servitudes personnelles (1).

Personne ne songe d'ailleurs à contester que l'on puisse constituer, par convention, au profit de plusieurs personnes appelées à l'exercer simultanément, un droit de jouissance qui ne s'éteindra pas partiellement au décès de chacune d'elles. Or comme la loi peut produire le même résultat que la convention des parties, rien ne s'oppose à ce que l'on voie, dans la disposition qui nous occupe, la création d'un véritable droit d'accroissement d'usufruit ; toutefois une faveur aussi exceptionnelle ne peut résulter que d'une disposition précise et formelle au défaut de laquelle on ne saurait suppléer en invoquant l'*esprit* général d'un texte.

C'est pour cette raison que la majorité des auteurs et la jurisprudence, dans un nombre considérable de déci-

---

(1) V. SALVIAT, *Traité de l'usufruit, de l'usage et de l'habitation*, t. I, § VI, p. 374. GENTY, *Traité des droits d'usufruit, d'usage et d'habitation*, p. 29, nos 47 et suiv. Cf. AUBRY et RAU, *op. cit.*, t. 2, p. 509, § 234.

sions, ont refusé de reconnaître en Artois, nonobstant les
usages ou règlements municipaux contraires, le droit des
veuves à la jouissance de la part possédée par leur dé-

(1) V. en ce sens M. Passez, *op. cit.*, p. 45, et *Rev. gén. d'adm.*,
1888, p. 421. Clément, *Droit rural*, n° 200, p. 379, et *De l'usufruit*,
etc., n° 142, p. 236. Legrand, *op. cit.*, p. 44. Cf. les arrêtés rendus
par le Cons. de Préfecture du Pas-de-Calais : en 1868 : 10 janvier, *com.
de Vitry*, Lengrand ; 7 février, *com. de Vitry*, Nazé ; 6 mars, *com.
de Vitry*, Druon ; 1er mai, *com. de Vitry*, Verdière ; 22 mai, *com.
d'Haisnes*, Libet ; 20 juillet, Bruno ; 4 septembre, *com. de Vitry*,
Ponthieux, Detry, *com. de Loison*, Roche : 25 septembre, *com. de
Vitry*, Mortreux et *com. de Meurchin*, Hocq ; 20 novembre, *com.
de Vitry*, Tourtois : *com. d'Annay*, Dedourge, *com. de Noyelles-
sous-Lens*, Dacheville ; 27 novembre, *com. de Vitry*, Bossu, Leclercq,
*com. d'Haisnes*, Delbecq ; 10 décembre, *com. de Vitry*, Caridroit.
En 1869 : 5 mars, *com. de Vitry*, Mabrier ; 2 avril, Jacquart ;
26 avril, Lengrand ; 11 juin, *com. d'Haisnes*, Derick ; 25 juin, *com.
de Meurchin*, Trédez ; 3 septembre, *com. de Plouvain*, Hutin.
En 1871 : 19 et 28 juin, *com. de Biache-St-Vaast et d'Annay* ;
30 juin, *com. de Montigny-en-Gohelle et d'Annay* ; 8 juillet, *com. de
Biache-St-Vaast et de Pelves* ; 25 août, *com. d'Annay* ; 22 septembre,
*com. de Plouvain*. 5 avril 1876, Legrand, Mélantois. 5 juillet
1879, *com. d'Harnes*, Thelliez, Jambart. (Rec. de MM. Garnier et
Dauvert, 1879, p. 221 et *Revue générale d'administration*, 1881,
2, p. 454). En 1880 : 12 mai, *com. de Rœux*, Dehenne ; 18 mai, *com.
de Rœux*, Billot ; 12 juin, *com. de Rœux*, Dherbomez, Gras ; 19 juin,
*com. de Rœux*, Huret ; 7 août, *com. de Rœux*, Lhomme. 30 juillet
1881, *com. d'Harnes*, Laurent. (Rec. de MM. G. et D., 1881, p. 301).
8 juin 1883, *com. de Drouvin*, Lagrenée (Rec. de MM. G. et D., 1886,
p. 103). En 1886 : 6 novembre, *com. de Meurchin*, Lohez ; 11 décembre, *com. d'Harnes*, Méresse. 19 février 1887, *com. de Loison*,
Roche. En 1888 : 6 mai, *com. d'Harnes*, Cailliez ; 16 mai, *com.
d'Harnes*, Racquez. En 1890 : 22 avril, *com. d'Harnes*, Fleury ;
9 juillet, *com. d'Harnes*, Mélantois, Morel ; 24 juillet, *com. de*

funt mari(1), en se fondant sur ce que, ni l'arrêt du 25 février 1779, ni aucune loi postérieure ne leur accordaient ce droit. Des partisans convaincus du droit des veuves (2) ont bien

*Meurchin, Lohez ;* 11 novembre, *com. de Meurchin, Deleruyelle, com. d'Harnes, Versaines.* 17 mars 1891, *com. d'Harnes, Delforge.* 15 novembre 1892, *com. d'Harnes, Corroyez.* 15 juillet 1893, *com. d'Harnes, Martin.*

Cf. Cons. d'Etat, 23 juin 1841, *com. d'Évin-Malmaison, Dehayes.* Leb., p. 259. 14 février 1845, *com. d'Haisnes, veuve Pasquier c. Raux,* Leb., p. 69. 18 février 1858, *com. d'Évin-Malmaison, Blondeau, Delobelle, Butruille et Plaisant,* Leb. p. 151. 20 mai 1881, *com. d'Harnes, Jambart, Thelliez.* Leb p. 520 et D. 82, 5, 102. 8 juin 1883, *com. d'Harnes, Laurent, Sénéchal c. Lotte.* Leb. p. 525.

(2) V. LE GENTIL, *op. cit.* p. 512 et suiv.

Pour démontrer que le législateur a *dû* accorder à la veuve survivante l'usufruit de la part de son conjoint, on a fait ressortir que l'Arrêt de 1779 était le seul acte règlementaire qui ne l'accordât pas. Mais on n'a pas remarqué que, sous l'ancien régime, les législations variaient souvent d'une province, quelquefois même d'une localité à l'autre, suivant la façon de voir des représentants desdites provinces ou localités qui avaient préparé le projet d'édit à soumettre à l'approbation royale. Il n'y a donc pas lieu de s'étonner que le droit du conjoint survivant ait été consacré partout ailleurs qu'en Artois, sans qu'on puisse retrouver aujourd'hui la cause qui a influé sur le rédacteur de l'Arrêt du Conseil relatif à cette province et lui a fait consacrer cette exception.

Nous comprenons au surplus qu'on se soit indigné parfois, dans la pratique, de voir un fils venir se réclamer de la loi pour dépouiller une mère vieille, infirme ou chargée de famille, de la seule ressource qui lui reste. Néanmoins nous ne saurions admettre qu'en vertu de ces pures considérations de fait, on prétende réformer et compléter la loi, ce qui nous semble manifestement contraire à toute méthode juridique d'interprétation.

tenté d'expliquer, par une prétendue omission du législateur, le silence de l'arrêt du Conseil de 1779, sur ce point. Une pareille omission serait d'autant plus extraordinaire que les Lettres patentes de 1773, qui n'ont jamais eu force exécutoire faute d'enregistrement par le Conseil supérieur d'Artois, accordaient expressément ce droit à la veuve survivante.

Si le législateur a gardé le silence sur ce point, quatre ans après, cette omission n'a donc pu être que volontaire.

## SECTION III

### DE L'ACQUISITION DES PARTS VACANTES PAR DROIT D'ANCIENNETÉ D'ASPIRANCE

**151.** Lorsqu'une part devient vacante, par suite de l'extinction du droit de l'ancien titulaire pour une des

Nous dirons en terminant que puisqu'il s'agit d'un droit exceptionnel, exorbitant, pour la création duquel il faut un texte précis, il n'y pas lieu d'invoquer ici l'esprit de la loi, pas plus qu'on ne peut tirer argument de ce que les députés de la province ont admis le droit des veuves dans leur jurisprudence.

V. notamment les ordonnances des **24** août 1785, *com. d'Athies*, 6 mai 1786, *com. de Vis-en-Artois.* 8 juin 1787, *com. de Vendin-le-Vieil.* 12 septembre 1787, *com. de Vitry.* 9 février et 4 mars 1788, *com. de Vendin-le-Vieil* et de *Carvin.* 3 décembre 1788. *com. de Wingles.* 20 octobre 1789, *com. de Carvin.* 20 mars 1790, *com. de Meurchin.*

causes qui seront examinées plus loin, ladite part fait retour en droit à la commune.

Le droit de jouissance vient donc se réunir momentanément entre les mains de cette dernière, par suite d'une véritable consolidation, à la nue-propriété qu'elle a conservé.

**152.** S'il se trouve à ce moment un aspirant non pourvu qui réunit les conditions d'ancienneté et d'aptitude requises, cet aspirant aura, dès l'instant où la part devenue vacante aura fait retour à la commune, un droit acquis à ce lot communal, un véritable droit réel sur la part indépendamment de toute formalité. Si l'envoi en possession ou allotissement est généralement exigé dans la pratique, ce n'est donc pas qu'il soit nécessaire qu'un acte émané de la commune détache à nouveau, en faveur de l'aspirant, le droit de jouissance de la pleine propriété. L'envoi en possession est simplement recognitif et le droit de l'aspirant peut être aussi bien reconnu par une décision judiciaire, sans aucun acte de l'autorité municipale, que par un allotissement régulier (1). Le droit acquis de l'aspirant n'est aucunement subordonné par la loi à la condition de l'envoi en possession ; en effet, le lot fait retour à la commune pour être attribué par elle au plus ancien aspirant. Si les édits ne mettent à l'acquisition de son droit aucune con-

(1) V. en sens contraire CLÉMENT, De l'usufruit, etc., n° 135, in fine et 183, p. 232, sur la possibilité de l'attribution directe par les tribunaux administratifs, sans renvoi devant le maire pour l'allotissement. V. Cons. de Préfecture du Pas-de-Calais. 16 novembre 1869, 2 décembre 1872, com. de Plouvain, Waterlot. 11 janvier 1873, com. d'Evin-Malmaison, Dugardin, Bertrand.

dition, il s'ensuit que si l'aspirant meurt avant l'envoi
en possession, il pourra transmettre à ses héritiers le droit
qu'il avait dans son patrimoine (1).

L'allotissement régulier par l'autorité municipale, s'il est
inutile pour faire acquérir le droit à la part, présente au
moins cet avantage d'avertir les autres aspirants que tel
habitant se prétend le plus ancien et de leur permettre
ainsi d'élever toutes les réclamations qu'ils jugeraient à
propos, soit sur la question d'aptitude, soit sur celle de
l'ancienneté de l'alloti (2).

Contrairement à l'opinion que nous venons d'exposer,
le Conseil de préfecture du Pas-de-Calais a jugé que c'est
le maire qui, comme représentant de la commune, inves-
tit le portionnaire du droit à la part de marais. Après
avoir admis que l'arrêté municipal d'envoi en possession
fixe seul définitivement le droit de l'aspirant, le tribunal
administratif en a conclu également qu'il déterminerait
seul la part sur laquelle doit s'exercer ce droit. N'ayant
pas de vocation spéciale à une part donnée, l'aspirant, a-t-
on dit, n'est pas tenu de réclamer le premier lot vacant et,
au cas d'inaction de sa part, les autres aspirants peuvent

---

(1) V. en sens contraire Cons. d'Etat, 9 février 1872, *com. de
Vitry, Cauchy, Capron.* Leb., p. 52.

(2) Sur la nécessité de l'envoi en possession. V. LE GENTIL, *op. cit.*,
p. 410. CLÉMENT, *Droit rural*, n° 200, p. 380 et M. PASSEZ, *op. cit.*,
p. 40, et *Rev. gén. d'adm.*, 1888, p. 416.

Cf. Cons. de Préfecture du Pas-de-Calais. 8 décembre 1871, *com.
de Biache-St-Vaast, Duneufjardin.* 5 juin 1886, *com. de Plouvain,
Waterlot* (Rev. gén. d'adm., 1887, p. 326) et 2 juillet 1889, *com.
de Plouvain.*

Cf. Cons. d'Etat. 9 février 1872, *com. de Vitry, Cauchy, Capron.*
Leb., p. 52.

venir demander à être envoyés en possession du lot qui lui aurait été accordé s'il en avait manifesté le désir (1).

N'ayant pas admis le principe établi par la jurisprudence, nous ne pouvons adopter les conséquences directes qu'elle en tire, mais nous nous hâtons toutefois d'ajouter que, pour ne pas laisser la part improductive, on pourra envoyer en possession l'aspirant qui suit le plus ancien en cas d'inaction de ce dernier. Comme aucune déchéance n'atteint celui-ci, il pourra, par la suite, soit réclamer la part à laquelle il avait droit, soit venir à une autre s'il a gardé son aptitude, puisque rien ne lui a fait perdre ses droits d'ancienneté.

« Sans doute, dit M. Legrand, l'habitant qui a un droit « véritable commet une faute s'il ne le fait pas valoir, et « il peut, sans injustice, en supporter la responsabilité ; « mais d'un autre côté, indépendamment de l'ignorance

(1) V. sur toutes ces questions les arrêtés du Cons. de Préfecture du Pas-de-Calais du 7 février 1868, *com. de Vitry, Dessaint*. 20 novembre 1868, *com. de Noyelles-sous-Lens, Dacheville*. 27 novembre 1868, *com. d'Haisnes, Delbecq*. 11 décembre 1868. *com. de Vitry, Caridroit, Petit*. 5 mars 1869, *com. de Vitry, Mabrier*. 8 décembre 1871, *com. de Biache-St-Vaast, Duneufjardin*. Cons. d'État, 9 février 1872. *com. de Vitry, Cauchy, Capron*. Leb., p. 52. Cons. de Préfecture du Pas-de-Calais, 24 février 1877, *com. de Vitry, Mopty*. 20 juin 1877, *com. d'Auchy-les-Labassée, Ducroquet*. 5 juillet 1879, *com. d'Harnes, Jambart* (Rec. de MM. Garnier et Dauvert, 1879, p. 224) et 30 juillet 1881, *Laurent* (Rec. de MM. G. et D., 1881, p. 301). 9 juin 1883, *com. de Drouvin, Lagrenée*. (Rec. de MM. G. et D., 1886, p. 103). 5 juin 1886, *com. de Plouvain, Waterlot* (Rec. de MM. G. et D., 1887, p. 50). 2 juillet 1889, *com. de Plouvain, Mathon*.

« de son droit, l'homme qui vient ainsi tardivement le
« réclamer ne peut-il pas avoir eu des raisons pour le
« laisser dormir ?

    « Jouissant d'une fortune qui suffit à ses besoins, est-
« il coupable de n'avoir pas prévu que le malheur pourrait
« frapper ses vieux ans ?

    « Qui sait si un sentiment généreux, le désir de faire
« profiter d'une portion de plus malheureux que lui, n'é-
« tait pas la seule cause de son silence (1) ? »

    Mais il faut aller plus loin et décider que, même dans
des circonstances de fait défavorables à l'aspirant, quand
par exemple, il n'a pas fait valoir son droit sur la part
vacante parce qu'il en attendait une plus fertile, l'alloti
gardera son droit d'ancienneté en l'absence d'un texte qui
l'en prive.

    Le Conseil d'Etat dans une espèce isolée, a décidé au
contraire qu'en pareil cas l'aspirant ne pourrait plus
exercer son droit qu'après tous les habitants inscrits à l'é-
poque de son refus (2).

Formes de l'allotissement

    **153.** En Flandre, l'allotissement est demandé par le
maire, au nom de l'aspirant, au sous-préfet de l'arrondissement de la situation du bien (3).

    En Artois, en Bourgogne, et dans les Trois-Évêchés, il

---

(1) V. Legrand, *op. cit.*, p. 36, et Le Gentil, *op. cit.*, p. 407.

(2) V. Cons. d'État. 22 novembre 1836, *com. de Marsilly*, *Thor-
nas.* Leb., p. 305.

(3) Cet usage remonte à 1813, l'art. 9 de l'arrêté préfectoral du
20 juillet 1813 exigeait l'accomplissement de ces formalités, et bien

a lieu par arrêté du maire de la commune, sur demande de l'aspirant (1).

**114.** Le maire devra, avant de transmettre la demande de son administré ou d'y faire droit par lui-même, examiner si le postulant remplit les conditions d'aptitude requises.

Il est bien entendu que si le maire peut procéder à cet examen avant l'envoi en possession, il ne lui est jamais permis de s'ériger en juge d'une question contentieuse.

C'est ainsi que la jurisprudence a décidé que le maire ne pouvait, sans excès de pouvoir, tenir compte des exceptions soulevées par les détenteurs des parts de marais pour repousser une action dirigée contre eux (2).

## SECTION IV

### DE L'USUCAPION

**155.** Comme aucune disposition de la législation relative aux parts de marais n'est inconciliable avec les règles du Code civil qui établissent l'acquisition, par la possession, de certains démembrements du droit de propriété

---

que l'arrêté dont il s'agit n'ait jamais eu, comme on l'a vu, force obligatoire, la pratique n'a pas cessé d'appliquer cette disposition.

(1) V. LE GENTIL, *op. cit.*, p. 409, M. PASSEZ, *op. cit.*, p. 40 et Rev. Gén. d'administration, 1888, p. 416.

(2) Cons. de Préfecture du Pas-de-Calais, 3 janvier 1873, *com. d'Annay, Dedourges*, et 7 avril 1873. *com. d'Harnes, Devallez.*

comme l'usufruit, l'usage, etc., il faut décider que notre droit réel, qui est un véritable démembrement de la propriété, est susceptible d'être acquis par la possession, conformément au droit commun (1).

**156.** La possession offre encore à celui qui l'exerce les avantages suivants : il fait siens les fruits, s'il possède de bonne foi (2); il a les actions possessoires. Sera considéré comme ayant la possession du droit à la part de marais, celui qui l'exercera régulièrement, c'est-à-dire qui fera des actes extérieurs de jouissance assez rapprochés pour que le public en soit frappé.

**157.** La possession doit être, comme on le sait, continue, non interrompue, paisible, publique, non équivoque et exempte de précarité.

Il faut enfin que la possession ait duré pendant le temps légal.

Sur les premières conditions de continuité et de publicité, nous n'insisterons pas, nous bornant à rappeler que les causes ordinaires d'interruption : cessation de la

---

(1) CLÉMENT, *De l'usufruit,* etc., nᵒ 154, p. 251. Cons. de Préfecture du Pas-de-Calais. 10 janvier 1868, *com. de Vitry, Dessailly, Coste, com. d'Evin-Malmaison, Henneau.* 4 septembre 1868, *com. de Vitry, Ponthieux, com. d'Annay, Héringuez.* Cons. d'État, 18 mai 1870, *com. d'Evin-Malmaison, Henneau.* Leb., p. 594. Cons. de Préfecture du Pas-de-Calais, 25 octobre 1872, *com. d'Annay, Largillière.* Cons. d'État. 7 avril 1873, *com. d'Harnes, Delvalle.* Cons. de Préfecture du Pas-de-Calais. 29 juin 1878, *com. d'Harnes, Baillieu.*

(2) Cons. d'État. 9 août 1880, *com. d'Evin-Malmaison, Valin.* Leb., p. 765. 5 août 1881, *com. de Biache-Saint-Vaast, Buquet.* Leb., p. 767 et D. 85, 3. 16. 29 avril 1887, *com. de Montigny-en-Gohelle, Louis dit Desobry, c. Gambier.* Leb., p. 332 et notes. D. 88, 3. 79. S. 89. 3. 25.

possession, réclamation du véritable titulaire, reconnais-
sance de son droit par le possesseur, etc., ou de suspension, comme par exemple la minorité ou l'interdiction,
interromprent ou suspendront la prescription de la part
de marais.

Nous avons vu que la possession ne peut fonder de prescription que si elle est exempte de précarité. Sont possesseurs précaires ceux qui détiennent la chose *tanquam
alienam*, et aussi longtemps qu'ils ne possèdent pas *animo domini*, ils ne peuvent prescrire.

Il faut rappeler au surplus que le possesseur qui
a commencé à posséder à titre précaire ne peut se changer
à lui-même le principe et la cause de sa possession, sauf
dans les deux cas limitativement déterminés par l'art. 2238
du Code civil, auquel il suffit ici de se référer (1).

Parmi les détenteurs précaires, on peut citer : le tuteur,
qui ne peut avoir sur les biens de son pupille aucune possession utile pour la prescription ; le mari qui détient au
nom de sa femme et comme administrateur légal de ses
biens propres la portion dont elle a été allotie avant le
mariage. Il continue, pour sa femme, la possession qu'elle
aurait pu commencer sur une part quelconque à laquelle
elle n'avait pas vocation légale; il lui acquiert la prescription.

Le mari ne peut même commencer à prescrire après la
dissolution du mariage, parce que la possession des biens
qu'il détient a toujours une origine précaire, à moins

---

(1) Cons. de Préfecture du Pas-de-Calais. 1er août et 24 novembre
1877, *com. de Montigny-en-Gohelle, Lefebvre.* 12 juin 1880, *com. de
Biache-Saint-Vaast, Guéant.* 9 juin 1883, *com. de Drouvin, Lagrenée* (Rec. de MM. Garnier et Dauvert, 1886, p. 103.

toutefois qu'il ne prouve que sa qualité de détenteur précaire a été intervertie (1).

Doit encore être considéré comme détenteur précaire
vis-à-vis de son adversaire, l'habitant qui a été condamné
par une décision judiciaire passée en force de chose jugée
à délaisser la part qu'il possédait indûment (2).

Pour que la prescription puisse être invoquée par
un habitant, il ne suffit pas que les conditions de possession soient accomplies, il faut encore que cette possession
régulière se soit continuée pendant la durée légale, c'est-à-
dire pendant 10 ou 30 ans (3), suivant que le possesseur a
ou non juste titre et bonne foi.

On remarquera qu'il ne saurait jamais être question,
dans la matière qui nous occupe, de la prescription de
20 ans puisque si l'habitant, contre lequel la prescription
s'accomplit, est absent dans le sens des art. 2265 et 2266
du Code civil, il a nécessairement cessé de résider dans la
commune, fait qui a eu pour conséquence inévitable de
faire retourner à la dite commune, comme on le verra plus

(1) V. sur toutes ces questions, les arrêtés du Conseil de Préfecture
du Pas-de-Calais du 24 janvier 1868, com. d'Evin-Malmaison, Henneau, confirmé par arrêt du Cons. d'Etat. du 18 mai 1870,
Leb. p. 594. Cons. de Préf. du Pas-de-Calais, 31 décembre 1873.
com. de Biache-Saint-Vaast, Ledoux. 1er août et 24 novembre
1877, com. de Montigny-en-Gohelle, Lefebvre. 13 mars 1881, com.
de Pelves, Letombe. 13 mars 1883, com. de Pelves, Letombe. 9 juin
1883, com. de Drouvin, Lagrenée.

(2) Cons. de Préfecture du Pas-de-Calais, 25 octobre 1872, com.
d'Annay, Largillière.

(3) Cons. de Préf. du Pas-de-Calais, 13 mars 1883, com. de Pelves,
Letombe. 9 juin 1883, com. de Drouvin, Lagrenée. 13 juin 1883,
com. d'Annay, Héringuez.

loin (1), la part dont il était titulaire. Contre la commune, le possesseur actuel ne peut d'ailleurs continuer à prescrire puisqu'il est à ses yeux un détenteur précaire.

**158.** Par application de l'art. 2235 du Code civil, les descendants de celui qui a commencé à prescrire et est mort avant l'accomplissement de l'usucapion sont autorisés à joindre le temps de la possession de leur auteur à celui pendant lequel ils ont eux-mêmes possédé (2).

**159.** Pour prescrire par 10 ans, on sait qu'il faut avoir juste titre et bonne foi. Par juste titre il faut entendre tout acte de nature à faire croire à celui qui l'accomplit qu'il est régulièrement apportionné. Il en sera ainsi, par exemple, des actes par lesquels la commune, par l'organe du maire son représentant, envoie en possession un habitant, sans qu'il y ait lieu d'ailleurs d'examiner s'ils ont été pris en exécution de l'ancienne législation ou d'un règlement nouveau rendu illégalement et par conséquent nul (3).

Il faut ajouter que l'habitant apportionné par acte de l'autorité municipale doit être regardé, jusqu'à preuve contraire, comme possédant en vertu d'un titre dont il ignore les vices (4).

(1) V. *infrà*, p. 249 et s.

(2) Cons. d'Etat, 18 mai 1870, com. d'*Evin-Malmaison, Henneau*, Leb. p 594.

(3) Cons. de Préfecture du Pas-de-Calais, 4 septembre 1868. com. *de Vitry, Ponthieux*. 3 septembre 1869, com. *de Pelves*. 28 juin 1871, com. *de Pelves*. 23 avril 1872, 13 novembre 1872, com. *d'Annay, Druon*. 2 juin 1873, com. *d'Haisnes, Bocquillon*. 24 juillet 1873, com. *d'Harnes, Delattre*. 27 novembre 1884, com. *de Vitry, Duflos*.

(4) Cons. de Préfecture du Pas-de-Calais. 31 décembre 1875, **com.**

On peut encore considérer comme un juste titre l'arrêté du Conseil de préfecture qui, sur la demande d'un aspirant et à raison du refus du maire, intervient pour envoyer en possession cet aspirant qui est reconnu plus tard n'avoir pas réuni les conditions requises au moment où il a été apportionné (1).

Enfin l'aliénation d'un lot ménager, déjà grevé au profit d'un habitant d'un droit de jouissance, consentie suivant toutes les règles administratives requises mais en violation du texte même de la législation sur les parts de marais qui en décrète dans ce cas l'inaliénabilité, devrait être rangée incontestablement parmi les actes qui, par leur nature, constituent un juste titre. Un pareil acte conférerait en effet la propriété ou un démembrement de ce droit, s'il était émané d'un propriétaire libre d'aliéner.

**160.** Mais le juste titre ne suffit pas et il faut encore admettre que l'acquéreur a été de bonne foi, c'est-à-dire qu'il ignorait l'incapacité d'aliéner de la commune. Si donc rien dans l'acte ne pouvait indiquer la nature inaliénable de la propriété transmise, il faut décider que, dans ces circonstances de fait, l'acquéreur réunit les qualités requises pour usucaper (2).

La bonne foi consiste, en effet, dans la croyance plus ou moins fondée d'avoir acquis légitimement le droit à la chose possédée et elle doit exister, au moins, au premier moment de la possession.

---

de Meurchin, Delorraine. 8 juillet 1876, com. de Meurchin, Lequesne.

(1) Cons. de Préfecture du Pas-de-Calais. 4 septembre 1868, com. de Vitry, Ponthieux.

(2) Req. 14 novembre 1887, com. d'Annœullin, Leleu-Laden c. Laden-Lemaire. D. 88, 1, 129 et les notes.

Suivant les espèces on décidera donc que l'époux survivant resté indûment en possession de la part de son conjoint prédécédé, doit être considéré comme de bonne foi et prescrire par 10 ans (1) ou comme de mauvaise foi, auquel cas il ne pourra usucaper que par 30 ans (2).

On ne saurait exiger de celui qui possède avec juste titre et bonne foi le lot ménager, à fin d'usucapion, qu'il réunisse de plus les qualités requises par notre législation spéciale pour obtenir le droit aux parts de marais (3); en effet, jusqu'à ce que la prescription soit définitivement accomplie, il n'a acquis aucun droit réel. C'est un simple possesseur qui fait les fruits siens, s'il est de bonne foi, jusqu'au jour où le véritable ayant-droit à la jouissance introduira contre lui une demande en justice et à la charge pour le nouvel apportionné de tenir compte à l'ancien possesseur des frais faits pour arriver à la récolte des fruits (4).

(1) Cons. de Préfecture du Pas-de-Calais, 12 décembre 1874, *com. de Biache-St-Vaast, Olivier, com. d'Harnes, Thelliez ;* 1er juin 1875, *com. d'Harnes, Tourbez.*

(2) Sur la prescription par 30 ans V. Cons. d'État, 18 mai 1870, *com. d'Evin-Malmaison, Henneau.* Leb., p. 594. Cons. de Préfecture du Pas-de-Calais, 31 octobre 1875, *com. de Meurchin, Hocq.*

(3) Cons. de Préfecture du Pas-de-Calais, 27 novembre 1884, *com. de Vitry, Duflos.* Pour la discussion des considérants de cet arrêté qui refusent à la femme qui a perdu la qualité de française le droit de succéder aux parts. V. *suprà,* p. 121.

(4) Cons. de Préfecture du Pas-de-Calais, 12 décembre 1874, *com. de Biache-Saint-Vaast, Olivier, com. d'Harnes, Thelliez.* 1er juin 1875, *com. d'Harnes, Tourbez.* 31 décembre 1875, *com. de Meurchin, Delorraine.* 8 juillet 1876, *com. de Meurchin, Lequesne.* 17 oc-

15

**161.** Si celui qui prescrit est dispensé jusqu'à l'accomplissement de l'usucapion des conditions spéciales de capacité, il doit, au moment où il a acquis définitivement le droit au lot, avoir la capacité requise par les actes royaux pour *garder* la jouissance ménagère.

La jurisprudence a admis en effet que, la prescription une fois acquise, il y a lieu d'appliquer les règles édictées par l'ancienne législation. En conséquence, celui qui a prescrit pourra transmettre à ses héritiers la part qu'il a acquise par l'usucapion. S'il meurt sans descendants ou sans conjoint survivant, ladite part fera retour à la commune et le premier aspirant qui la recevra sera fondé à se prévaloir, s'il y a lieu, de la prescription accomplie par le précédent titulaire (1).

Nous croyons que toutes les solutions ci-dessus données par les tribunaux administratifs sont parfaitement conformes aux principes. Si le but de la prescription est, en effet, de purger les vices de la possession et de faire par exemple qu'un droit détenu indûment soit censé légalement acquis, elle ne saurait raisonnablement avoir pour effet d'en soustraire le titulaire, désormais régulier, aux charges légales qui peuvent peser sur ce droit. C'est ainsi que celui qui a usucapé une terre ne serait pas admis à prétendre qu'elle est maintenant libre de tout impôt foncier.

tobre 1892, *com. de Vitry*, *Détrez*. 18 septembre 1893, *com. de Vitry*, *Caron*.

(1) Cons. de Préfecture du Pas-de-Calais. 4 septembre 1868, *com. d'Annay*, *Héringuez*. 31 décembre 1875, *com. de Meurchin*, *Hocq*. 13 juin 1883, *com. d'Annay*, *Héringuez*.

Le droit acquis par prescription restera au surplus soumis à la condition légale du retour à la commune dans les cas prévus par les édits et arrêts du Conseil (1).

(1) Sur la question de l'acquisition des parts de marais par la prescription, V. le rec. de MM. Garnier et Dauvert, 1879, p. 221 ; 1880, p. 223 et 224 ; 1881, p. 301 ; 1886, p. 103. Cf. CLÉMENT, *De l'usufruit.* etc., n⁰ˢ 154 à 157, p. 251 et suiv.

# CHAPITRE III

## § I. — Droits et obligations de l'aspirant et de l'alloti

### I. — *Droits de l'aspirant et du portionnaire*

**162.** Tout aspirant peut, sans considération d'ancienneté, déposer entre les mains du maire une requête à l'effet d'obtenir le retour à la commune des parts vacantes indûment détenues. En effet, tous les aspirants ont un intérêt né et actuel à demander le retour, puisque l'attribution qui sera faite ensuite au plus ancien placera chacun d'eux dans un rang plus utile et lui donnera un espoir plus prochain d'être alloti. On ne saurait admettre, au surplus, que l'inaction des plus anciens paralysât le droit des autres (1).

(1) Cons. de Préfecture du Pas-de Calais. 7 février 1868, *com. de Vitry, Dessaint.* 20 novembre 1868, *com. de Noyelles-sous-Lens, Dacheville.* 27 novembre 1868, *com. d'Haisnes, Delbecq.* 11 décembre 1868, *com. de Vitry, Caridroit.* 4 juin 1869, *com. d'Haisnes, Delecourt.* 11 juin 1869, *com. d'Haisnes, Derick, Dumetz. com. d'Auchy-les-Labassée, Ducroquet, Dubois.* 25 juin 1869, *com. de*

**163.** L'aspirant a la faculté d'accepter ou de refuser la part à lui attribuée par le maire, mais son choix une fois fait est irrévocable. Décider le contraire serait, en effet, remettre continuellement en question la validité des allotissements (1).

**164.** L'alloti est admis à demander la délivrance du lot communal auquel il a droit (2).

Il est encore fondé à exiger, avant de prendre possession, la démolition des constructions qui ont pu être illégalement élevées par son prédécesseur ; s'il le juge bon, il a également le droit de retenir les matériaux, à charge toutefois d'en payer la valeur (3).

La jurisprudence a décidé que le nouveau portionnaire ne pourrait obliger la commune à lui livrer son lot en bon état de culture ; il a cependant la ressource de demander réparation du dommage que peut lui causer le maintien ou l'enlèvement des objets existant sur la part, du

Meurchin, Trédez. 13 mai 1871, com. de Vitry. 25 août 1871, com. de Plouvain. 3 janvier 1873, com. d'Annay, Dedourge. 7 avril 1873, com. d'Harnes, Delvallez. 26 mars 1881, com. de Noyelles-sous-Lens, Chenard. 6 avril 1881, com. de Noyelles-sous-Lens, Lesire, Sevin. 9 juin 1883, com. de Drouvin, Lagrenée. (Rec. de MM. Garnier et Dauvert, 1886, p. 103). 2 juillet 1889, com. de Plouvain, Mathon.

(1) Cons. de Préfecture du Pas-de-Calais. 24 février 1877, com. de Vitry, Mopty. 5 mars 1879, com. de Noyelles-sous-Lens, Duclermontier.

(2) Cons. de Préfecture du Pas-de-Calais. 30 juillet 1881, com. d'Harnes, Laurent, Sénéchal.

(3) Arg. anal. tiré du dernier § de l'arrêt du 25 février 1779. Cf. Cons. de Préfecture du Pas-de-Calais, 15 et 20 novembre 1883, com. d'Auchy-les-Labassée, Démolin.

chef de l'ancien portionnaire, lorsqu'il a eu lieu avec l'autorisation de la commune et pendant qu'elle avait la pleine propriété (1).

**165.** Le nouveau titulaire n'est pas recevable à réclamer l'annulation des baux de courte durée qui ont pu être consentis par la commune, (conformément aux articles IV des Édits de 1769 et de 1774, et VIII des Lettres patentes de 1777), pendant la réunion momentanée, entre ses mains, des droits de jouissance et de nue-propriété.

**166.** En principe, le portionnaire peut user et jouir de sa parcelle comme un propriétaire.

Les fruits lui appartiennent à dater du jour même de la constitution de son droit, s'il l'a acquis à titre d'ancienneté ménagère.

Il faut ajouter que si le conjoint survivant du précédent titulaire ou ses héritiers sont restés, de mauvaise foi, en possession de la portion ménagère pendant un certain temps, ils devront rendre compte au nouvel apportionné des fruits par eux perçus, depuis l'ouverture du droit de ce dernier, à la charge toutefois pour celui-ci de rembourser les frais faits pour arriver à la récolte de ces fruits.

Dans le cas, au contraire, où le portionnaire tient sa part en vertu de la volonté de son auteur (2), il n'aura droit aux fruits que du jour de la délivrance de la portion.

---

(1) V. Cons. de Préfecture du Pas-de-Calais. 5 juin 1886, *com. de Plouvain, Waterlot, Revue générale d'administration*, 1887, I, p. 326.

(2) Ce cas ne peut, comme on l'a vu, se présenter que dans les Trois-Évêchés et en Bourgogne.

Enfin, dans certaines hypothèses, l'alloti n'aura droit aux fruits qu'à dater de sa demande en justice. Il en sera ainsi par exemple s'il a dû s'adresser aux tribunaux compétents pour vaincre la résistance d'un détenteur de bonne foi et pour entrer en possession de fait. Il devra au surplus tenir compte dans ce cas au portionnaire condamné à délaisser, des frais de labour et semences comme généralement de toutes les dépenses nécessaires à la récolte de ces fruits.

A fortiori le portionnaire doit-il rembourser ces frais aux tiers à qui ils pourraient rester encore dus.

Conformément au droit commun, le portionnaire acquiert les fruits naturels par la perception et les fruits civils (1), jour par jour, indépendamment du fait de leur perception et dans la mesure de la durée de sa jouissance. Si donc il vient à être déchu de son droit, si par exemple il ne réunit plus les conditions d'aptitude requises, il ne pourra enlever que les fruits naturels séparés et récoltés pendant la durée légale de sa jouissance. Quant aux fruits même arrivés à maturité mais encore pendants par branches ou par racines lors du retour légal de la part à la communauté, le portionnaire devra les lui abandonner, même si c'est un cas de force majeure qui l'a mis dans l'impossibilité de les récolter.

**167.** Comme un usufruitier, le titulaire d'une part de marais peut, comme il l'entend, user du lot soumis à son droit, à charge toutefois d'en conserver la destination.

C'est en vertu de ce droit d'usage que le portionnaire a les droits de chasse et de pêche sur la portion ména-

_____

(1) Par exemple le prix du bail à ferme qu'il aurait pu consentir.

gère, à l'exclusion de la commune nu-propriétaire. « Les
« droits de chasse et de pêche, dit M. Passez (1), appar-
« tiennent à l'apportionné sur le lot qui lui est dévolu
« par la raison que, jouissant de tous les avantages utiles
« ou voluptuaires inhérents à la possession de la portion
« ménagère, il doit profiter de la chasse et de la pêche
« qui sont des droits à la fois utiles et voluptuaires. »

**168.** Les émoluments auxquels la loi attribue le caractère de fruits sont, comme les fruits eux-mêmes, attribués
au portionnaire. Nous examinerons donc successivement
les droits du portionnaire sur les taillis, les arbres fruitiers ou autres arbres isolés qui peuvent croître sur la
part de marais.

Le titulaire d'une portion est autorisé à procéder,
selon les usages locaux, aux coupes des taillis qui
« naissent et renaissent périodiquement plusieurs fois
pendant la vie de l'homme » ; celles-ci constituent, en effet,
de véritables fruits. Il peut aussi ramasser dans les taillis
les branches tombées (chablis) et enlever les arbres morts ;
mais il n'a, en aucun cas, le droit de couper les baliveaux
qui auraient pu être réservés lors des coupes de taillis
faites par le précédent alloti (2).

---

(1) *Op. cit.*, p. 36, et *Revue gén. d'administration*, 1888, p. 412.
V. dans le même sens LEGRAND, *op. cit.*, p. 31. LE GENTIL, *op. cit.*,
p. 380. CLÉMENT, *Droit rural*, n° 200, p. 379, et *De l'usufruit*,
n° 134 bis, p. 229 et 230. Cf. Cons. de Préfecture du Pas-de-Calais.
18 juillet 1884, *com. de Vitry*, et Cons. d'État, 19 novembre 1886,
*com. de Vitry, Castille.* Leb., p. 797, notes 1, 2 et 3.

(2) Quoique les bois de haute futaie soient extrêmement rares sur
les parts de marais, nous rappelerons en deux mots qu'ils doivent

Dans les taillis et les futaies, le portionnaire a droit aux fruits ou produits périodiques des arbres : feuilles, fruits sauvages, etc. Il est encore autorisé à s'approprier les arbres fruitiers (1) qui meurent, sont arrachés ou brisés par accident, mais il a suivant les règles ordinaires l'obligation de les remplacer.

On appliquera par analogie la même règle aux arbres isolés (2) que l'on est dans l'habitude d'élaguer périodiquement.

**169.** Les droits du portionnaire sur les carrières et tourbières en exploitation au moment de son entrée en jouissance, sont aussi étendus que ceux d'un propriétaire ; Mais il n'a aucun droit sur celles qui n'étaient pas encore ouvertes au moment de son allotissement.

Il est bien entendu que l'apportioné jouit à tous les accessoires qui peuvent dépendre de la part dont il est titulaire.

**170.** Comme un propriétaire, le portionnaire ou son représentant légal (3) peut faire tous actes d'administration sans toutefois cesser de jouir en bon père de famille.

---

être considérés comme un capital placé en réserve par le propriétaire qui peut seul les exploiter, à moins qu'ils n'aient été mis par lui en coupe réglée. Le portionnaire ne peut même pas profiter des arbres de haute futaie déracinés par le vent ou brisés par la foudre.

(1) Et l'on ne tient pas pour arbres fruitiers ceux qui, tout en produisant des fruits comestibles, croissent spontanément, par exemple les merisiers.

(2) Comme les peupliers et les saules, V. SALVIAT, *op. cit.*, t. I, p. 252. TAULIER, *op. cit.*, t. II, p. 307. Voy. cependant DEMOLOMBE, *op. cit.*, t. X, 424.

(3) Le mari peut, par exemple, affermer la portion ménagère appartenant à sa femme.

Comme aucune disposition des anciens édits n'oblige, sauf en Flandre (art. XII des lettres patentes de 1777), le portionnaire à exploiter par lui-même, il peut donner à ferme son lot, ou faire cultiver pour son compte (1). « Si « cette faculté n'était pas admise, dit M. Passez (2), si l'ex- « ploitation personnelle était imposée au détenteur, elle « rendrait souvent le privilège illusoire ; un enfant, un « homme infirme, une femme inhabile à la culture ne ti- « reraient aucun parti utile de la terre qui leur serait dé- « volue et leur inexpérience ou leur incapacité priverait « le sol lui-même des améliorations qu'il est destiné à re- « cevoir........ Il est bien entendu, ajoute le même auteur, « que le bailleur demeure responsable de l'exploitation de « son représentant vis-à-vis de la commune qui ne connaît « que le titulaire ».

Cette location ne peut au surplus avoir une durée plus longue que le droit du portionnaire. Le droit venant à cesser, le bail qui n'en est que la représentation doit aussi prendre fin.

Le bail sera donc résolu à la mort du titulaire qui l'a consenti (3), sauf au cas où le nouvel apportionné est le descendant du bailleur ; héritant des droits du titulaire, il doit aussi hériter de ses obligations (4).

Cette distinction, admise par M. Le Gentil (5), n'est pas

---

(1) V. CLÉMENT, *Droit rural*, n° 200, p. 379.

(2) *Op. cit.*, p. 36 et *Rev. gén. d'adm.*, 1888, p. 412.

(3) CLÉMENT, *De l'usufruit*, etc., n° 134, p. 229. Cons. de Préfecture du Pas-de-Calais, 19 juillet 1871, *com. de Plouvain, Hutin*. 31 octobre 1874, *com. de Plouvain, Renault*.

(4) V. *suprà*, p. 161 et 186.

(5) *Op. cit.*, p. 383 et suiv.

faite par tous les auteurs. « La personnalité du détenteur, « dit notamment M. Legrand (1), domine tellement la « question que, malgré l'authenticité du bail et la durée « que lui aurait assurée la convention, ce bail prendrait « fin à la mort du bailleur ».

Toutefois l'annulation de ces baux consentis par l'ancien portionnaire ne pourrait être demandée *par le preneur* à la commune, au cas où celle-ci, à qui la part a fait retour, jugerait de son intérêt de laisser courir le bail.

On doit ajouter enfin que, conformément au droit commun, les baux consentis par l'alloti seront résolus par un jugement d'expropriation pour cause d'utilité publique concernant la part de marais elle-même. Mais le locataire évincé aura droit à une indemnité spéciale (art. 21 de la loi du 3 mai 1841) (2).

**171.** Si le portionnaire a le droit de louer son lot, il faudra décider qu'il peut aussi vendre les fruits pendants par branches ou par racines quand l'époque de leur récolte est arrivée. La vente faite de bonne foi est valable et opposable à la commune quand la portion lui fait retour, même si, au moment de ce retour, la perception des récoltes ou des bois vendus n'a pas encore eu lieu. On décidera toutefois dans ce cas que si la totalité des fruits est encore sur pied, la commune aura droit au prix entier de la vente. Si, au contraire, une partie seulement de la récolte ou des bois vendus par le portionnaire reste

_____

(1) *Op. cit.*, p. 31. Cf. M. Passez, *op. cit.*, p. 37 et *Revue générale d'administration*, 1888, p. 413.

(2) V. Cons. de Préfecture du Pas-de-Calais. 18 septembre 1886. *Déprez, Try-Dufour, Virel et Housiaux, Revue générale d'administration*, 1887, p. 311 et suiv.

debout au moment de la cessation de son droit, ses ayants-
cause ne pourront toucher que la partie du prix qui représente les produits déjà séparés du sol par la perception ; la commune aura droit au reste du prix.

**172.** Le portionnaire n'étant pas propriétaire de son
lot, n'a pas le pouvoir de l'aliéner (voir les art. III des
édits de 1769 et de 1774 et le texte des lettres patentes
de 1777 et de l'arrêté du Conseil relatif à l'Artois). Il ne
peut davantage aliéner son droit à cette part. L'aliénation
qui ne consisterait même qu'en un échange entre habitants de leurs parts respectives est prohibée (1).

**173.** Les dispositions réglementaires précitées ne portent pas seulement que la part sera inaliénable, ils la
déclarent formellement insaisissable. Il faut en conclure
que le titulaire d'une portion ne pourra l'hypothéquer.
En effet, affecter par hypothèque un droit à la garantie
d'une dette, ce n'est pas seulement disposer purement et simplement de ce droit, c'est donner au cré-
ancier le pouvoir de le saisir et de le faire vendre et ces
deux choses sont prohibées par la législation sur les parts
de marais (2).

---

(1) Cons. de Préfecture du Pas-de-Calais. 14 décembre 1863, *Capron*. 25 août 1887, *com. d'Eleu, dite Eliauwette, Laloux*, 30 juin
1888, *Com. de Loison, Caron*.

(2) V. CLÉMENT, *De l'usufruit*, etc. N° 130, p. 225 et n° 181. Conseil de Préfecture du Pas-de-Calais. 26 juin 1886, *com. d'Harnes,
c. l'État*. (Rec. de MM. Garnier et Dauvert, 1887, p. 81, et Rev.
Gén. d'administration, 1887, p. 323. 30 juin 1888, *com. de Loison, Caron*.

V. également journal du Droit administratif, année 1887.

La part de marais ne peut être aliénée que par la voie d'expropriation pour cause d'utilité publique et, dans ce cas, le portionnaire a

**174.** Indépendamment du droit accordé au portionnaire de revendiquer pendant 30 ans la part dont il est privé indûment (1), on doit lui accorder, pour lui permettre de faire reconnaître son droit et de l'exercer librement, les diverses actions qu'un propriétaire serait autorisé à intenter et notamment une action analogue à l'action confessoire accordée à l'usufruitier. Le portionnaire aura également l'action en bornage.

**175.** Comme le titulaire d'un lot a, d'une part, l'obliga-

droit à une indemnité spéciale qui doit comprendre la valeur des bâtiments ou des plantations élevées par lui et de plus, une somme représentant ses déplacements, pertes de récoltes, etc.

En outre, il aura droit, conformément aux art. 39 et 52 de la loi du 3 mai 1841, aux intérêts de l'indemnité principale d'expropriation accordée à la commune et que celle-ci a dû rendre productive d'intérêts. Cons. de Préf. du Pas-de-Calais, 18 septembre 1886. Revue Générale d'administration, 1887, p. 326 et suiv.

Quand le portionnaire souffre d'une privation temporaire de jouissance par suite de l'occupation de ses terrains pour un travail public, il a droit à une double indemnité, l'une, représentant la privation de jouissance, lui est versée directement par l'administration; l'autre, est une partie des revenus de l'indemnité de dépréciation payée à la commune. Le portionnaire en touchera les revenus proportionnellement à la surface de son terrain qui est occupée.

Il est à noter que le nouvel alloti, qui doit prendre le lot dans l'état où il se trouve, ne pourra se plaindre de la dépréciation subie par le terrain entre les mains de son prédécesseur et continuer à recevoir l'indemnité annuelle qui était allouée à ce dernier. Cons. de Préfect. du Pas-de-Calais, 6 juillet '888, *com. de Noyelles-sous-Lens*. 6 août 1889, ville de Lens.

(1) Cons. de Préfecture du Pas-de-Calais, 30 juillet 1881, *com. d'Harnes, Laurent, Sénéchal* c. *Lhotte*, confirmé en Cons. d'État le 8 juin 1883. Leb., p. 526.(Sol. impl.).

tion de conserver les droits de la commune nu-propriétaire sans pouvoir, d'autre part, les compromettre, il faut décider que les jugements prononcés en faveur du portionnaire profiteront à la commune et que les jugements rendus contre lui ne sauraient, en aucun cas, nuire à cette dernière.

**176.** Les droits du mineur sont exercés pour lui, jusqu'à sa majorité, par son tuteur qui le représente dans tous les actes de la vie civile. Il faut ajouter que si le tuteur est l'un des ascendants du mineur, il aura conformément à la règle posée par le Code civil qui étant d'ordre public doit s'appliquer dans tous les cas, la jouissance légale de la portion échue au mineur jusqu'à ce que celui-ci ait 18 ans accomplis. En Artois même, où l'époux survivant ne saurait jouir directement de la portion de son conjoint prédécédé, il pourra exercer son droit de jouissance légale sur cette portion lorsqu'elle sera échue à son fils mineur de 18 ans (1). Les héritiers d'un ancien alloti qui est mort et dont la part a fait retour à la communauté seront admis à emporter, sans dégradation, les améliorations agricoles extraordinaires que leur auteur a pu faire sur sa portion, si le nouveau titulaire ne préfère leur en payer la valeur suivant estimation (2).

(1) V. Le Gentil, *op. cit.*, p. 474. Cf. Cons. de Préfecture du Pas-de-Calais, 6 mai 1888, *com. d'Harnes, Cailliez.* 16 mai 1888, *com. d'Harnes, Racquez.*

(2) V. Cons. de Préfecture du Pas-de-Calais, 15 novembre 1883, *com. d'Auchy-les-Labassée*, et 5 juin 1886, *com. de Plouvain, Waterlot. (Revue générale d'administration*, 1887, p. 326).

## II. — *Obligations du portionnaire*

**177.** La première obligation du nouveau titulaire d'une part sera de rembourser aux ayants-droit de son prédécesseur toutes impenses, suivant estimation, s'il se trouve des récoltes ou améliorations sur la part au moment du changement de portionnaire (1).

**178.** Il doit encore, si deux lots viennent à se réunir dans son ménage, cas où il y a véritablement cumul (2), opter pour l'une des deux parts et renoncer à l'autre (3).

Il est toujours libre d'opter pour la part qu'il préfère, sans qu'on puisse l'obliger à prendre l'une plutôt que l'autre, attendu qu'il a des droits égaux sur chacun de ces lots (4).

L'intérêt qu'il peut avoir à exercer cette faculté peut exister notamment dans le cas où les divers lots sont de fertilité différente.

L'option peut d'ailleurs être expresse ou tacite ;

(1) CLÉMENT, *Droit rural*, no 200, p. 380. Cf. Cons. de Préf. du Pas-de-Calais. 15 novembre 1890, *com. de Meurchin, Deleruyelle.* 14 février 1891. *com. de Vitry, Dessaint.* 17 mars 1891, *com. d'Harnes, Delforge.* 18 juillet 1891, *com. d'Harnes, Mélantois, com. de Fampoux, Citerne.* 28 juillet 1891, *com. de Plouvain, Debroy.*

(2) V. *suprà*, p. 77 et suiv.

(3) Cons. de Préf. du Pas-de-Calais. 25 avril 1876, *com. d'Harnes, Tourbez.* 20 juin 1876, *com. de Plouvain. Déret.* 7 novembre 1890, *com. d'Haisnes, Bacquart.* 18 septembre 1893, *com. de Vitry, Caron.*

(4) Cons. de Préf. du Pas-de-Calais. 31 janvier 1874, *com. d'Harnes. Clappe.*

expresse, elle résultera d'une déclaration formellé de volonté ; tacite, elle se présumera d'après les actes du portionnaire. Celui-ci sera censé avoir opté tacitement pour
la part dont il prend possession, dont il continue à
jouir en fait, qu'il ensemence, dont il récolte les fruits
ou coupe les bois et dont il paie les contributions. Sa
renonciation à la part qu'il détenait se déduit du fait qu'il
a laissé un tiers s'en emparer et y faire tous actes de
jouissance (1).

Une fois faite, l'option est irrévocable sauf pour
erreur (2). Celui qui a abandonné, par erreur, un lot auquel il avait droit pour choisir une autre part, est admis,
s'il peut craindre sérieusement le danger de l'éviction, à
se faire restituer contre son option de façon à obtenir de
nouveau la part abandonnée.

En effet, dit M. Passez (3), « le consentement n'est pas
« valable lorsqu'il est entaché d'erreur ; mais il faut, pour

(1) Cons. de Préfecture du Pas-de-Calais 1887, *com. de Pelves,
Courtin* (Rec. de MM. Garnier et Dauvert, 1888, p. 18, et *Rev. gén.
d'adm.*, 1888, III, p. 77). V. cet arrêt relativement à la prétendue
différence qu'il y a entre la renonciation par option et la renonciation
dans la matière des successions. 16 avril 1889, *Thuillier*. 7 novembre 1890, *com. d'Haisnes, Bacquart*. Cf. Cons. d'État, 8 juin 1883,
*com. d'Harnes, Laurent, Sénéchal c. Lhotte*, Leb., p. 527.

(2) Cons. de Préfecture du Pas-de-Calais, 25 avril 1876, *com. d'Harnes, Tourbez*. 20 juin 1876, *com. de Plouvain, Déret*. 5 juillet 1879,
*com. d'Harnes, Tilliez*. 27 janvier 1885, 16 avril 1889, *Thuillier*.
25 mars 1890, *com. d'Annay, Delvallé*. 7 novembre 1890, *com.
d'Haisnes, Bacquart*. 18 septembre 1893, *com. de Vitry, Caron*.

(3) V. *op. cit.*, p. 41 et Rev. gén. d'adm. 1888, p. 417. LE GENTIL,
*op. cit.*, p. 433. Add. Cons. d'État, 28 mai 1852, *com. d'Annay,
Demailly*. Leb. p. 187.

« que l'erreur fasse annuler l'option, qu'elle ait porté sur
« la cause déterminante, sans qu'il y ait à distinguer entre
« l'erreur de fait et l'erreur de droit, toutes les deux vi-
« ciant également le consentement de l'optant ».

**179.** En principe, le portionnaire est tenu de jouir en
bon père de famille. De là résulte une série de conséquences dont nous allons indiquer les plus importantes :

Il doit respecter l'affectation du fonds dont il jouit ; or,
comme il résulte des termes et de l'esprit des divers règlements sur la matière que les parts de marais ont une destination exclusivement agricole (1), le portionnaire ne doit
faire subir à son lot aucune transformation qui l'altère-
rait ou le dénaturerait en changeant sa destination. Il ne
peut donc bâtir sur ce fonds, souvent exigu, une véritable
maison d'habitation (2).

Il ne peut pas davantage convertir la terre arable de sa
parcelle en un véritable bois, sauf toutefois au cas où
les terrains ne seraient pas susceptibles d'autre culture (3);
de telles modifications constituent, sans discussion possible, de véritables abus de jouissance.

---

(1) Le défrichement et le partage des communaux étaient en effet
fondés sur l'utilité publique, ils devaient procurer un dessèchement
général utile à l'agriculture et à la salubrité, mais le législateur
avait surtout en vue les intérêts de l'agriculture et la mise en valeur
des terres restées jusqu'alors en friche.

(2) Cons. de Préfecture du Pas-de-Calais, 15 novembre 1883, *com.
d'Auchy-les-Labassée*, *Démolin*. (Rec. de MM. Garnier et Dauvert,
1885, p. 77.) 5 juin 1886, *com. de Plouvain*. *Waterlot*. (Rec. de MM.
G. et D., 1887, p. 50).

(3) Cons. de Préfecture du Pas-de-Calais. 5 juin 1886, *com. de
Plouvain*, *Waterlot*, *Revue générale d'administration*, 1887,
I. p. 326.

Mais si le portionnaire ne peut altérer, transformer la substance de sa part, il est autorisé à y faire toutes les modifications qui tendraient à l'améliorer ou à en augmenter la valeur sans en changer la destination. Il pourra par exemple élever les légères constructions nécessaires à la mise en culture de la portion et destinées à renfermer les outils et les fruits, pourvu toutefois qu'elles soient en rapport avec son exploitation restreinte (1).

Il peut être, au surplus, d'une bonne administration et d'une exploitation judicieuse de planter en bois des terrains qui ne sont pas susceptibles d'autre culture et l'on devra, dans ce cas, permettre au portionnaire ces plantations (2).

Les actes quelconques qui auraient pour résultat de diminuer, dans l'avenir, la force productive de la parcelle cultivée sont interdits à son titulaire et il demeurera responsable, avec ses ayants-cause, des conséquences que de tels actes pourraient avoir pour les titulaires futurs de la même part.

Le possesseur d'un lot n'a pas seulement l'obligation de ne pas épuiser la terre qu'il cultive, il est encore tenu de la tenir en bon état de culture. Il devra donc, à peine d'engager sa responsabilité, ne souffrir aucune des atteintes que les tiers pourraient porter indirectement aux

---

(1) V. Clément, *De l'usufruit*, etc., nᵒˢ 129, 178 et 179, p. 224. Cons. de Préfecture du Pas-de-Calais. 14 décembre 1863, *Capron*. 30 janvier 1875, *com. d'Haisnes, Bascops*. 29 juin 1875. *Bascops*. 28 mai 1879, *Leloir, Déprez, Try-Dufour*. *Virel et Housiaux* (*Revue générale d'administration*, (1887, p. 326). 20 novembre 1883.

(2) Cf. mêmes arrêtés et Clément, *De l'usufruit*, etc. Nᵒˢ 128 et 179, p. 223.

droits des portionnnaires futurs en  profitant de sa négligence pour usurper l'exercice de son droit et commettre,
dans l'exploitation qu'ils font en son lieu et place, de véritables abus de jouissance.

Il est bien entendu que si les déprédations causées par le
fait des tiers sont à la charge du portionnaire, il n'en saurait être de même pour celles qui sont dues à un cas fortuit ou de force majeure.

**180.** Participant à la jouissance, l'alloti doit prendre
une part aux charges communales. Il aura donc à
payer les contributions ordinaires établies au profit de
l'État, notamment l'impôt foncier (1) et les centimes
additionnels affectés aux dépenses des départements et
des communes. S'il est riverain d'un fossé ou cours d'eau
non dépendant du domaine public, il aura l'obligation
de contribuer aux frais de curage et d'entretien. Il paiera
enfin les taxes, établies par le décret du 28 février 1849,
qui atteignent les communaux comme biens de main-
morte (2). En Flandre, l'apportionné devra au surplus
verser un « cens » modique à la commune (art. XIV des
lettres patentes de 1777).

---

(1) V. LEGRAND, *op. cit.*, p. 64. LE GENTIL, *op. cit.*, p. **429** ;
M. PASSEZ, *op. cit.*. p. 41 et *Rev. gén. d'admin.*, 1888, p. 417.

(2) Cette taxe, exigible annuellement, est calculée à raison de
0 fr. 70 centimes par franc du principal de la contribution foncière
(Loi du 30 mars 1872), il est ajouté chaque année par la loi de finances un certain nombre de décimes (2 décimes et demi généralement) ; elle représente les droits de transmission par décès.

V. CLÉMENT, *Droit rural*, n° 200, p. 380, et *De l'usufruit*, n° 159,
p. 255 ; M. PASSEZ, *op. cit.*, p. 41 et *Rev. gén. d'administration*,

Le portionnaire est tenu, en cas de cessation de jouissance, mais seulement dans la proportion de la durée de celle-ci, d'acquitter les charges pesant sur les fruits ou charges annuelles qui seront calculées jour par jour.

**181.** Si pendant la durée de la jouissance, des charges extraordinaires (impôts ou emprunts forcés) ont été imposées sur la propriété, le titulaire de la part contribuera à leur acquittement avec la commune elle-même, cette dernière payant le capital dont les intérêts seront dus par l'habitant.

**182.** Quant aux obligations légales relatives à la propriété et dont l'exécution peut être imposée à la demande des voisins pendant la durée de la jouissance, par exemple la clôture forcée ou l'exécution du bornage, les frais qu'elles occasionneront seront supportés par la commune, à la charge pour le portionnaire de lui tenir compte des intérêts du capital déboursé (1).

**183.** Les frais de procès relatifs à la jouissance ou à la pleine propriété seront supportés par le portionnaire d'après les distinctions suivantes :

Il y a lieu de mettre à sa charge exclusive les frais de l'instance, si elle n'a eu pour objet que la jouissance.

Si la contestation portait au contraire sur la question de propriété, au cas où la jouissance est anéantie à la suite de la décision intervenue, le portionnaire supportera les frais pour sa part virile.

Il peut se faire enfin que, le procès ayant été gagné, les frais qui ont été adjugés à la commune et au portion-

---

1888, p. 417. M. LEGRAND, (*op. cit*, p. 64), voudrait, au contraire, qu'on imposât la portion à chaque transmission héréditaire.

(1) Cf. art. 609, C. civ.

naire, parties en cause, n'aient pu être recouvrés par eux contre leur adversaire. Ces frais seront répartis entre eux, suivant la règle de contribution énoncée plus haut : le capital sera payé par la commune, et les intérêts par le portionnaire.

## § II. — Droits et obligations de la commune pendant la durée de l'apportionnement

**184.** Pendant la durée de l'apportionnement, la commune a le pouvoir de contraindre le titulaire de la part à l'accomplissement des diverses obligations que nous avons mentionnées plus haut. Elle a le devoir d'exercer une sévère surveillance sur la jouissance actuelle des habitants pour empêcher tous les abus qu'ils en pourraient faire et sauvegarder ainsi les droits des titulaires futurs.

En qualité de nu-propriétaire, la commune n'est tenue d'aucune obligation positive envers le portionnaire, mais elle ne doit rien faire qui puisse, en quoi que ce soit, nuire à ses droits.

**185.** Quand la commune a touché des indemnités à titre de propriétaire à la suite de l'occupation temporaire d'un certain nombre de parcelles pour un travail public et pour dépréciation du sol des terrains occupés, elle aura, si la part est vacante, l'obligation d'employer ces indemnités à faire les travaux nécessaires pour réparer autant que possible l'état de détérioration des parcelles délivrées de l'occupation (1).

(1) Cons. de Préfecture du Pas-de-Calais. 6 juillet 1888, *com. de Noyelles-sous-Lens,* et 6 août 1889, *ville de Lens.*

Si la part est soumise au droit d'un titulaire au moment de l'occupation, l'indemnité allouée à la commune devra être versée, par elle, à l'alloti (2).

(3) V. CLÉMENT, *De l'usufruit*, etc. n· 133, p. 228.

# CHAPITRE IV

## § 1. — Des différentes manières dont le droit du portionnaire prend fin

**186.** On ne peut assimiler les droits des habitants sur les communaux aux droits des particuliers sur leurs proprié-tés ; les premiers sont en effet essentiellement précaires et se perdent de diverses façons qu'on étudiera au cours de ce chapitre.

Aux termes des articles 5 et 6 des Édits et Lettres-patentes applicables à la Bourgogne, aux Trois-Évêchés et à la Flandre et conformément au texte de l'Arrêt du Conseil relatif à l'Artois, la jouissance ménagère prend fin d'abord par la mort du portionnaire sans héritier (Artois)(1) ou sans conjoint survivant.

Il est à remarquer que dans les anciennes provinces de

(1) Cons. de Préfecture du Pas-de-Calais, 19 juin 1861, *com. d'Evin-Malmaison*. 28 et 30 juin 1871, *com. d'Annay, Desprez et Masclef*. 22 septembre 1871, *com. de Plouvain*. 25 septembre 1871, *com. d'Annay*. 20 juin 1876, *com. de Plouvain, Déret*. 26 juin 1886, *com. de Pelves, Savary*. 24 juillet 1890, *com. de Meurchin, Lohez*, 17 octobre 1892, *com. de Vitry, Détrez*. 19 juillet 1893, *com. d'Auchy-les-Labassée, Boulinguez*.

Bourgogne et des Trois-Évêchés, la part ne fait retour à la commune que si le défunt ne laisse ni descendants ni veuve.

On ne saurait d'ailleurs modifier par convention ce mode d'extinction qui tient à l'essence même du droit spécial de jouissance réglé par la législation sur les parts de marais.

**187.** Conformément au droit commun, le droit à la part prend encore fin par le non usage pendant trente ans. Ce mode d'extinction suppose une absence de jouissance *complète* pendant une durée non interrompue de trente années. Une jouissance intermittente suffirait, en effet, pour conserver le droit du portionnaire.

Il faudra appliquer à cette « sorte de prescription extinctive (1) » les règles ordinaires des prescriptions de cette nature.

L'aspirant qui l'invoquera n'aura donc à prouver de son côté aucun fait de possession. Nous ajouterons qu'elle sera suspendue par les causes ordinaires de suspension de la prescription extinctive, la minorité du portionnaire par exemple. Cette solution ressort implicitement d'un arrêt du Conseil d'État (2), qui décide que l'ayant droit à une part de marais, *majeur* au moment où s'opère à son profit la dévolution de cette part, ne peut plus la réclamer après l'expiration du délai de trente ans.

Le fait qu'un tiers aurait exercé le droit de jouissance au nom du portionnaire empêcherait l'extinction de son droit par non-usage.

_____

(1) Demolombe, *op. cit.* t. X, p. 689 et 690.
(2) Cons. d'État, 8 juin 1883, *com. d'Harnes, veuve Laurent-Sénéchal c. Lhotte*. Leb. p. 527.

**188.** La mise hors du commerce qui peut avoir lieu, notamment par suite d'une expropriation pour cause d'utilité publique, est un troisième mode d'extinction.

La chose même qui se trouvait soumise au droit du portionnaire étant désormais indisponible, même pour la communauté, on comprend que le droit du dit portionnaire soit définitivement éteint et qu'il ne puisse plus porter sur aucune partie de son ancien lot.

Conformément à l'art. 39 de la loi du 3 mai 1841, une indemnité spéciale de dépossession lui sera toutefois accordée pour destruction de récoltes et il touchera, de plus, les intérêts de la somme accordée à la commune à titre d'indemnité d'expropriation (art. 60 de la même loi) (1).

Le droit du portionnaire, une fois éteint par la mise hors du commerce de son lot, ne renaît pas lorsque ce lot se trouve rétrocédé à la commune par l'administration, dans le cas où cette dernière n'a pu lui donner la destination prévue lors de l'expropriation (2).

**189.** Nous ajouterons que la déchéance du droit du portionnaire peut être prononcée quand celui-ci commet des abus de jouissance, en enlevant par exemple à la part sa destination agricole (3), ou encore quand il cesse de remplir les conditions spéciales requises par les édits pour

(1) Clément, *De l'usufruit*, etc., n° 131. p. 226.

(2) V. Cons. de Préfecture du Pas-de-Calais. 18 septembre 1886, *Déprez, Try-Dufour, Virel et Houssiaux* (*Revue générale d'administration*, 1887. I, p. 311 et suiv.).

(3) Cons. de Préfecture du Pas-de-Calais, 14 décembre 1863, *Capron*. 30 janvier 1875, *Bascops*. 29 juin 1875, *Bascops* 28 mai 1879, *Leloir*. 20 novembre 1883, *Démolin*. Cf. *Revue générale d'administration*, 1887, p. 326.

conserver comme pour acquérir la part de marais (1) :
conditions de nationalité (2), de résidence (3), de feu
et ménage séparé.

Toutefois, la jurisprudence décide que le principe d'a-
près lequel il faut être chef de ménage pour conserver
une part cesse d'avoir son application quand il s'agit
d'une femme apportionnée qui se marie. Quoique celle-ci

(1) V. LE GENTIL, op. cit., p. 386. Cf. Cons. de Préfecture du
Pas-de-Calais, 4 juin 1869, com. d'Haisnes, Delecourt. 11 juin 1869,
com. d'Haisnes, Dumetz. 3 septembre 1869, com. de Pelves, Pérus.
18 février 1873, com. d'Évin-Malmaison, Deshuis. 25 février 1873,
com. de Biache-St-Vaast, Viseur. 30 juillet 1873, com. d'Annay,
Demailly, com. d'Annay, Largillière. 23 août 1873, com. de Biache-
St-Vaast, Courtin. 16 novembre 1893, com. d'Évin-Malmaison,
Delseaux. 1er juin 1894, Reymbaut.

(2) V. cependant suprà, p. 120 et suiv.

(3) Peuvent être dépossédés, dès le jour de leur départ, ceux qui
ont quitté définitivement, sans esprit de retour, la commune et
aucune disposition réglementaire ne prescrit d'attendre un délai quelconque pour les déclarer déchus de leur droit. C'est ce qui a été décidé par de fort nombreux arrêts. V. notamment Cons. de Préfecture du
Pas-de-Calais. 6 mars 1868, com. de Vitry, Mopty. 1er mai 1868, com.
de Vitry, Détrez. 22 août 1873, com. d'Annay, Lefebvre. 23 août
1873, com. de Biache-Saint-Vaast, Courtin. 31 décembre 1873,
com. de Biache-Saint-Vaast Ledoux. 5 décembre 1874, com. de
Biache-Saint-Vaast, Bêque et Ledu. 9 juin 1875, com. de Biache-
Saint-Vaast, Bertrand. 19 mars 1879, com. de Noyelles-sous-Lens,
Jacquart. 3 mai 1879, com. d'Harnes, Bourse. 7 août 1879, com.
d'Harnes, Lorthioit. 28 août 1880, com. d'Annay, Demarquette.
28 août 1880. com. de Pelves, Boulanger. 12 octobre 1882, com. de
Pelves, Mathon. 29 avril 1890, com. d'Harnes Deprez. 1er mai
1870, com. de Noyelles-sous-Lens, Jacquart. 18 juillet 1894, com.
de Vitry, Mortreux.

perde, par son mariage, la qualité de chef de ménage, elle n'est pas privée du droit à la part dont elle était allotie antérieurement. En conséquence, si durant le mariage le mari en jouit comme administrateur des biens propres de sa femme, à la dissolution de la communauté la femme dont les droits ne sont pas éteints reprendra la jouissance de ladite part pour la garder jusqu'à sa mort, sauf application, s'il y a lieu des causes d'extinction précitées (1).

**190.** La déchéance du portionnaire n'a jamais lieu de plein droit; elle doit être prononcée, soit par le maire dans un arrêté qui a été ou non l'objet d'une délibération du Conseil municipal, soit par les tribunaux compétents statuant au contentieux (2).

Les tribunaux administratifs ont donc, sur la demande de la commune, un pouvoir discrétionnaire à l'effet d'apprécier la gravité des faits d'abus reprochés et de prononcer, suivant cette gravité, l'extinction du droit ou telle

_____

(1) Cons. d'Etat, 23 juin 1849, *Lebas c. Lebas*. Leb p. 354 et Cons. de Préfecture du Pas-de-Calais, 23 septembre 1872. *com. de Drouvin, Delcroix*. 13 mars 1883, *com. de Pelves, Latombe*. 9 juin 1883, *com. de Drouvin, Lagrenée*. 19 juillet 1893, *com. d'Auchy-les-Labassée. Dumez* (sol impl.).

(2) CLÉMENT, *De l'usufruit*, etc. N° 126, p. 221. Cons. de Préfecture du Pas-de-Calais. 31 juillet 1890, *com. de Biache-Saint-Vaast, Capron*. Cette nouvelle jurisprudence est contraire à celle adoptée en 1868 par le même Conseil de Préfecture (10 janvier 1868, *com. d'Haisnes, Détrez*) dans le même sens que le règlement du 2 juin 1777 par lequel les Etats d'Artois avaient décidé que « Ceux qui quitteront « le village pour aller dans une autre paroisse, ne pourront conser- « ver ........ la jouissance de leurs parts, lesquelles, de plein « droit et sans formalités, retourneront au profit de la Commu- « nauté. » Cf. Cons. d'Etat, 20 février 1835, *com. de Sallau, Wins*. Leb. p. 121.

mesure qu'ils jugeront propre à sauvegarder les intérêts
de la commune et des futurs titulaires.

Ils pourront par exemple condamner le portionnaire à
de simples dommages-intérêts ou, quand l'abus de jouissance consiste dans un changement de la destination agricole de la part par l'édification de bâtiments d'habitation,
à la démolition par l'alloti des constructions qu'il a élevées (1).

Ils auront aussi la faculté de maintenir le portionnaire
dans sa jouissance à la condition qu'il offre de réparer
lui-même le dommage causé et donne des garanties pour
l'avenir.

La commune seule a d'ailleurs qualité pour se prévaloir contre l'alloti des abus de jouissance qui consistent en un changement de la destination agricole de la
part. Ce droit de la commune ne découle pas seulement, en
effet, de son droit de propriété, mais aussi de l'obligation
qu'elle a, comme on l'a vu plus haut, de sauvegarder les
intérêts des titulaires futurs. Si donc la part a cessé d'être
un bien communal, celui qui a succédé au droit de pro
priété de la commune ne saurait prétendre qu'il est subro-
gé à tous les droits de son auteur et exiger de l'ancien
titulaire la démolition des bâtiments que celui-ci aurait pu
élever sur la part ; l'ayant-droit de la commune n'a plus en
effet, comme elle, à s'inquiéter de la jouissance future des
habitants (2).

(1) CLÉMENT, *De l'usufruit*, nº 127, p. 222.
V. sur tous ces points la *Rev. gén. d'administration*, 1887, p. 311
et suiv.

(2) V. Cons. de Préfecture du Pas-de-Calais. 18 septembre 1886,
*Déprez, Try Dufour, Virel et V*ᵛᵉ *Housiaux c. l'État (Revue*

**191.** D'après les principes généraux, le droit s'éteint encore par la renonciation.

La renonciation peut-être le résultat d'un acte unilatéral de la part de l'alloti ou d'une convention conclue avec la commune, par exemple si tous les habitants d'une commune étaient d'accord pour adopter un nouveau mode de jouissance et renonçaient à leurs droits en faveur de ladite commune, il se produirait une sorte de cession du droit opérant consolidation entre les mains de cette dernière, qui est nu-propriétaire.

La renonciation n'est soumise à aucune condition de forme ; elle peut même être tacite, à la condition toutefois que les faits ou circonstances d'où on prétend l'induire ne laissent aucun doute sur la volonté du portionnaire d'y consentir. Comme actes impliquant nécessairement renonciation, nous citerons le cas précédent de l'adhésion sans réserve des habitants à une délibération par laquelle le Conseil municipal a décidé qu'il serait procédé à un nouveau, partage et le fait d'avoir pris part aux opérations de ce partage (1).

L'effet de la renonciation, même non encore acceptée par la commune, est d'éteindre immédiatement le droit du portionnaire. Une fois faite, elle ne peut plus être rétractée par lui.

**192.** On pourra, enfin, voir un dernier cas d'extinction du droit du portionnaire dans l'hypothèse, fort rare d'ail-

*générale d'administration,* 1887. I, p. 311 et Rec. de **MM.** Garnier et Dauvert, 1887, p. 209.) Cf. 27 mai 1879 *Leloir*, et 5 juin 1886, *com. de Plouvain, Waterlot.* (Rec. de **MM.** G. et D., 1887. p. 30) et 18 septembre 1885.

(1) Cons. d'État. 3 août 1865, *com. de Remilly.* Leb., p. 728.

leurs, où le dit portionnaire aura laissé s'accomplir, au profit d'un tiers, la prescription de son droit par dix ou vingt ans, dans les conditions énumérées plus haut. Il faut, cependant, ajouter qu'au cas où la commune, par un envoi en possession non justifié, a fourni à celui qui a usucapé le juste titre que celui-ci invoque contre le véritable titulaire, ce dernier, privé par le fait de la commune de la jouissance à laquelle il avait droit, aura un recours contre elle à raison de l'extinction de cette jouissance.

**193.** Nous dirons, en terminant, que la faillite du portionnaire ne saurait être mise au nombre des causes d'extinction de son droit. En effet, aucune disposition du Code de commerce n'entraîne la résolution des droits attachés à la personne comme les droits d'usufruit ou de jouissance. On invoquerait en vain l'article 443 du même Code qui dessaisit le failli de l'administration de ses biens à partir du jugement déclaratif de faillite. Il faut ajouter que le fait de priver le portionnaire de la jouissance de son lot aurait pour résultat de diminuer le gage des créanciers contrairement au vœu de la loi (1).

§ II. — **Conséquences de l'extinction du Droit du portionnaire. — Retour à la commune**

**194.** Par suite de l'extinction du droit du titulaire d'une part, celle-ci fait immédiatement retour à la commune

(1) Cons. de Préfecture du Pas-de-Calais. 30 juin 1888, *com. de Loison, Caron.*

entre les mains de laquelle le droit de jouissance vient se réunir à la nu-propriété, nonobstant les baux que l'ancien titulaire aurait pu consentir et qui sont considérés comme résolus (1).

**195.** Le retour de la part à la commune produit les effets suivants :

Le portionnaire ou ses ayants-cause sont mis dans l'obligation de restituer, sans délai, le lot ménager. S'ils restent toutefois en possession de fait du dit lot qui a fait retour, en droit, à la commune, celle-ci pourra leur intenter une action en dommages-intérêts pour indue prolongation de jouissance.

Le portionnaire ou ses ayants-cause ont l'obligation de restituer, en outre de la part elle-même, les simples améliorations qu'ils y ont apportées. Ils gardent toutefois la faculté d'enlever, sans dégradations, les améliorations extraordinaires et notamment les plantations d'arbres de rapide croissance, à moins que la commune ne préfère les retenir en en payant la valeur (2).

Dans le cas où l'ancien titulaire de la part a payé, en l'acquit de la commune, l'une quelconque des charges affectant à la fois la nu-propriété et la jouissance, il peut exiger le remboursement de ses avances, avec intérêts à partir de la cessation de son droit.

De son côté, la commune pourra exiger de l'ancien titulaire ou de ses ayants-cause l'enlèvement, sans indemnité, des constructions illégalement édifiées sur le sol de la portion ménagère. Si elle préfère toutefois les conserver, en vertu du droit d'accession, elle devra effec-

---

(1) V. *suprà*, p. 234.

(2) *Rev. Génér. d'Administration*, 1887, p. 326 et suiv.

tuer le remboursement du prix des matériaux et de la
main-d'œuvre.

Le portionnaire est autorisé à enlever les objets mo-
biliers apportés par lui pour l'amélioration du fond.

### § III. — Droits et Obligations de la Commune relativement à la part qui lui a fait retour

**196.** La commune a droit, dès le moment de la cessation de la jouissance du portionnaire, aux fruits naturels
pendants par branches et par racines, sans être d'ailleurs
tenue de rembourser au titulaire ou à ses ayants-cause
les frais de labour et de semences (1).

**197.** Si des fruits civils, et parmi eux nous citerons
notamment le prix du bail de la part que le portionnaire
a pu louer, sont encore dus au moment de la cessation
de la jouissance dudit alloti, ils lui appartiendront, ou, à
son défaut, pourront être perçus par ses ayants-cause
proportionnellement à la durée de la jouissance comptée
jour par jour ; la commune devra, si elle a touché elle-
même le prix du bail, leur tenir compte de ce qu'elle leur
doit d'après le calcul ci-dessus.

**198.** Pendant la réunion entre ses mains du droit de
jouissance et de la nue-propriété, la commune peut faire,
par l'intermédiaire de son maire en exercice, tous actes
d'administration. Elle est donc autorisée à continuer elle-
même l'exploitation de la portion ménagère qui lui a fait
retour ; elle peut aussi la donner à ferme. En principe,

(1) Cf. Art. 585, C. Civ.

la durée des baux concédés sur les parts vacantes doit
être fort courte, de façon à priver le moins longtemps
possible les allotis futurs de la jouissance en nature à
laquelle ils pourraient avoir droit. Les articles IV et IX
des Édits relatifs à toutes les provinces autres que l'Artois
ont donc fort sagement limité à trois ans la durée des
baux que les communes pourraient consentir sur les parts
vacantes. De tels baux sont d'ailleurs, aux termes des
articles précités, obligatoires pour le nouvel alloti, à
charge toutefois pour la commune de lui verser le prix
« des années restantes à expirer (1) ».

**199.** La commune, en reprenant la pleine propriété de
la portion ménagère devenue vacante après la fin de la
jouissance du portionnaire a-t-elle le droit, comme tout
propriétaire, de l'aliéner ou de l'échanger ?

« La législation spéciale, dit M. Passez (2), déclare les
« portions inaliénables entre les mains des allotis, parce
« que ceux-ci n'ont qu'un droit de jouissance, mais elle n'a
« soumis à aucune restriction le droit de la commune, lors-
« qu'une part devenant vacante, la jouissance fait retour
« au propriétaire ». Cet auteur accorde donc à la commune le droit d'aliéner les parties vacantes.

La jurisprudence a décidé, au contraire, que la com-

---

(1) On remarquera que cette règle qui accorde le prix du bail de
l'année courante à la commune est contraire au principe adopté par
le Code civil, de l'acquisition des fruits civils jour par jour.

Sans notre législation actuelle, il faudrait donc décider que le prix
du bail est dû au nouveau titulaire dès le *jour* même de l'ouverture
de son droit.

(2) *Op. cit.*, p. 47, et *Revue générale d'administration*, 1888,
p. 423.

mune ne pouvait aliéner ou échanger les parts qui lui ont
fait retour ; elle se fonde sur ce qu'une telle aliénation dé-
tournerait les parts de leur destination spéciale, en les
soustrayant aux droits actuels qu'ont tous les ménages non
apportionnés, par le seul fait de leur existence, à être
appelés éventuellement, par ordre d'ancienneté, à la jouissance de ces parts (1).

Nous sommes disposés à admettre avec M. Passez, que
la disposition des édits qui porte que « Les parts qui
arriveront à chaque particulier habitant, seront inaliénables » signifie qu'elles ne pourront être vendues *par
les allotis*, bien qu'il soit permis de s'étonner que le
législateur ait pris la peine de dire que les habitants
ne pourraient aliéner des biens dont ils n'étaient pas
propriétaires.

Quant à la faculté d'aliéner que M. Passez accorde
sans restriction à *la commune* et que la jurisprudence
lui refuse au contraire dans tous les cas, nous pensons
qu'elle existe en principe. Nous nous hâtons pourtant
d'ajouter que, à la différence des prétendus « droits » des
habitants non encore nés ou non aspirants, à être appelés
éventuellement qui ne paraissent constituer que de simples
*éventualités* dont on peut ne pas tenir compte, les droits
conditionnels des aspirants et les droits acquis de ceux
qui sont en *possession actuelle* de la jouissance devront
être respectés. Pour la commune, une telle restriction

---

(1) V. l'arrêt de la Cour de Douai du 15 juillet 1885, *com. d'An-
nœullin, Leleu-Laden c. Laden-Lemaire.* D. 88, 1, 130 et note,
*Rev. gén. d'administration*, 1887, p. 326 et suiv. Cf. CLÉMENT,
*De l'usufruit*, etc., n° 134, p. 229.

aboutira en fait dans la plupart des hypothèses à une impossibilité d'aliéner, mais cette solution nous semblait imposée par les principes (1).

Il est à noter, en terminant, que l'administration a autorisé dans quelques rares cas la vente et l'échange des portions ménagères.

**200.** Les principales obligations de la commune pleine propriétaire consistent à ne pas compromettre la jouissance future des habitants qui pourraient être plus tard allotis de la part actuellement vacante. Si elle commet des détériorations quelconques sur cette part, pendant qu'elle a la pleine propriété, elle en sera responsable envers les futurs titulaires (2).

La commune devra attribuer, sans aucun retard, la portion qui se trouve vacante au premier aspirant qui réunira les qualités requises pour être envoyé en possession (3).

Enfin, elle aura l'obligation de payer les divers impôts qui peuvent peser, à des titres quelconques, sur un propriétaire.

---

(1) V. *suprà*, nᵒ 26, p. 48, et nᵒ 87, p. 145 et suiv.

(2) V. *Rev. gén. d'administration*, 1887, p. 326 et suiv.

(3) Cons. de Préfecture du Pas-de-Calais. 6 juillet 1888, *com. de Noyelles-sous-Lens*.

# APPENDICE

---

PRINCIPALES DISPOSITIONS LÉGISLATIVES OU RÉGLEMENTAIRES APPLICABLES AUX PARTS DE MARAIS OU PORTIONS MÉNA-GÈRES

# ÉDIT DU ROY

PORTANT RÈGLEMENT POUR LE PARTAGE DES COMMUNES DANS LES
TROIS-ÉVÊCHÉS (1), DONNÉ A MARLY AU MOIS DE JUIN 1769 ;
REGISTRÉ EN PARLEMENT LE 6 JUILLET SUIVANT (2)

**LOUIS,** par la grâce du Dieu, Roy de France et de Navarre, à tous présents et à venir : salut.

Les encouragements que nous nous sommes empressé de donner à l'agriculture dans différents tems, ont dû prouver combien elle nous paraissait importante. Les succès qu'ils ont eus nous ont convaincu qu'elle est la source des vraies richesses de notre royaume. Les défrichements opérés depuis notre déclaration du 13 août 1766, ont mis en valeur des terreins qui n'avaient aucuns produits et nous ont déterminé à jeter les regards les plus attentifs sur une sorte de biens-fonds également incultes et beaucoup plus nombreux. Les pâtis communs, accordés aux habitans par les Roys nos prédécesseurs, ou par les Seigneurs particuliers, devenus arides par l'inculture et une dévastation perpétuelle, nous ont paru dignes de nos soins par la possibilité d'en tirer pour nos peuples les plus puissants secours. Nous nous occupions des moyens de leur en procurer tous les avantages que les donateurs leur avaient destinés, lorsqu'un grand nombre de communautés sont venues nous demander la permission de les partager entre tous les habitans. Touché de leur empressement, nous avons cru devoir, en faisant homologuer leurs délibérations par des Arrêts de notre Conseil, les autoriser à un partage qui ne pourrait produire que les plus grands biens ; et, pour les y encourager d'autant plus, nous avons étendu sur toutes les communes qui seraient partagées, les exemptions d'impositions royales et de dimes ainsi qu'elles sont énoncées en notre déclaration du 13 août 1766.

Déja nous pensions à étendre cette faculté dans notre pro-

(1) Metz, Toul et Verdun.

(2) Les textes en petits caractères ne sont plus en vigueur.

vince des Trois-Évêchés où nous venions d'abolir le droit de parcours de village à village, lorsque notre Parlement de Metz nous a fait proposer de permettre, par une loi générale, le partage des communes de son ressort. Nous n'avons pu voir qu'avec satisfaction son zèle pour le bien public et son empressement à concourir à nos vues, même à les prévenir et à nous indiquer ce qu'il croit utile à nos sujets dans la province que nous avons confiée à ses soins ; nous avons même cru devoir nous reposer sur ses lumières du soin d'homologuer les délibérations des communautés, après qu'elles auront été visées, en la manière ordinaire, par le sieur intendant et commissaire départi et nous avons été aussi sensible à son désintéressement que content des moyens qu'il nous a présentés et qui se sont trouvés analogues au plan général que nous nous étions proposé.

A ces causes et autres considérations, à ce nous mouvant, de l'avis de notre Conseil et de notre certaine science, pleine puissance et autorité royale, nous avons par ce présent Édit perpétuel et irrévocable, dit, déclaré et ordonné, disons, déclarons, statuons et ordonnons, voulons et nous plaît ce qui suit :

Art. I. — Nous permettons à toutes les communautés qui le désireront de partager entre tous les ménages existants, sans distinction des veuves et par portions égales, la totalité ou seulement partie des terres, prés, marais, landes ou friches leur appartenant en commun, comme et ainsi qu'il sera ci après expliqué. A l'effet de quoi nous avons dérogé et dérogeons par ces présentes à toutes les loix et usages, arrêts et règlements à ce contraires.

Art. II. — Les délibérations des communautés seront arrêtées dans une assemblée convoquée dans la manière ordinaire et rédigées et reçues par un notaire et tabellion ; pour la minute, rester en son dépôt et en être par lui délivré une expédition aux habitans. Ces délibérations contiendront les oppositions qui auraient pu être formées par aucun desdits habitans et les causes d'icelles. Les mêmes délibérations seront signées par les deux tiers au moins d'iceux et visées par le sieur intendant et commissaire départi dans la province pour l'exécution de nos ordres. Après quoi, elles seront présentées à notre Cour de Parlement de Metz, pour y être homologuées et enregistrées sans frais.

Art. III. — Les parts seront indivisibles, inaliénables et
ne pourront être saisies par les créanciers des possesseurs, mais seulement les fruits, lesquels il sera loisible
auxdits créanciers de se faire adjuger, sans néanmoins
que la présente disposition puisse nuire en quoi que ce
soit aux droits précédemment affectés sur lesdites communes.

Art. IV. — Aucune personne non domiciliée dans le
lieu ne pourra jouir d'une part et aucun habitant ne
pourra en posséder deux. Les parts qui surviendront surnuméraires seront, à la diligence des maires et sindics,
louées dans la manière ordinaire, au profit de la communauté, pour trois ans. Si, dans l'intervalle, aucun des
habitans non pourvus veulent les réclamer selon leur
ancienneté d'établissement, en ce cas l'année courante
restera au profit de ladite communauté et les loyers des
années suivantes leur seront remis par les fermiers jusqu'à l'expiration des baux actuels, auquel temps lesdites
parts seront délivrées,

Art. V. — Toutes les parts seront héréditaires en ligne
directe seulement, et celles qui tomberaient en ligne collatérale ou deviendraient vacantes par autres moyens,
passeront aux plus anciens mariés entre les habitans non
pourvus. Les fruits de l'année appartiendront à la succession du défunt possesseur.

Art. VI. — La disposition testamentaire aura lieu, sans
préjudice de l'usufruit au profit de la veuve, en faveur
d'un des enfants tenant ménage; à son défaut, la part entière et sans division appartiendra à l'aîné desdits enfants
établis.

# ÉDIT DE 1774

### CONCERNANT LE PARTAGE DES TERRES COMMUNALES EN BOURGOGNE ET DANS LES COMTÉS EN DÉPENDANT

LOUIS, par la grâce de Dieu, Roy de France et de Navarre, à tous présens et à venir, salut.

Les encouragements multipliés que nous avons accordés en différents tems à l'agriculture, ont dû prouver combien elle nous paraissait importante. Les succès qu'ils ont eus nous ont convaincu qu'elle est seule la source des vraies richesses de notre royaume. Les défrichemens qui ont été faits, en exécution de notre déclaration du mois d'août 1766, ayant rendu à la culture et mis en valeur des terrains qui, jusque-là, n'avaient rien produit, nous avons porté notre attention sur une autre espèce de biens-fonds également incultes et beaucoup plus considérables ; les pâtis communs, accordés aux communautés villageoises par les roys nos prédécesseurs ou par les seigneurs particuliers, devenus arides et stériles par le défaut de culture, nous ont paru dignes de nos soins, par la possibilité d'en tirer les plus puissants secours pour nos peuples et, nous nous occupions des moyens de leur procurer tous les avantages que les donateurs leur avaient destinés, lorsque les Etats Généraux de Bourgogne, pays et comtés en dépendant, par l'art. 3 du cahier qu'ils ont présenté l'année dernière, et les syndics et les conseils du Tiers-Etat de nos Pays de Bugey et de Gex, par des délibérations prises à ce sujet, nous ont demandé la permission de les partager entre tous les habitans des provinces et pays ; nous avons vu avec une satisfaction particulière l'empressement et le zèle desdits Etats, syndics et conseils, pour procurer le plus grand bien des provinces et pays et leur faire partager les secours que nous répandons sur l'agriculture ; en conséquence, voulant donner à nos sujets de la province de Bourgogne, pays et comtés en dépendant et des pays de Bugey et de Gex, de nouvelles preuves de notre bonté paternelle pour eux, nous avons jugé convenable de déférer, en ce point, aux justes supplications des dits Etats Généraux de Bourgogne

et des sindics et conseils du Tiers-Etat des pays de Bugey et
de Gex.

A ces causes et autres considérations, à ce nous mouvant, de
l'avis de notre Conseil et de notre certaine science, pleine
puissance et autorité royales, nous avons, par le présent Édit
perpétuel et irrévocable, dit, déclaré, ordonné, disons, déclarons, statuons et ordonnons, voulons et nous plaît ce qui
suit :

Art. I. — Nous permettons à toutes les communautés de
notre province de Bourgogne, Comtés de Mâconnais, Auxer-
rois et Bar-sur-Seine, et des pays de Bugey et Gex, qui le désireront, de partager entre tous les feux ou ménages existants,
sans distinction des veuves, filles et garçons, tenant ménage
séparé et contribuant aux impositions, la part du seigneur
prélevée lorsqu'il y aura lieu, la totalité ou seulement partie
des terres, prés, marais, landes ou friches leur appartenant
en commun, en ce non compris les bois, ainsi et de la manière
qu'il sera expliqué ci-après ; à l'effet de quoi, nous avons
dérogé et dérogeons par le présent édit à toutes lois, usages,
arrêts et règlements à ce contraires.

Art. II. — Les délibérations des communautés seront prises
dans une assemblée générale, convoquée en la manière accou-
tumée et reçues et rédigées par un notaire royal, pour la
minute rester en son dépôt, et en être par lui délivré une expédition aux habitans.

Les dites délibérations contiendront les oppositions qui pourront être formées au partage, soit par un, soit par plusieurs
habitans, et les causes d'icelles ; les mêmes délibérations
seront signées au moins par les deux tiers des habitans le
sachant faire et qui auront délibéré ; ensuite elles seront
visées par le sieur intendant et commissaire départi dans la
province à l'exécution de nos ordres, après quoi elles seront
présentées à notre Cour de Parlement de Paris et à celle de
Dijon, ou aux Conseils supérieurs, dans le ressort desquels
seront situées les communautés qui auront formé lesdites délibérations, pour y être homologuées et registrées sans frais.

Art. III. — Les parts qui arriveront à chaque
particulier habitant, seront indivisibles, inaliénables,

et ne pourront être saisies par les créanciers des
possesseurs, à l'exception des fruits, lesquels il
sera loisible auxdits créanciers de se faire adjuger,
sans néanmoins que la disposition du présent art. puisse
nuire en aucune manière aux droits du seigneur ou de tous
autres particuliers ayant antérieurement des droits réels et
fonciers, bien établis sur les terres communes qui seront
mises en partage.

Art. IV. — Aucun particulier, non domicilié dans le
lieu, ne pourra jouir d'une part, et aucun habitant ne
pourra en posséder plus d'une ; les parts surnuméraires
ou celles qui deviendront vacantes seront, à la diligence
des maires, échevins ou sindics des communautés, affer-
mées à prix d'argent au profit de la communauté pour
trois ans seulement. Pendant ledit intervalle, tout habitant non pourvu pourra les réclamer selon l'ordre d'ancienneté de son établissement ; auquel cas, le prix du bail
de l'année courante appartiendra à la communauté, et
celui des années restantes à expirer sera remis par le
fermier aux habitans devenus possesseurs, lesquels ne
pourront résoudre et faire cesser les baux passés par la
communauté.

Art. V. — Toutes les parts seront héréditaires dans la
ligne directe seulement, et celles qui tomberont en ligne
collatérale ou qui deviendront vacantes, de quelque manière que ce soit, seront adjugées, par la communauté,
aux plus anciennement mariés d'entre les habitans non
pourvus, et les fruits de l'année appartiendront à la succession du dernier possesseur.

Art. VI. — La disposition testamentaire aura lieu,
sans préjudice de l'usufruit, au profit de la veuve, en
faveur d'un des enfants tenant ménage dans la commu-

nauté et, à défaut de disposition testamentaire, au profit
de l'un des enfants ; la part entière et sans division appartiendra à l'aîné des enfants établis.

Art. VII. — Pour obvier à toutes les contestations que la
variété des droits des seigneurs hauts-justiciers, pourrait occa-
sioner, voulons que tous les dits seigneurs ou ceux qui justifieront avoir la concession des droits utiles attachés à la haute
justice, soient admis, dans le cas où le triage peut avoir lieu,
à prélever par proportion, par la voie du sort ou amiablement
et de gré à gré, le tiers dans les communaux dont le partage
aura été demandé et résolu par les communautés, sans qu'a-
près le dit prélèvement, les seigneurs puissent exiger aucun
cens, redevance, prestation, droit, ni servitude de quelque
nature que ce soit, autre que la justice sur les deux tiers restés
et mis en partage dans la communauté, sans néanmoins que
les seigneurs puissent être forcés à se contenter du tiers des
communaux mis en partage et à renoncer aux droits et
redevances qui peuvent leur appartenir sur les dits fonds et
biens communaux.

Art. VIII. — Les communes ainsi partagées, même la portion du seigneur, jouiront de tous les privilèges et exemptions
portés aux art. 5 et 6 de notre déclaration du 13 août 1766, en
faveur de ceux qui défricheront des terres incultes.

Art. IX. — En ce qui concerne le Bugey, tous domiciliés et
habitans des communautés, même ceux qui ne paieront que
la capitation, participeront au partage des terres communales ;
entendons au surplus réserver audit pays tous droits et privilèges que les lois municipales pourraient avoir établi concernant le triage des terres.

Art. X.— Voulons que toutes les contestations qui pourront
naître et s'élever à l'occasion ou en exécution du partage des
terres communales soient portées devant le juge exerçant la
haute-justice, et ne puissent être jugées qu'après communication, et sur les conclusions du Procureur fiscal.

# LETTRES-PATENTES DU 27 MARS 1777

RÈGLANT LA DISTRIBUTION ET LA JOUISSANCE DES PORTIONS MÉNAGÈRES
DANS LES TROIS CHATELLENIES DE LILLE, DOUAY ET ORCHIES

*Extrait des registres du Conseil d'État du Roy*

Sur la requête présentée au Roy en son Conseil, par les grands baillis des quatre seigneurs hauts-justiciers représentant les États de la Flandre Wallonne contenant que plus le gouvernement fixe son attention sur l'objet essentiel des défrichements et de la culture des terres, plus il semble que les particuliers habitans de la Flandre Wallonne affectent de laisser en friche, ou même de dégrader par le tourbage cette portion précieuse de marais possédée par un grand nombre de communautés faisant partie des trois châtellenies de Lille, Douay et Orchies. Le tourbage est, sans doute, une ressource pour cette province où il y a peu de bois ; mais, outre que plusieurs de ces marais pourraient être employés à des plantations ou à quelque autre culture productive et devenir, par là, infiniment plus utiles qu'ils ne peuvent l'être dans leur destination actuelle, c'est que, d'ailleurs, le plus grand nombre des habitans de toutes ces paroisses bornent leur travaux à la seule occupation momentanée du tourbage, dégradent toutes les terres, en épuisent ou en enlèvent même la substance et se refusent à tout autre travail qui exigerait de leur part une activité continuelle. Il est toutefois évident que la culture offre le plus grand avantage que les communautés puissent retirer du sol des marais et communes, soit pour payer leurs dettes, soit pour fournir à leurs charges annuelles, soit pour se procurer à chacun en particulier des travaux, des exploitations et des récoltes qui leur assureraient une aisance dont elles ne jouissent pas. On remarque, en effet, que les communautés, qui ont le plus de marais, sont précisément celles qui rassemblent le plus grand nombre de pauvres. Plusieurs de ces communautés, telles que Gondecourt, Willems, Annaps, Asq et Forêt ont reconnu ces abus et se sont conciliées d'elles-mêmes pour faire

entre elles le partage de leurs marais afin que chacun des
membres pût y trouver un avantage particulier indépendamment du bien général et Sa Majesté les y a autorisées par
arrêts des 15 juin et 10 septembre 1774 ; mais, comme dans le
plus grand nombre des autres, il s'en trouverait très peu qui
se portassent d'elles-mêmes à agir aussi sagement, les supplians, qui sont chargés par état de veiller et travailler au
plus grand avantage de la province et qui sont intimement
convaincus du bien général qui en résulterait pour elle, pour
tous ceux qui l'habitent et pour l'État en général, se portent
aujourd'hui à supplier très humblement Sa Majesté de vouloir
bien user de son autorité souveraine pour obliger toutes les
communautés à faire, chacune entre elles, le partage de leurs
marais afin que chaque habitant puisse défricher et faire valoir,
comme sa propre chose, la portion qui lui sera échue en partage, prélèvement fait néanmoins du tiers qui pourrait appartenir au seigneur dans chaque paroisse des portions pour lesquelles d'autres auraient des titres et de ce qui devroit rester
en commun, pour le pâturage ou être, soit loué à temps, soit
aliéné à longues années pour le profit général de la communauté ; ce sont les seules vues du bien public et de ces communautés qui excitent le zèle et la démarche des supplians.
Requéraient, à ces causes, les supplians qu'il plût à Sa Majesté
ordonner (*le reste de la requête omis comme faisant double
emploi avec le texte des Lettres-patentes qui le reproduisent
intégralement*).

Vu ladite requête signée ..... ensemble l'avis du sieur intendant et commissaire départi en la généralité de Lille ; ouï
le rapport, le Roy étant en son Conseil a ordonné et ordonne
ce qui suit :

Article I<sup>er</sup>.— Toutes les terres, prés, landes ou friches, appartenant aux communautés d'habitans des châtellenies de Lille,
Douay et Orchies, soit à plusieurs d'entre elles en commun,
soit à chacune d'elles, seront partagés entre tous les ménages
existans, par feux, sans disctinction d'état, c'est-à-dire de mariage, de viduité et de célibat, et par portions égales, prélèvement fait néanmoins du tiers de la totalité desdits prés, marais
et pâturages, qui devra appartenir aux seigneurs, soit que la
concession de l'usage en ait été faite gratuitement ou à titre
onéreux, à moins que les habitans desdites communautés ne

justifient par titre, par devant les juges qui en doivent connaître, de l'acquisition de la propriété qu'ils en ont faite, ou qu'il les tiennent d'autres seigneurs : comme aussi prélèvement fait, dans lesdits prés, marais et pâturages restant aux habitans, des portions qu'il sera nécessaire de donner à bail, même d'aliéner pour certain temps, à l'effet de payer les dettes de celles desdites communautés qui s'en trouveront chargées.

Art. II. — Les seigneurs ne seront admis à prélever le tiers avant le pâturage qu'à la charge par eux de renoncer aux cens redevances, droits de plantation et tous autres qui pourraient être dûs pour raison de la concession des dits marais, le tout, néanmoins, sans que les dits seigneurs puissent être forcés à l'abandon des dits droits qu'ils pourront conserver en renonçant au triage ; dérogeant sur ce point à toutes loix à ce contraire.

Art. III. — Avant de procéder au partage des dits marais, toutes les communautés qui justifieront y avoir droit, soit comme propriétaires, soit comme usagères ou à tous autres titres, reconnus à l'amiable comme suffisants par les communautés co-partageantes ou jugés pour tels, en cas de difficultés, par les juges ordinaires, seront tenues de fournir au sieur intendant commissaire départi en Flandre et en Artois, ou à son subdélégué du département, un état, arrêté dans une assemblée générale, des dettes de chacune des dites communautés, ainsi que de leurs charges ordinaires, à l'effet de prélever sur les dits marais, en raison de leurs droits respectifs, la quantité qu'il sera nécessaire d'affermer ou même d'aliéner à temps, tels que de vingt-cinq, trente-cinq ou quarante-cinq ans pour, du produit d'iceux, payer les dites dettes et subvenir aux dites charges. Ordonne Sa Majesté, au surplus, que les marais dont la propriété formera l'objet d'un litige seront et demeureront au même état jusqu'au jugement définitif de chaque contestation ; faisant très expresses inhibitions et défenses aux habitans d'entreprendre sur lesdits marais, avant l'opération du partage, aucun défrichement ni tourbage, à peine de cinq cents livres d'amende pour chaque contravention, laquelle sera payée, suivant l'usage, par les principaux occupeurs, sauf leur recours tel que de raison ; à moins que sur la dénonciation des coupables, le commissaire départi ne puisse les condamner personnellement au paiement de ladite amende.

Art. IV. — Pareillement, avant de procéder au partage, ordonne Sa Majesté que, par tels arpenteurs royaux qui seront nommés par les communautés ou, à leur défaut, par le dit sieur intendant, il sera fait mesurage particulier de chacun des dits marais, en présence des gens de loix de chaque paroisse ou eux dûement appelés, même dressé plans figuratifs d'iceux aux frais de chacune des dites communautés, dans lesquels plans et procès-verbaux d'arpentage seront désignées la nature et qualité en même temps que la quotité ou étendue de chacun des dits marais.

Art. V. — Lors du mesurage, chaque marais sera divisé en trois portions égales dont l'une sera tirée au sort, etc. Veut Sa Majesté que les dits défrichements et partages soient faits et parachevés en dedans l'année de l'enregistrement et publication du présent arrêt et, à faute d'y avoir satisfait par quelques-unes des dites communautés, qu'il y soit procédé par le commissaire départi dans la province.

Art. VI. — Il sera fait dans chaque communauté un rôle de tous les ménages ou feux d'icelles dans lequel seront compris tous ceux qui y demeureront actuellement, soit gens mariés, veufs ou veuves, garçons ou filles ayant ménage ou feu particulier ; le rôle sera arrêté et signé par les gens de loi, visé par le sieur intendant ou son subdélégué et remis à l'arpenteur afin que, dans son procès-verbal de mesurage, il forme autant de parts et portions qu'il y aura de feux ou ménages dans la communauté ; bien entendu que, pour former chaque portion, il se conformera à la nature du terrein, en sorte que le produit puisse en être à peu près égal ; ce qui sera fait en présence des gens de loi et de quatre des principaux habitans ou eux dûement appelés ; après quoi, toutes ces portions, qui auront été numérotées dans son procès-verbal et même dans son plan, seront tirées au sort dans une assemblée générale par chaque ménage pour en jouir jusqu'au décès du dernier vivant du mari et de la femme, sans qu'aucun feu ou ménage puisse jouir de deux portions.

18

Art. VII. — Personne ne pouvant jouir de deux portions à la fois, si deux portionnaires viennent à se marier ensemble, ils seront tenus d'en abandonner une à leur choix.

Art. VIII. — Comme ces portions de marais sont singulièrement affectées aux feux ou ménages de chaque paroisse, pour les aider et soutenir, dès que le dernier survivant du mari ou de la femme sera décédé, ces portions payeront à d'autres ménages qui n'en auront pas encore été pourvus, toujours dans l'ordre de l'ancienneté ; bien entendu que s'il en survenait des surnuméraires, elles seraient louées au profit de la communauté, jusqu'à ce qu'il s'y trouvât des ménages pour les réclamer.

Art. IX. — Si le nombre des feux augmente, les feux ou ménages surnuméraires, pour parvenir à une portion, devront attendre qu'il y en ait une vacante et n'en seront pourvus que par rang d'ancienneté d'établissement en ménage particulier ; si au contraire le nombre des feux vient à diminuer, les portions surnuméraires seront louées au profit de la communauté, mais pour 3 ans seulement, afin que les nouveaux feux qui pourront s'établir ne soient pas dans le cas d'attendre plus longtemps pour être portionnés comme les autres.

Art. X. — Pour succéder à l'avenir aux portions ménagères qui viendront à vaquer dans chaque communauté, il faudra être natif de ladite communauté ou avoir épousé une fille ou veuve qui en soit native et y demeurer avec elle (1).

(1) Cet article a été interprété en faveur des desservants par un arrêt du Conseil d'État du Roi en date du 13 mai 1784 qui porte que : « encore que les curés, vicaires ou bénéficiers sujets à résidence ne

Art. XI. — Pour prévenir les difficultés qui pourraient
survenir entre les prédécesseurs et leurs héritiers, d'une
part, et les successeurs en occupation des portions ménagères, d'autre part, ceux-ci, en succédant à ceux-là,
devront leur faire raison au dire d'experts, règle de fermier, de ce dont la terre se trouvera avêtie ainsi que des
fers, semences, graisses ou amendices, et, s'il y échet, des
sèves et rejets.

Art. XII. — Chaque ménager ou portionnaire sera tenu
de mettre en valeur sa portion, de la manière la plus
convenable à son terrein, dès la première année que le
délaissement lui en aura été fait et, au cas qu'il ait laissé
passer trois années sans l'avoir mise en culture ou même
sans l'y avoir entretenue, quoi qu'il en ait payé le cens,
il en demeurera privé de plein droit, et la dite portion sera
assignée à un autre ménage qui n'en aurait pas, ou
affermé au profit de la communauté.

Art. XIII. — Défend Sa Majesté à toutes personnes,
sous peine de trois cents livres d'amende . . . . . . . . .
d'extraire dorénavant des marais aucune espèce de chauffage, soit tourbes, hots, molingues ou palées, soit plaquet-
tes ou gazons ; et, afin d'y suppléer pour l'avenir, enjoint Sa Majesté à chaque particulier de planter en haie
les lisières de leurs portions, autant que faire se pourra,
et, à chaque communauté, de planter pareillement en bois
les portions qui leur resteraient en commun et qui pourront en être susceptibles.

soient pas natifs de la communauté dans laquelle sont situés leurs
bénéfices, ils doivent néanmoins avoir le même droit que les habitans
du lieu aux portions ménagères des biens dont le partage est ordonné
par les lettres patentes ».

Art. XIV. — Et afin que chaque communauté trouve d'ailleurs dans ses marais, quoiqu'ainsi partagés, une ressource pour ses charges communes, ordinaires ou extraordinaires, chaque portionnaire, sans exception, sera tenu de payer par forme de rente foncière ou de cens, franc et net argent, à la communauté, à raison d'un demi havot de bled froment, au cent de terre, par an, sur le pied de la prisée de la Saint-Remy de l'espier de Lille, de Douay et d'Orchies, selon la situation des terreins dans chacune des dites châtellenies et, faute de paiement d'une année de la dite redevance, ledit cens sera pris sur les fruits de l'année suivante qui seront enlevés à cet effet sans aucune sommation ni formalité de justice.

Art. XV. — Si, lors de l'arpentage, il se trouvait dans ces marais des cantons qui ne fussent pas susceptibles d'être aisément partagés ou mis en culture, soit à cause des eaux qui les couvrent, soit par leur stérilité naturelle, ils seraient laissés en commun et en pâtis, ou bien convertis en étangs, ou plantés en bois, ou autrement, au profit de la communauté ainsi que du seigneur pour son tiers, s'il n'y a point été pourvu d'ailleurs.

Art. XVI. — La faculté de planter le long et sur les bords des fossés que chaque communauté aura fait faire n'appartiendra qu'à elle seule et, en conséquence, elle jouira privativement dessèves et rejets, des arbres qu'elle pourra faire abattre quand il lui plaira et remplacer par d'autres, sans dédommagement aux dits occupeurs ou possesseurs.

Art. XVII. — Les chemins et les fossés que chaque communauté a fait faire et ceux qu'elle pourrait trouver à propos d'y faire, soit pour la facilité et communication, soit pour l'écoulement des eaux, seront entretenus par les riverains occupeurs, tant à titre de portions ménagères qu'en bail, lesquels seront tenus d'entretenir les uns et les autres en largeur, bourbage, régalement, pente, talus et profondeur, en si bon état que les premiers soient praticables en tous tems et que les seconds ne retardent ni n'interceptent en aucun tems l'écoulement des eaux.

Art. XVIII. — Et pour indemniser les habitans des peines et frais de défrichement des portions assignées à chacun d'eux, et les encourager à les mettre et les tenir dans la plus grande valeur possible, ordonne Sa Majesté qu'ils jouiront des exemptions portées à la déclaration du 13 août 1766 et les subséquentes ; les dispensant, à cet effet, de toutes les formalités prescrites par les dites déclarations.

Art. XIX. — Ordonne, au surplus, Sa Majesté que le présent arrêt sera exécuté nonobstant toutes oppositions et empêchements quelconques pour lesquels ne sera différé et que le dit sieur intendant commissaire départi en Flandre et en Artois tiendra la main à son exécution pour toutes les opérations ci-dessus qui seront faites en sa présence ou des subdélégués par lui dénommés à cet effet ; excepte toutefois Sa Majesté de la dite attribution au commissaire départi toutes les questions de propriété qui seront renvoyées pardevant les juges ordinaires pour y être, par eux, statué ainsi qu'il appartiendra; ordonne Sa Majesté que toutes lettres patentes seront expédiées sur le présent arrêt.

Fait au Conseil d'État du Roy, Sa Majesté y étant, tenu à Versailles le vingt-sept mars mil sept cent soixante-dix-sept.

Signé : LE PRINCE DE MONTBARREY.

Lu et publié, l'audience tenant, avec les lettres patentes jointes, cejourd'hui 14 novembre 1777 et enregistré au greffe de la Cour du Parlement de Flandre ; ouï et ce requérant le procureur général du Roi en icelle, pour être exécutées selon leur forme et teneur et copies d'icelles envoyées aux sièges inférieurs de ladite châtellenie pour y être pareillement lues, publiées et enregistrées; enjoint aux substituts du Procureur

Général du Roy aux dits sièges d'en certifier la Cour dans le
mois, suivant l'arrêt du treize des mois et an que dessus.

Signé : MAZENGARBE.

# ARRÊT DU CONSEIL DU ROY DU 25 FÉVRIER 1779

## QUI RÈGLEMENTE LE MODE DE TRANSMISSION DES PARTS DE MARAIS
### DANS LA PROVINCE D'ARTOIS

*Extrait des registres du Conseil d'État du Roy*

Sur ce qui aurait été représenté au Roi, étant en son conseil, par les Etats de la province d'Artois que, par différents
arrêts, Sa Majesté avait permis à plusieurs communautés de
la dite province de défricher et de partager leurs communaux;
que ces partages, fondés sur l'humanité et l'utilité publique, ne
pouvaient produire que les meilleurs effets : d'un côté, ils assu-
reront aux pauvres une subsistance et, de l'autre, ils parvien-
dront à procurer un dessèchement général, bien nécessaire
dans la province pour la salubrité de l'air, mais que, pour en
retirer tout le fruit, il était à propos de rendre inaliénables les
parts qui écherront par le sort et d'empêcher qu'un même
chef de famille ou ménage n'en puisse réunir plusieurs à la
fois au préjudice des autres ; que cependant cet inconvénient
arriverait si Sa Majesté laissait subsister la faculté accordée par
les dits arrêts de disposer de sa part par dons entre vifs ou
testamentaires, en faveur de qui on jugerait à propos, habitant
du lieu, parce qu'il pouvait se faire que, sous ces donations,
on fît des conventions, des traités et de véritables ventes, qu'il
était encore nécessaire de n'admettre pour recueillir les parts
que les seuls héritiers en ligne directe, et, dans cette ligne,
l'aîné des enfants, afin d'éviter la division des parts ; et, dans
le cas où il n'y aurait que des héritiers collatéraux, de faire retourner les parts aux communautés, pour être assignées aux
chefs de famille et, parmi eux, aux plus anciennement domiciliés ; et Sa Majesté voulant, sur ce pourvoir, ouï le rappor
du sieur Moreau de Beaumont, Conseiller d'État ordinaire

et au conseil royal des finances, le Roy étant en son conseil, ré-
formant et interprétant, en tant que besoin serait, les arrêts
rendus au profit des différentes communautés de l'Artois, concernant le partage de leurs marais communaux, a ordonné et
ordonne :

Que les parts qui écherront ou qui sont échues à chaque habitant, par l'effet des partages, seront inaliénables ;
que nul habitant ne pourra en posséder deux et que l'aîné mâle
de chaque famille et, à défaut de mâles, l'aînée des femelles,
seront seuls admis à succéder aux dites parts ; que dans
le cas de mariage entre deux portionnaires, ils seront
tenus d'opter une des deux parts à eux appartenantes
pour abdiquer l'autre. Veut Sa Majesté que, dans le cas
où un chef de famille ne laisserait, en décédant, aucun
héritier direct, la portion de marais dont il a joui retourne
à la communauté pour être assignée aux chefs de familles
qui n'en posséderont aucune et, parmi eux, aux plus anciennement domiciliés dans la communauté ; et que si le portionnaire a fait quelques impenses et améliorations extraordinaires sur sa portion, ses héritiers seront libres de les
emporter sans dégrader, si mieux n'aime celui qui sera
envoyé en possession de la portion, leur en payer la valeur
suivant l'estimation, comme si elles étaient séparées du
fonds (1).

Ordonne Sa Majesté que, sur le présent arrêt, toutes lettres
nécessaires seront expédiées.

Fait au Conseil d'État du Roy, Sa Majesté y étant, tenu à
Versailles le vingt-cinq février mil sept cent soixante-dix-
neuf.

Signé : le PRINCE DE MONTBARREY.

_____

(1) En août 1773 avaient été rendues des Lettres-patentes « ordonnant le partage des communautés des provinces d'Artois » mais elles

ARRÊTÉ DU PRÉFET DU NORD DU 20 JUILLET 1813 SUR LES
PORTIONS MÉNAGÈRES (1)

Nous, J.-M.-C. Valentin Duplantier, baron de l'Empire,
Officier de la Légion d'honneur, Préfet du Nord, à MM. les
maires des communes.

Vu la lettre de M. le Conseiller d'État, directeur général de
la comptabilité des communes et des hospices, du 23 mars dernier, qui nous fait connaître la décision de S. E. le Ministre de
l'Intérieur du 2 du même mois, portant que le mode de jouissance des marais communaux, établi par les lettres patentes
de 1777 et 1779 ne peut plus être suivi à l'avenir, attendu que
ces lois ne sont plus en vigueur, mais que les partages faits en
vertu de ces lois doivent être maintenus ; que, par suite, le
privilège consacré par ces mêmes lettres patentes en faveur
des natifs ou de ceux qui épousaient une native doit être
abrogé et que, pour succéder à un lot vacant, il suffit d'être le
plus ancien domicilié payant contribution, sans distinction de
natifs ou non natifs ;

Considérant qu'il importe de faire jouir promptement les
habitants des communes de ce département, dont les marais
communs ont été partagés en exécution des Lettres-patentes
précitées, du nouveau mode d'admission aux portions ména-

ne reçurent jamais force exécutoire et ne furent pas plus appliquées
que l'Édit enregistré au Parlement de Paris le 29 août 1775, les Lettres
du 30 juin 1777 ou celles du 13 novembre 1779.

Le Conseil d'Artois refusa d'enregistrer ces dernières dans son
audience solennelle, toutes chambres réunies, du 13 mars 1780
(archives du Conseil d'Artois. Registre aux *dictums* civils, 1779
à 1782).

(1) Cet arrêté n'est obligatoire que dans les dispositions auxquelles
s'est expressément référé l'arrêté postérieur du 12 mars 1830 qui a
été régulièrement pris. Les articles qui n'ont aucune force exécutoire
sont imprimés en petits caractères.

gères qui leur est assuré par la décision susdatée de S. E le
Ministre de l'Intérieur.

Arrêtons :

## Biens partagés en vertu des Lettres-patentes de 1777

Art. I. — Les portions, dites ménagères, dont seraient pourvus les habitants de ce département en vertu des lettres patentes de 1777, devront à l'avenir, lorsqu'elles deviendront
vacantes, être conférées à ceux des habitants qui justifieront
être les plus anciens domiciliés à feu et ménage particuliers et
payant contribution dans la commune, sans distinction de
natifs ou non natifs.

Art. II. — S'il s'élève des contestations sur le domicile des
aspirants, elles seront jugées d'après le Code Napoléon.

Pour constater les droits de chacun aux portions ménagères et pour éviter toute discussion dans les mises en
possession des lots qui viendront à vaquer, les Maires des
communes où il existe de ces biens, formeront, à la réception du présent arrêté, une liste des habitants non
pourvus de portions ménagères, actuellement établis à feu
et ménage particuliers et payant contribution, en les classant par ordre d'ancienneté et en indiquant l'époque de
l'établissement du feu et du ménage particulier et payant
contribution, en les classant par ordre d'ancienneté et en
indiquant l'époque de l'établissement du feu et ménager.

(Le cadre de cette liste est imprimé à la suite du présent arrêté, modèle n° 1).

Art. III. — Les maires feront en même temps imprimer
et relier un registre conforme au modèle n° 2 et contenant un nombre de feuilles suffisant pour qu'il puisse
servir pendant dix années à l'inscription définitive des
aspirants aux portions ménagères : ce registre sera coté
et paraphé par le sous-préfet de l'arrondissement.

Art. IV. — Le 18 septembre prochain, les maires de ces communes convoqueront extraordinairement les Conseils municipaux pour leur communiquer :

1° Le présent arrêté ;

2° La liste mentionnée à l'art. 2 ;

3° Le registre sur lequel devront être inscrits tous les aspirants, chacun suivant leur ordre de priorité d'établissement à feu et ménage particuliers de domicile et de paiement de contribution dans la commune.

Art. V. — Ils en préviendront leurs administrés sur avis et publication et engageront ceux qui auraient des réclamations à faire valoir à les rédiger par écrit pour être examinées et discutées par le Conseil municipal dans sa réunion du 18 septembre prochain.

Art. VI. — Les Conseils municipaux commenceront leur travail par la vérification de la liste provisoire que le maire aura rédigée et, après avoir délibéré sur toutes les réclamations et classé les prétendants dans l'ordre de leur privilège respectif, il les inscriront sur le registre qu'ils arrêteront ensuite et revêtiront de leur signature.

Art. VII. — A partir de 1814 ils s'occuperont chaque année de cette opération pendant la session annuelle du 1er au 15 mai. Les maires la prépareront en remettant au Conseil la liste (modèle n° 1) des aspirants qui auront fait leur déclaration dans le cours de l'exercice.

Art. VIII. — Avant le 25 septembre prochain, ces fonctionnaires adresseront une double copie des inscriptions qui auront été faites par le Conseil, dans sa réunion du 18 du même mois, au sous-préfet de leur ressort qui les rassemblera et nous en transmettra une expédition sans le moindre retard avec les observations dont le travail lui paraîtrait susceptible.

Semblables envois nous seront faits, à l'avenir, dans les dix jours qui suivront la clôture de la session annuelle des Conseils municipaux.

Art. IX. — Lorsqu'une portion deviendra vacante, les maires la réclameront auprès du sous-préfet, en faveur du plus an-

cien prétendant désigné par le Conseil municipal. Ce fonc-
tionnaire prendra de suite un arrêté de mise en possession.

Art. X. — Les difficultés que feront naître ces envois en
possession nous seront déférées, avec les moyens de défense
des parties contendantes, les observations des maires, l'avis du
sous-préfet et, au besoin, la délibération du Conseil municipal.

Art. XI. — Celles qui auraient pour objet des mises en possession antérieures au présent arrêté seront jugées d'après le
texte des Lettres-patentes de 1777.

Art. XII. — Aucun ménage ne saurait être admis à jouir de
deux portions à la fois ; en conséquence, lorsque deux pourvus
se marieront ensemble, ils seront tenus d'abandonner une des
deux portions à leur choix. (Art. 7 des Lettres-patentes).

Art. XIII. — Celle qu'ils conserveront restera spécialement
affectée à leur ménage jusqu'après le décès des deux époux ;
elle passera ensuite au plus ancien des aspirants qui réunirait
les conditions requises par cet arrêté. (Art. 8 des mêmes
Lettres-patentes.)

Art. XIV. — En conséquence de l'article précédent, si l'é-
poux survivant convole en secondes noces, la portion deviendra
également vacante immédiatement après son décès. Néanmoins, si cet époux avait été pourvu d'une portion avant son
premier mariage et l'avait conservée, le second mari ou la
seconde femme jouira des mêmes droits que le premier mari
ou la première femme ; mais, à sa mort, cette portion sera
transmissible à un autre ménage.

Art. XV. — Toutes les fois qu'une portion sera accordée à
un ménage composé de plusieurs enfants, ceux de ces derniers
qui se sépareront de la communauté n'auront plus aucun droit
à cette portion ; mais ils seront fondés à se ranger au nombre
des prétendants à d'autres portions, s'ils offrent les conditions
exigées par le présent arrêté.

Art. XVI. — A défaut d'aspirant, les portions vacantes seront louées pour trois ans au profit de la caisse municipale.
(Art. 11 des Lettres-patentes de 1777.)

Art. XVII. — Pour prévenir les difficultés qui pourraient
s'élever entre les prédécesseurs et leurs héritiers, d'une part,
et les successeurs aux portions ménagères, d'autre part, ceux-
ci devront tenir compte aux premiers, à dire d'experts et avant

la prise de possession, des frais d'engrais, de labour, de semences ainsi que des plantations, sèves et rejets, s'il y a lieu.
En cas de divisions d'opinions entre les experts, un tiers-ex-
pert sera nommé par le juge de paix pour les départager. Les
arrêtés d'envoi en possession seront exécutés à la diligence
du maire dans les vingt-quatre heures de la notification qui
lui sera faite de la quittance du paiement de ces frais de culture (Art. 11 des Lettres-patentes.)

Art. XVIII. — Tout individu qui sera convaincu de négli-
ger pendant trois années la portion de la culture qui lui aura
été assignée, pourra en être dépossédé par nous et cette portion
être attribuée à un autre aspirant où, à défaut de celui-ci, être
affermée au profit de la caisse municipale.(Art. 12 des Lettres-
patentes.)

Art. XIX. — Il est défendu à toute personne, sous peine
d'un amende de 200 fr., d'extraire des portions aucune espèce
de chauffage, soit tourbes, hots, molingues ou palées, soit pla-
quettes ou gazons. Pour prévenir tout abus à cet égard, les
lisières de chaque portion devront être plantées en bois ; la
même obligation est imposée aux communes pour les portions
qu'elles loueraient à leur profit. (Art. 13 des Lettres-patentes).

Art. XX. — Chaque détenteur pourra, si les besoins de la
Caisse municipale l'exigent, être assujetti, chaque année, à
quelque redevance foncière pourvu qu'elle n'excède pas le
prix d'un demi-havot de blé au cens de terre, réglé d'après les
mercuriales de la Saint-Remi des villes de Lille, Douai et Orchies, selon que les biens seront situés dans les arrondissements de Lille et de Douai et dans le canton d'Orchies (art. 14
des Lettres-patentes).

Art. XXI. — Le droit de planter le long des fossés et sur les
chemins formés pour l'exploitation de ces biens, appartiendra
exclusivement aux communes ; celles qui seraient en retard
de profiter du bénéfice de cette disposition feront, dans le
cours de cette année, les plantations que permettrait la nature
du terrain ; elles nous adresseront, à cet effet, les devis esti-
matifs de la dépense ; elles seront responsables de toute négligence à cet égard (art. 17 des Lettres-patentes).

Art. XXII. — Les portionnaires seront chargés d'entretenir, à leurs frais, les fossés et les chemins existants, ou que la

commune croirait devoir faire ouvrir à l'avenir (art. 13 des lettres patentes).

*Biens partagés en vertu des Lettres-patentes de 1779 (1)*

Art. XXIII. — Les détenteurs de portions ménagères provenant de partages effectués en vertu des Lettres-patentes de 1779, en jouiront selon le vœu et d'après le mode déterminé par ces mêmes Lettres-patentes : mais lorsqu'ils ne laisseront aucun héritier en ligne directe, la portion dont ils jouissent retournera entre les mains de la commune et sera ensuite assignée au plus ancien chef de famille domicilié dans la commune, y ayant feu et ménage particuliers et y payant contribution.

Art. XXIV. — A cet effet, les maires recevront la déclaration des prétendants, dans la forme voulue par l'art. II. Le Conseil municipal règlera, chaque année, leur ordre de privilège dans la session du 1er au 15 mai et les inscrira sur un registre.

Art. XXV. — Ces portions provenant des partages effectués, en vertu des Lettres-patentes de 1779, seront conférées par le sous-préfet de l'arrondissement ; mais s'il s'élève quelque réclamation de la part des aspirants ou d'autres difficultés, elles seront jugées par nous d'après les observations du conseil et l'avis du sous-préfet.

Art. XXVI. — Les sous-préfets et les maires tiendront la main à l'exécution du présent arrêté ; ces derniers fonctionnaires le feront afficher et publier à l'issue de la messe paroissiale des trois dimanches qui suivront sa réception ; la

---

(1) Le Préfet du Nord avait cru devoir ordonner un régime spécial pour les parties de l'ancienne province d'Artois qui étaient enclavées dans le nouveau département du Nord à la suite de la délimitation nouvelle qu'on avait faite des frontières de ce département et du Pas-de-Calais.

même publication aura lieu tous les ans, durant le mois de mars.

Art. XXVII. — Le présent arrêté ne recevra néanmoins son exécution qu'après avoir été sanctionné par S. Em. le Ministre de l'Intérieur.

Signé : V. DUPLANTIER.

Pour expédition conforme :

*Le Secrétaire général de la Préfecture,*

Signé : BOTTIN

### ARRÊTÉ DU PRÉFET DU NORD DU 12 MARS 1830 APPROUVÉ PAR ORDONNANCE ROYALE DU 7 JANVIER 1831

Nous, Conseiller d'État, Préfet du Nord, vu les délibérations qui ont été prises en exécution de la lettre de M. le Ministre de l'Intérieur du 11 mai 1829, par les Conseils municipaux des communes des arrondissements de Lille et Douai dont les marais ont été partagés suivant les dispositions des lettres-patentes du Roi données en 1777, lesquelles délibérations ont pour objet d'exprimer le vœu des communes sur les modifications dont seraient susceptibles soit les dites lettres patentes, soit l'arrêté du Préfet du 20 juillet 1813 qui règle le mode de jouissance des biens dont il s'agit ;

Vu ces deux actes, le décret du 9 brumaire an XIII, et l'avis du Conseil d'État du 29 mai 1808, portant que tout changement au mode de jouissance des biens communaux partagés doit-être approuvé par un acte du gouvernement, après avoir été délibéré par les Conseils municipaux et sur l'avis de Conseil de préfecture et du Préfet ;

Considérant que, suivant le système de partage réglé par les lettres patentes de 1777, les portions de marais devaient être concédées aux individus natifs des communes ou ayant épousé une native et réunissant d'ailleurs les conditions du domicile et de l'établissement à feu et ménage particuliers pour ensuite passer aux plus anciens aspirants pourvus également des qualités requises; que, par suite de discussions qui se sont élevées en 1813, il a été reconnu que l'exclusion prononcée contre les

habitants non natifs constituait, en faveur des natifs, un
privilège aboli par la législation en vigueur, qui reconnaît à
tous les habitants domiciliés un droit légal à participer aux
avantages de la communauté ;

Qu'en conséquence, l'arrêté réglementaire du 20 juillet 1813
a décidé que, pour avoir droit à une portion ménagère de
marais, il suffirait d'être domicilié dans la commune et d'y
être à feu et ménage particuliers, mais que le même acte a
ajouté à ces conditions une clause qui n'existait point dans les
lettres patentes et qui consiste à exclure du droit d'être aspirant les habitants qui ne paient aucune contribution ;

Que cette dernière disposition n'a reçu qu'une exécution in-
complète parce qu'elle avait pour effet de priver les indigents
de la jouissance d'un avantage commun qui leur est plus nécessaire qu'à tous autres, que, sous ce rapport, il s'est élevé de
nombreuses réclamations qui paraissent d'autant mieux fon-
dées que les changements réels que l'arrêté du 20 juillet 1813
a introduits dans le mode de jouissance des marais partagés
n'ont pas reçu l'approbation exigée par le décret du 9 brumaire an XIII ;

Qu'il résulte, en effet, du vœu presque unanime des Conseils
municipaux, que la suppression est généralement désirée ;

Mais que plusieurs conseils ont en même temps demandé le
rétablissement du privilège que les lettres patentes accordaient
aux natifs, ce qui ne peut se concilier avec les dispositions ac-
tuelles des lois qui n'admettent plus de semblables distinctions;

Que d'autres ont demandé que les portions vacantes fussent
dévolues aux descendants directs des derniers détenteurs, mais
que ce vœu ne peut être admis parce qu'il changerait entièrement le mode de jouissance réglé par les lettres patentes et qui
ne reconnaît qu'une possession viagère et usufruitière ;

Que quelques Conseils municipaux ont proposé de ne point
admettre à la jouissance des portions de marais les habitants
étrangers et non naturalisés, attendu qu'ils sont exempts de
diverses charges et notamment de celle du recrutement de
l'armée ce qui doit les rendre inhabiles à profiter des avantages communs ;

Qu'il est à observer, sur cette question, que d'après les
termes de l'art. 13 du Code civil, les étrangers ne pouvant
avoir un domicile légal en France sans en avoir obtenu l'auto-

risation du Gouvernement, il en résulte qu'ils n'ont pas droit, sans cette autorisation, de participer à la jouissance des portions de marais, pour laquelle la possession d'un domicile forme la condition principale ; que d'ailleurs cette conclusion est d'accord avec les règles de l'équité qui ne permettent pas d'admettre aux avantages communs ceux qui sont dispensés de supporter des charges;

Considérant qu'il a été proposé de prononcer la dépossession contre les détenteurs qui n'acquitteraient pas les contributions et redevances imposées sur leurs portions, et que cette mesure est, en effet, conforme aux règles de la justice puisqu'on ne saurait conserver un bien sans pourvoir aux charges dont il est grevé ;

Considérant enfin que plusieurs conseils municipaux ont proposé d'ajouter au règlement quelques dispositions de détail propres à régulariser le passage des portions d'un détenteur à un autre et à assurer la conservation des arbres plantés par les communes sur les bords des portions et sur les chemins d'exploitation des marais partagés ;

Arrêtons ce qui suit :

Art. I. — Les portions dites ménagères des marais communaux, partagés en vertu des Lettres-patentes de 1777, seront à l'avenir conférées aux habitants français ou naturalisés qui justifieront être les plus anciens domiciliés à feu et ménage particuliers.

Art. II. — Il sera procédé à la formation des listes d'aspirants et à leur revision annuelle d'après les règles tracées par l'arrêté de notre prédécesseur du 20 juillet 1813, sauf les modifications résultant des dispositions de l'art. précédent.

Art. III. — Conformément à l'art. 8 des lettres patentes de 1777, la jouissance des portions continuera à être purement viagère et elles passeront, après l'extinction des ménages qui en sont pourvus, à ceux inscrits en première ligne sur les listes d'aspirants. Les détenteurs jouiront de tous les droits accordés aux usufruitiers.

Art. IV. — Les portions seront conférées aux aspirants, aussitôt après leur vacance, et les nouveaux détenteurs devront tenir compte aux anciens ou à leurs héritiers, à dire d'experts et d'après la règle suivie entre fermiers, de ce dont la terre sera couverte ainsi que des semences et engrais et, s'il y échet, des sèves et rejets (art. 11 des Lettres-patentes).

Art. V. — Tout détenteur qui aura négligé pendant trois années la culture de sa portion, sera dépossédé par nous, conformément à l'art. 12 des Lettres-patentes, et la même dépossession sera prononcée contre celui qui n'aurait point acquitté, dans les délais prescrits, les contributions assises sur sa portion et les redevances imposées au profit de la commune.

Art. VI. — Les arbres plantés le long des fossés et des chemins d'exploitation des marais et qui appartiennent aux communes ne pourront être élagués qu'en saison convenable et par des ouvriers commis par le maire, à péril de tous dommages et intérêts de la part des riverains qui s'immisceraient dans cette opération.

Art. VII. — Toutes les dispositions des Lettres-patentes de 1777 et de l'arrêté du 20 juillet 1813 auxquelles il n'est pas dérogé par le présent, continueront à recevoir leur exécution.

Art. VIII. — Le présent arrêté ne sera exécutoire qu'après avoir été approuvé par une ordonnance royale.

Fait à Lille, le 12 mars 1830.

Signé : VICOMTE DE VILLENEUVE.

Pour expédition :
*Le Secrétaire Général de la Préfecture,*
Signé : PESCATORE

19

Vu :

*Par le Président de la thèse,*

GLASSON

Vu :

*Par le Doyen,*

COLMET DE SANTERRE

Vu et permis d'imprimer :

*Le Vice-Recteur de l'Académie de Paris,*

GRÉARD

# BIBLIOGRAPHIE

DOCUMENTS DIVERS ET DOCTRINE

MM.

**Aubry et Rau.** — *Cours de Droit civil français.*

**Aucoc.** — *Des sections de Commune.*

— *Droit administratif.*

**Batbie.** — *Traité de Droit public et administratif.*

**Baudry-Lacantinerie.** — *Précis de Droit civil.*

**Block.** — *Dictionnaire d'administration.*

**Bouniceau-Gesmon.** — Art. parus dans la *Revue Pratique* de 1870.

**Bourdot de Richebourg.** — *Coutumier général.*

**Braff.** — *Principes d'administration communale.*

**Chabrol.** — *Commentaire sur la Coutume d'Auvergne.*

**Champault.** — Articles parus dans la *Science Sociale,* en mai, juin et juillet 1894.

**Chevallier.** — *Répertoire des sources historiques du Moyen-Age. Topobibliographie.*

**Christophle.** — *Traité des travaux publics.*

**Clément.** — *Etudes sur le Droit rural, civil, commercial, administratif et pénal.* — Arras, 1877.

— *Etudes pratiques sur l'usufruit, l'usage, l'habitation, la jouissance des parts de marais.* — Paris, 1890.

**Cormenin.** — *Questions de droit administratif.*

**Curasson.** — *Des droits d'usage.*

**Dareste.** — *Histoire des classes agricoles.*

**Davenne.** — *Traité du régime administratif des communes.*

**Delvincourt.** — *Cours de Droit civil.*

**Demante.** — *Cours analytique du Code civil.*

**Demolombe.** — *Cours de Droit civil.*

**Doniol.** — *Histoire des classes rurales.*

**Ducrocq.** — *Des partages de Biens communaux.*

— *Cours de Droit administratif.*

**Dufour.** — *Droit administratif.*

**Dupont.** — *Dictionnaire municipal.*

**Foucart.** — *Eléments de Droit public et administratif.*

**Glasson.** — *Observations sur la famille et la propriété chez les Germains.*

**Genty.** — *Traité des droits d'usufruit, d'usage et d'habitation.*

**Guesnon.** — *Inventaire des chartes d'Arras.*

**Henrion de Pansey.** — *Des Biens communaux et de la police rurale et forestière.* — *Du régime des bois ruraux.*

**Jornandès.** — *Histoire des Goths.*

**Krugg-Basse.** — Articles parus dans la *Revue Critique, 1868,* t. XXXII.

**Laferrière.** — *Traité de la juridiction administrative.*

**Lainé.** — *Introduction au droit international privé.*

**Lapoix de Fréminville.** — *Histoire du Gouvernement, des biens, des Communautés d'habitants.*

— *Traité de jurisprudence sur l'origine et le gouvernement des communes ou communaux.*

**Larombière.** — *Traité des obligations.*

**Laurent.** — *Principes de Droit civil.*

**Lasteyrie (de)** et **Lefebvre-Pontalis.** — *Bibliographie générale des travaux historiques et archéologiques,* publiés par les Sociétés savantes de la France.

**Lebret.** — *Décisions.*

**Le Gentil.** — *Traité historique, théorique et pratique de la législation des portions communales ou ménagères.* — Paris, 1854.

**Letourneau.** — *Evolution de la famille et de la propriété.*

**Legrand (Pierre).** — *Législation des portions ménagères ou parts de marais dans le Nord de la France.* — Lille, 1850.

**Martin (Henri).** — *Histoire de France.*

**Meaume.** — *Commentaire du Code forestier.*

**Merlin.** — *Questions de Droit.*

**Meyer.** — *Principes sur les questions transitoires.*

**Migneret.** — *Affouage des biens communaux.*

**Monnier.** — *De l'Agriculture Française.*

**Morgand.** — *La loi municipale.*

**Passez.** — *Les Portions ménagères et communales en France et à l'étranger.* — Paris, 1888.

**Pothier.** — *Des Personnes et des successions.* — Edition Bugnet.

**Proudhon.** — *Traité des Droits d'usage.*

**Ricart.** — *Sur la Coutume de Senlis.*

**Richer.** — *De la mort civile.*

**Richelot.** — *Principes de Droit civil Français.*

**Salviat.** — *Traité de l'usufruit, de l'usage et de l'habitation.*

**Serrigny.** — *Organisation et compétence administratives.*

**Soloman.** — *Essai sur la condition juridique des étrangers.*

**Taulier.** — *Théorie raisonnée du Code civil.*

**Trolley.** — *Traité de la hiérarchie administrative.*

**Valette.** — *Cours de Code civil.*

**Vazeille.** — *Des Prescriptions.*

**Vigié.** — *Cours élémentaire de Droit français.*

**Viollet (Paul).** — Art. parus dans la Bibliothèque de l'Ecole des Chartes.

**Vuillefroy** et **Monnier.** — *Principes d'administration.*

### JOURNAUX ET REVUEE

*Bibliothèque de l'Ecole des Chartes.*
*L'Ecole des Communes.*
*Journal du Notariat.*
*Revue Pratique.*
*Revue Générale d'Administration.*
*La Science Sociale.*

### RECUEILS DE LÉGISLATION ET DE JURISPRUDENCE

*Annuaire du Pas-de-Calais, administratif et statistique,* publié par A. Parenty.

**Béquet.** — *Répertoire de Droit administratif.*

*Bulletin des Arrêts de la Cour de Cassation rendus en matière criminelle.*

**Dalloz.** — *Répertoire méthodique et alphabétique de législation, de doctrine et de jurisprudence.*

— *Supplément à ce répertoire.*

— *Recueil périodique et critique de jurisprudence, de législation et de doctrine.*

**Isambert.** — *Recueil général des anciennes lois françaises.*

*Journal des audiences.*

*Jurisprudence de la Cour d'appel de Douai publiée par une société d'avocats, à Douai.*

**Lecesne.** — *Conseil de Préfecture du Pas-de-Calais. — Statistique et Jurisprudence. — Arras. (1870 à 1895).*

**Locré.** — *Législation.*

**Garnier et Dauvert.** — *Jurisprudence Générale des Conseils de Préfecture.*

**Merlin.** — *Répertoire universel et raisonné de jurisprudence.*

**Panhard** et **Hallays-Dabot** (ancien Lebon). — *Jurisprudence du Conseil d'Etat.*

**Rousseaud** (du) **de la Combe (Guy).** — *Recueil de jurisprudence.*

**Sirey.** — *Recueil Général des Lois et Arrêts.*

— *Lois annotées* (Devilleneuve).

# TABLE DES MATIÈRES

## DEUXIÈME PARTIE

## ÉTUDE SPÉCIALE DU DROIT DE JOUISSANCE QUI S'EXERCE SUR LES PARTS DE MARAIS

---

# APPENDICE

## PRINCIPALES DISPOSITIONS LÉGISLATIVES OU RÉGLEMENTAIRES APPLICABLES AUX PARTS DE MARAIS OU PORTIONS MÉNAGÈRES

GRANDE IMPRIMERIE DE BLOIS. — PAUL GIRARDOT ET Cⁱᵉ.

www.ingramcontent.com/pod-product-compliance
Lightning Source LLC
Chambersburg PA
CBHW070234200326
41518CB00010B/1557